工学结合·基于工作过程导向的项目化创新系列教材
国家示范性高等职业教育土建类"十三五"规划教材

建筑工程资料管理

JIANZHU
GONGCHENG
ZILIAO GUANLI

主　编　姜爱玲　赵　杉
　　　　王英春
副主编　唐　文　侯献语
　　　　李文洁　刘　琳
　　　　孙咏华　刘春霞

课件PPT

习题/试题

华中科技大学出版社
http://www.hustp.com
中国·武汉

内 容 简 介

本书以建筑工程施工资料整编过程为主线,以建筑行业职业资格标准为依据,构建课程内容和知识体系。全书内容和知识的选取紧紧围绕工作任务的需要,同时融合了相关职业资格证书对知识、技能和素质的要求。

本书适用于高职高专建筑工程技术专业教学,同时可供建筑施工企业的一线工作人员参考。

为了方便教学,本书还配有电子课件等教学资源包,任课教师和学生可以登录"我们爱读书"网(www.ibook4us.com)注册并浏览,任课教师还可以发邮件至husttujian@163.com免费索取。

图书在版编目(CIP)数据

建筑工程资料管理/姜爱玲,赵杉,王英春主编.—武汉:华中科技大学出版社,2019.1(2024.1 重印)
国家示范性高等职业教育土建类"十三五"规划教材
ISBN 978-7-5680-4675-6

Ⅰ.①建… Ⅱ.①姜… ②赵… ③王… Ⅲ.①建筑工程-技术档案-档案管理-高等职业教育-教材 Ⅳ.①G275.3

中国版本图书馆 CIP 数据核字(2019)第 017030 号

建筑工程资料管理　　　　　　　　　　　　　　　　　姜爱玲　赵　杉　王英春　主编
Jianzhu Gongcheng Ziliao Guanli

策划编辑:康　序
责任编辑:赵巧玲
封面设计:孢　子
责任校对:李　琴
责任监印:朱　玢
出版发行:华中科技大学出版社(中国·武汉)　　　电话:(027)81321913
　　　　　武汉市东湖新技术开发区华工科技园　　　邮编:430223
录　　排:华中科技大学惠友文印中心
印　　刷:武汉市首壹印务有限公司
开　　本:787 mm×1092 mm　1/16
印　　张:14
字　　数:358 千字
版　　次:2024 年 1 月第 1 版第 5 次印刷
定　　价:38.00 元

前言

━━━━━━━━━━━━ ○ ○ ○

  建筑工程资料管理是一个庞大的系统工程。从工程准备到工程竣工验收,建筑工程资料管理工作始终贯穿其中,不仅要搜集大量的数据与资料,还要填写大量的表格。建筑工程资料的分类与编号都有严格的规定,各参建单位必须按照统一的分类与编号原则来规范建筑工程资料。对广大建筑工程施工管理人员(如项目经理、技术负责人、施工员、资料员、质检员、材料员等)来讲,进行建筑工程资料的填写、收集、整理、组卷和归档是建筑工程项目管理的重要内容之一。

  本书以建筑工程施工资料整编过程为主线,以建筑行业职业资格标准为依据,构建课程内容和知识体系。全书内容和知识的选取紧紧围绕工作任务的需要,同时融合了相关职业资格证书对知识、技能和素质的要求。

  编者抓住《建设工程文件归档整理规范》(GB/T 50328—2014)和《建筑工程施工质量验收统一标准》(GB 50300—2013)及配套验收规范的颁布时机,紧扣新归档规范和施工验收规范标准,深入浅出地通过项目实施渗透,在编写上突出了以下特色。

  (1) 本书的编写依据《建设工程文件归档整理规范》,并适时加入了最新标准《建筑工程施工质量验收统一标准》及配套验收规范等,还加入一些地方标准。

  (2) 本书的编写紧紧围绕资料管理这个任务展开,同时提供工程实际表格资料,营造出一种真实的工作环境,使学生带着任务学习,充分挖掘学生的潜力。

  (3) 本书重在能力的培养。把握资料员工程资料工作的相关要求,突出了能力培养,实现教学内容与职业标准的一致性,在加强职业技能培养的同时注重职业素养的养成,最终实现"课证融通"。

  (4) 本书的编写紧密结合企业实际。以院校为主体,企业参与,由专任教师到企业顶岗,和企业人员共同研发,并编写本书,进行职业岗位能力调研分析,使本书内容与企业的岗位技能和职业标准对接,实现教学理论与工程实际的零距离对接。

  本书由日照职业技术学院姜爱玲、重庆能源职业学院赵杉、辽宁建筑职业学院王英春担任主编,由湖南有色金属职业技术学院唐文、辽宁省交通高等专科学校侯献语、山东旅游职业学院李文洁、泰山职业技术学院刘琳、陕西能源职业技术学院孙咏华、新疆生产建设兵团建筑工程十一师职业技术学校刘春霞担任副主编。其中,项目 1 由赵杉编写,项目 2 由王英春编写,项目 3 由李文洁编写,项目 4 由唐文编写,项目 5 中任务 1 和任务 2 由侯献语编写,项目 5 中任务 3 和任务 4 由刘琳编写,项目 5 中任务 5 和任务 6 由孙咏华编写,项目 6 由姜爱玲编写,附录由刘春霞编写,全书由姜爱玲审核并统稿。

  本书适用于高职高专建筑工程技术专业教学,同时可供建筑施工企业的一线工作人员参考。

　　本书在编写过程中参考了一些专家学者的相关著述，在此谨致谢意。

　　为了方便教学，本书还配有电子课件等教学资源包，任课教师和学生可以登录"我们爱读书"网（www.ibook4us.com）注册并浏览，任课教师还可以发邮件至 husttujian@163.com 免费索取。

　　由于编者的时间和能力有限，本书难免存在疏漏之处，恳请读者批评指正，并将意见和建议反馈给我们，以便修订时完善。

编　者

2018 年 1 月

目录

项目

建筑工程资料管理概述

学习目标

知识目标

1. 熟悉建筑工程技术资料的相关概念。
2. 了解建筑工程技术资料管理的意义。
3. 了解建筑工程资料管理的职责。
4. 掌握资料员的工作职责。

能力目标

1. 具备建筑工程资料分类的能力。
2. 能够按照相关规范进行工程资料管理。
3. 能把握工程资料的管理职责。

任务 1 建筑工程资料及分类

建筑工程资料(简称为工程资料,也称为工程文件)是指建筑工程从项目的提出、筹备、勘察、设计、施工到竣工投产整个过程中形成的文件资料、图纸、图表、计算资料、声像资料等各种形式的信息的总和。

一、建筑工程资料的相关概念

1. 建设工程项目

建设工程项目是指经批准按照一个总体设计进行施工,经济上实行统一核算,行政上具有独立的组织形式,实行统一管理的建设工程基本单位。建设工程项目由一个或若干个具有内在联系的单位工程组成。

2. 单位工程

单位工程是指具有独立的设计文件,竣工后可以独立发挥生产能力或工程效益的工程,是构成建设工程项目的组成部分。

3. 分部工程

分部工程是指单位工程中可以独立组织施工的工程。

4. 建设工程文件

建设工程文件简称工程文件,是指在建设过程中形成的各种形式的信息记录,包括工程准备文件、监理文件、施工文件、竣工图、竣工验收文件等。

5. 工程准备阶段文件

工程准备阶段文件是指工程开工之前,在立项、审批、用地、勘察、设计、招投标等工程准备阶段形成的文件。

6. 监理文件

监理文件是指监理单位在工程设计、施工等监理过程中形成的文件。

7. 施工文件

施工文件是指施工单位在工程施工过程中形成的文件。

8. 竣工图

竣工图是指工程竣工验收后,真实反映建设工程项目施工结果的图样。

9. 竣工验收文件

竣工验收文件是指建设工程项目在竣工验收活动中形成的文件。

10. 建设工程档案

建设工程档案简称为工程档案,是指在工程建设活动中直接形成的具有归档保存价值的文字、图表、声像、电子文件等各种形式的历史记录。

11. 建设工程电子文件

建设工程电子文件是指在工程建设过程中通过数字设备及环境生成,以数码形式存储于磁带、磁盘或光盘等载体,依赖计算机等数字设备阅读、处理,并可在网络上传送的文件。

12. 建设工程电子档案

建设工程电子档案是指在工程建设过程中形成的,具有参考和利用价值,并作为档案保存的电子文件及其元数据。

13. 整理

整理是指按照一定的原则,对工程文件进行挑选、分类、组合、排列、编目,使之有序化的过程。

14. 案卷

案卷是指由互有联系的若干文件组成的档案保管单位。

15. 立卷

立卷亦称组卷,是指按照一定的原则和方法,将有保存价值的文件分门别类整理成案卷。

16. 归档

归档是指文件形成部门或文件形成单位完成其工作任务后,将形成的文件整理立卷后,按规定向本单位档案室或向城建档案管理机构移交的过程。

17. 城建档案管理机构

城建档案管理机构是指管理本地区城建档案工作的专门机构,以及接收、收集、保管和提供利用城建档案的城建档案馆、城建档案室。

18. 永久保管

永久保管是工程档案保管期限的一种,指工程档案无限期地尽可能长远地保存下去。

19. 长期保管

长期保管是工程档案保管期限的一种,指工程档案保存到该工程被彻底拆除。

20. 短期保管

短期保管是工程档案保管期限的一种,指保存 10 年以下的工程档案。

21. 检验

检验是指对被检验项目的特征、性能进行量测、检查、试验等,并将结果与标准规定的要求进行比较,以确定项目每项性能是否合格的活动。

22. 进场检验

进场检验是指对进入施工现场的建筑材料、构配件、设备及器具,按相关标准的要求进行检验,并对其质量、规格及型号等是否符合要求做出确认的活动。

23. 见证检验

见证检验是指施工单位在工程监理单位或建设单位的见证下,按照有关规定从施工现场随机抽取试样,送至具备相应资质的检测机构进行检验的活动。

24. 复验

复验是指建筑材料、设备等进入施工现场后,在外观质量检查和质量证明文件核查符合要求的基础上,按照有关规定从施工现场抽取试样送至试验室进行检验的活动。

25. 检验批

检验批是指按相同的生产条件或按规定的方式汇总起来供抽样检验用的,由一定数量样本组成的检验体。

26. 验收

验收是指建筑工程质量在施工单位自行检查合格的基础上,由工程质量验收责任方组织,工程建设相关单位参加,对检验批、分项、分部、单位工程及其隐蔽工程的质量进行抽样检验,对技术文件进行审核,并根据设计文件和相关标准以书面形式对工程质量是否达到合格做出确认。

27. 主控项目

主控项目是指建筑工程中对安全、节能、环境保护和主要使用功能起决定性作用的检验项目。

28. 一般项目

一般项目是指除主控项目以外的检测项目。

29. 观感质量

观感质量是指通过观察和必要的测试所反映的工程外在质量和功能状态。

30. 返工

返工是指对施工质量不符合标准规定的部位采取更换、重新制作、重新施工等措施。

二、建筑工程资料的分类

为便于对建筑工程资料进行管理，一般按照工程文件资料的来源、类别、形成的先后顺序以及收集和整理单位的不同进行分类。《建设工程文件归档整理规范》(GB/T 50328—2014)中，将工程资料分为工程准备阶段文件、监理文件、施工文件、竣工图和竣工验收文件。

1. 工程准备阶段文件（A 类）

工程准备阶段文件可分为决策立项文件，建设用地、拆迁文件，勘察、设计文件，招投标文件，开工审批文件，工程造价文件，工程建设基本信息七类。

工程准备阶段文件主要由建设单位、主管部门及相关部门完成。

2. 监理文件（B 类）

监理文件可分为监理管理文件、进度控制文件、质量控制文件、造价控制文件、工期管理文件和监理验收文件六类。

监理文件主要由监理单位和相关单位负责完成，工程竣工后，监理单位应按规定将监理文件移交给建设单位。

3. 施工文件（C 类）

施工文件可分为施工管理文件、施工技术文件、进度造价文件、施工物资出厂质量证明及进场检测文件、施工记录文件、施工试验记录及检测文件、施工质量验收文件、施工验收文件八类。

施工文件应由施工单位负责形成，工程竣工后，施工单位应按规定将施工文件移交给建设单位。

4. 竣工图（D 类）

竣工图可分为建筑竣工图、结构图、设备机构图、室外竣工图等。

5. 竣工验收文件（E 类）

竣工验收文件可分为竣工验收与备案文件、竣工决算文件、工程声像资料、其他工程文件四类。

工程竣工验收文件由各相关单位负责完成，工程竣工后，移交给建设单位。

三、建筑工程资料与档案的载体形式

目前工程资料与档案的载体常见形式有纸质载体、缩微品载体、磁性载体、光盘载体等。

1. 纸质载体

纸质载体是指以纸张为基础,在实际工作中应用最多和最普遍的一种载体形式。

2. 缩微品载体

缩微品载体是指以胶片为基础,利用微缩技术对工程资料进行收集、保存的一种载体形式。

3. 磁性载体

磁性载体是指以磁带、磁盘等磁性记忆材料为基础,对实际工程的各种活动声音、图像以及电子文件、资料等进行收集、保存的一种载体形式。

4. 光盘载体

光盘载体是指以光盘为基础,利用现代计算机技术对实际工程的各种活动声音、图像以及电子文件、资料等进行收集、存储的一种载体形式。

任务 2 建筑工程资料管理

一、建筑工程资料管理的意义

建筑工程资料是反映工程实体最终成果的重要性文件,它贯穿于工程建设的全过程,在工程施工、竣工、交工中起着非常重要的作用。所以,做好建筑工程资料管理工作很重要。

(1)做好建筑工程资料管理工作,是认真贯彻《建设工程文件归档整理规范》(GB/T 50328—2014),切实加强建设工程资料的规范化管理,提高工程管理水平,确保工程质量的具体体现。

(2)建筑工程资料是城建档案的重要组成部分,是工程竣工验收,评定工程质量优劣、结构及安全可靠程度,认定工程质量等级的必要条件。因此必须对建筑工程资料加强管理,使其能够全面客观地反映工程的实际状况。

(3)建筑工程资料是保证工程质量及处理安全事故,以及对工程进行检查、验收、维修、管理、使用、改建、扩建、工程结算、决算和审计的重要技术依据。

(4)加强工程资料管理,可以督促每个单位和个人按照标准、规范和规程进行工作,工程资料不符合有关规定和要求的,不得进行工程竣工验收,对工程质量具有否决权。施工过程中工程资料的验收,必须与工程质量验收同步进行。

(5)施工过程中工程资料的保存管理应按相关程序和约定执行,工程竣工后,参建各方应对工程资料进行归档保存,为未来的建设提供参考、积累经验,是指导未来工程建设的重要信息。

因此,无论是参与新建、改建还是扩建的建设、勘察、设计、监理和施工单位,均应做好工程资料的管理工作。具有保存价值的各种载体的文件和资料都应收集齐全并整理组卷后,向相应部门归档。

二、建筑工程资料管理的特征

1. 复杂性

由于建设工程周期长,建设工程中阶段性和季节性较强,并且建筑材料种类繁多,生产工艺又比较复杂,因此,影响建筑工程的因素多种多样,这就必然导致建筑工程文件和档案资料具有一定的复杂性。

2. 随机性

由于建筑工程文件档案资料产生于工程建设的整个过程之中,无论是在工程的立项审批、勘察设计,还是在开工准备、施工、监理或竣工验收等各个阶段和环节,都会产生各种文件和档案资料。尤其是影响建筑工程的因素发生变化时,还会随机产生一些由于具体事件而引发的特定文件和档案资料,因此工程文件档案资料还具有一定的随机性。

3. 时效性

有时工程文件和档案资料一经生成,就必须及时传达到有关部门,否则如果有关单位或部门不予认可,将会产生严重的后果。因此建筑工程文件和档案资料具有很强的时效性。另外,随着施工工艺水平、新材料以及管理水平的不断提高,文件和档案资料的价值也会随着时间的推移而衰减,但文件和档案资料仍可以被借鉴、继承,积累经验。

4. 真实性

建设工程文件和档案资料只有全面真实地反应项目的各类信息,包括发生的事故和存在的隐患,才具有实用价值。否则一旦引用会起到误导的作用,造成难以想象的后果。因此,建设工程文件和档案资料必须真实地反应工程的实际情况。

5. 综合性

由于建设工程项目常常都是综合系统的工程,涉及多个专业,多种工种的协同工作才能完成。比如,环境评价、安全评价、建筑、市政、园林、公用、消防、智能、电力、电信、环境工程、声学、美学等多种学科,并同时综合了组织协调、合同、造价、进度、质量、安全等诸多方面的工作内容。可见,建设工程文件和档案资料是多个专业和单位的文件档案资料的集成,具有很强的综合性。

三、建筑工程资料管理的依据

建筑工程资料管理要执行现行的国家法律法规,依据国家、行业标准来进行规范管理,同时还要适应地方法规和标准的要求。国家立法和验收标准都对工程资料提出了明确的要求,《中华人民共和国建筑法》《建设工程质量管理条例》《城市建设档案管理规定》等法律法规,《建设工程文件归档整理规范》《建筑工程施工质量验收统一标准》《建设工程监理规范》等国家标准,均把工程资料与档案管理放在重要的位置。

近几年行业管理部门加大了政策指导力度,中华人民共和国住房和城乡建设部在总结近年来我国建筑工程档案管理的实践经验,借鉴国际先进科研成果和标准规范的基础上,先后修改和发布了《房屋建筑工程和市政基础设施工程竣工验收备案管理暂行办法》《建筑工程资料管理规程》等部门规章和行业标准,增加、更新了工程资料与档案管理的内容和方法。

地方法规是由省、自治区、直辖市以及省、自治区人民政府所在地的市和经国务院批准的较大的市的人民代表大会及其常务委员会,在其法定权限内制定的法律规范性文件,如山东省工程建设标准《建筑工程施工技术资料管理规程》等。

随着电子信息技术的发展,建设领域电子文件与电子档案大量产生并广泛应用,保证信息时代城乡建设活动的真实历史记录长期保存和随时利用,已成为各地建设部门,特别是城建档案管理部门、建设系统各业务管理部门以及工程建设、施工、勘察设计、监理等单位所面临的一项重要任务,为此,原建设部于2007年将电子档案管理纳入了工程资料管理的范围,发布了《建设电子文件与电子档案管理规范》,工程资料管理向着更加科学、更加规范的方向发展。

任务 3 建筑工程资料管理职责

根据国家规定,参与工程建设的建设、勘察、设计、监理和施工等单位均有工程资料管理的责任。这些管理职责对参与建设各方来说,有些是相同的、一致的,称为通用职责,有些是参与建设的某一方所特有的职责。参建各方应当认真履行通用职责和自己的职责。

一、建筑工程技术资料管理的通用职责

通用职责也称基本职责,主要有以下五点内容。

(1)工程资料的形成应符合国家相关的法律、法规、技术规范、质量验收标准、工程合同和设计文件等规定。

(2)工程各参建单位应将工程资料的形成和积累纳入工程建设管理的各个环节和全过程中。建设、监理、施工单位应各自负责本单位工程资料的管理工作,并应明确相关人员的职责。

(3)工程资料应随工程进度同步收集、整理,并按规定进行移交。资料组卷与资料份数应符

合规定。

（4）工程资料应实行分级管理，由建设、监理、施工单位主管技术负责人负责本单位工程资料全过程的管理工作。建设过程中工程资料的收集、整理和审核工作应由专人负责，并按规定取得相应的岗位资格。

（5）工程各参建单位应确保各自形成资料的真实性、有效性、完整性和齐全性。对工程资料进行涂改、伪造、随意抽撤或发生损毁、丢失等现象，应按有关规定对相关责任人予以处罚，情节严重的，应依法追究其法律责任。

重要工程资料应保持其页码、内容的连续性，不准随意撕扯、抽撤或更换。资料的原始记录均应为真实的原始现场记录，不准再次抄录。当工程资料中有需要修改的内容时，应采取"杠改"的方式修改。"杠改"部分要清晰可辨，并注明更改原因，在修改位置旁由修改人签名承担责任。

二、建筑工程技术资料管理的各单位职责

1. 建设单位职责

（1）应负责工程准备及验收阶段资料的管理工作，并设专人对这些文件进行收集、整理和归档。

（2）在招标及与参建各方签订合同或协议时，应对工程资料和工程档案的编制责任、套数、费用、质量和移交期限等提出明确的要求。

（3）必须向参与工程建设的勘察、设计、施工、监理等单位提供与建设工程相关的资料。

（4）由建设单位采购的建筑材料、构配件和设备，建设单位应保证建筑材料、构配件和设备符合设计文件和合同要求，并保证相关物资资料的完整、真实和有效。

（5）应负责监督和检查各参建单位工程资料的形成、积累和组卷工作，也可委托监理单位检查工程资料的形成、积累和组卷工作。

（6）对需要建设单位签认的工程资料应签署意见。

（7）应收集和汇总勘察、设计、监理和施工等单位立卷归档的工程档案。

（8）应负责组织竣工图的绘制工作，也可委托施工单位、监理单位或设计单位进行。

（9）列入城建档案馆接收范围的工程档案，建设单位应在组织工程竣工验收前，提请城建档案馆对工程档案进行预验收，未取得《建设工程竣工档案预验收意见》的不得组织工程竣工验收。

（10）建设单位应在工程竣工验收后3个月内将工程档案移交城建档案馆。

2. 勘察、设计单位职责

（1）应按合同和规范要求提供勘察、设计文件，包括工程洽商和变更。

（2）对需要由勘察、设计单位签认的工程资料，应及时签署意见。

（3）应按照有关规定对工程竣工验收出具工程质量检查报告。

3.监理单位职责

(1)应负责监理资料的管理工作,并设专人对监理资料进行收集、整理和归档。

(2)应按照合同约定,在勘察、设计阶段,对勘察、设计文件的形成、积累、组卷和归档进行监督、检查;在施工阶段,应对施工资料的形成、积累、组卷和归档进行监督、检查,使施工资料的完整性、准确性符合有关规定。

(3)对需要由监理单位出具或签认的工程资料,应及时进行签署。

(4)列入城建档案馆接收范围的监理资料,监理单位应在工程竣工验收后两个月内移交建设单位。

4.施工单位职责

(1)应负责施工资料的管理工作,实行技术负责人负责制,逐级建立、健全施工资料管理岗位责任制。

(2)应负责汇总各分包单位编制的施工资料,分包单位应负责其分包范围内施工资料的收集和整理,并对施工资料的真实性、完整性和有效性负责。

(3)应在工程竣工验收前,完成工程施工资料的整理、汇总。

(4)应负责编制施工资料,一般不少于两套,一套自行保存,一套移交建设单位。

5.城建档案馆职责

城建档案馆是长期保存工程资料的专业机构,它不属于参与工程建设的一方主体,但是担负对工程资料重要的管理职责,具体如下:

(1)应负责接收、收集、保管和利用城建档案的日常管理工作。

(2)应负责对城建档案的编制、整理、归档工作进行监督、检查、指导,对国家重点、大型工程项目的工程档案编制、整理、归档工作应指派专业人员进行指导。

(3)在工程竣工验收前,应对列入城建档案馆接收范围的工程档案进行预验收,并出具《建设工程竣工档案预验收意见》。

任务 4 资料员的工作职责

一、资料员的基本要求

资料员是施工企业八大员(施工员、质量员、标准员、机械员、劳务员、安全员、材料员、资料员)之一。建设工程的质量具体反映在建筑物的实体质量上,即硬件,此外建设工程的质量还反映在该项工程技术资料质量上,即软件。工程资料的形成主要靠资料员的收集、整理、编制成册,因此资料员在施工过程中担负着十分重要的责任。

要当好资料员除了要有认真、负责的工作态度外,还必须了解建设工程项目的工程概况,熟悉本工程的施工图、施工基础知识、施工技术规范、施工质量验收规范、建筑材料的技术性能、质量要求及使用方法,以及有关政策、法规和地方性法规、条文等;要了解施工管理的全过程,掌握每项资料在什么时候产生。

二、资料员的工作职责

资料员负责工程项目的资料档案管理、计划、统计管理及内业管理工作。

(1)负责工程项目资料的收集、管理。

①负责工程项目的所有图纸的接收、清点、登记、发放、归档、管理工作。在收到工程图纸并进行登记以后,按规定向有关单位和人员签发,由收件方签字确认。负责收存全部工程项目图纸,且每一项目应收存不少于两套正式图纸,其中至少一套图纸有设计单位图纸专用章。竣工图采用散装方式折叠,按资料目录的顺序,对建筑平面图、立面图、剖面图、建筑详图、结构施工图等建筑工程图纸进行分类管理。

②收集整理施工过程中所有技术变更、洽商记录、会议纪要等资料并归档;负责对每日收到的管理文件、技术文件进行分类、登记、归档。负责项目文件资料的登记、受控、分办、催办、签收、用印、传递、立卷、归档和销毁等工作。负责做好各类资料积累、整理、处理、保管和归档立卷等工作,注意保密。来往文件资料收发应及时登记台账,视文件资料的内容和性质准确及时递交项目经理批阅,并及时送有关部门办理。确保设计变更、洽商的完整性,要求各方严格执行接收手续,所接收到的设计变更、洽商,须经各方签字确认,并加盖公章。设计变更(包括图纸会审纪要)原件存档。所收存的技术资料应为原件,无法取得原件的,详细背书,并加盖公章。做好信息收集、汇编工作,确保管理目标的全面实现。

(2)参加分部分项工程的验收工作。

①负责备案资料的填写、会签、整理、报送、归档,负责工程备案管理,实现对竣工验收相关指标(包括质量资料审查记录、单位工程综合验收记录)做备案处理。对桩基工程、基础工程、主体工程、结构工程备案资料核查。严格遵守资料整编要求,符合分类方案、编码规则,资料份数应满足资料存档的需要。

②监督检查施工单位施工资料的编制、管理,做到完整、及时,与工程进度同步;对施工单位形成的管理资料、技术资料、物资资料及验收资料,按施工顺序进行全程督查,保证施工资料的真实性、完整性、有效性。

③按时向集团档案室移交:在工程竣工后,负责将文件资料、工程资料立卷移交公司。文件材料移交与归档时,应有"归档文件材料交接表",交接双方必须根据移交目录清点核对,履行签字手续。移交目录一式两份,双方各持一份。

④负责向市城建档案馆的档案移交工作:提请城建档案馆对列入城建档案馆接收范围的工程档案进行预验收,取得《建设工程竣工档案预验收意见》,在竣工验收后将工程档案移交城建档案馆。

⑤指导工程技术人员对施工技术资料(包括设备进场开箱资料)的保管:指导工程技术人员

对施工组织设计及施工方案、技术交底记录、图纸会审记录、设计变更通知单、工程洽商记录等技术资料分类保管,并交资料室。指导工程技术人员对工作活动中形成的、经过办理完毕的,具有保存价值的文件材料,一项基建工程进行鉴定验收时归档的科技文件材料,已竣工验收的工程项目的工程资料分级保管,并交资料室。

(3)负责计划、统计的管理工作。

①负责对施工部位、产值完成情况的汇总、申报,按月编制施工统计报表:在平时统计资料的基础上,编制整个项目当月进度统计报表和其他信息统计资料。编报的统计报表要按现场实际完成情况严格审查核对,不得多报、早报、重报、漏报。

②负责与项目有关的各类合同的档案管理:负责对签订完成的合同进行收编归档,并开列编制目录。做好借阅登记,不得擅自抽取、复制、涂改,不得遗失,不得在案卷上随意画线、抽拆。

③负责向销售策划提供工程主要形象进度信息:向各专业工程师了解工程进度、随时关注工程进展情况,为销售策划提供确实、可靠的工程信息。

(4)负责工程项目的内业管理工作。

①协助项目经理做好对外协调、接待工作:协助项目经理对内协调公司部门与部门间,对外协调与施工单位之间的工作。做好与有关部门及外来人员的联络接待工作,树立企业形象。

②负责工程项目的内业管理工作:汇总各种内业资料,及时准确统计,登记台账,报表按要求上报。通过实时跟踪、反馈监督、信息查询、经验积累等多种方式,保证汇总的内业资料反映施工过程中的各种状态和责任,能够真实地再现施工时的情况,从而找到施工过程中的问题。对产生的资料及时进行收集和整理,确保工程项目的顺利进行。有效地利用内业资料记录、参考、积累,为企业发挥它们的潜在作用。

③负责工程项目的后勤保障工作:负责做好文件收发、归档工作。负责部门成员考勤管理和日常行政管理等经费报销工作。负责对竣工工程档案整理、归档、保管,便于有关部门查阅调用。负责公司文字及有关表格等打印工作。保管工程印章,对工程盖章进行登记,并留存备案。

(5)完成工程部经理交办的其他任务。

三、资料员的工作内容

资料员的工作内容按不同阶段划分,可分为施工前期阶段、施工阶段、竣工验收阶段。

1. 施工前期阶段

(1)熟悉建设项目的有关资料和施工图。

(2)协助编制施工组织设计(施工技术方案),并填写施工组织设计(技术方案)报审表,提交现场监理机构审批。

(3)报开工报告,填报工程开工报审表,填写开工通知单。

(4)协助编制各工种的技术交底材料。

(5)协助制订各种规章制度。

2. 施工阶段

(1)及时收集整理进场的工程材料、构配件、成品、半成品和设备的质量保证资料(出厂质量证明书、生产许可证、准用证、交易证),填报工程材料、构配件、设备报审表,由监理工程师审批。

(2)与施工进度同步,做好隐蔽工程验收记录及检验批质量验收记录的报审工作。

(3)及时整理施工试验记录和测试记录。

(4)阶段性地协助整理施工日记。

3. 竣工验收阶段

(1)工程竣工资料的组卷。

①单位(子单位)工程质量验收资料。

②单位(子单位)工程质量控制资料核查记录。

③单位(子单位)工程安全与功能检验资料核查及主要功能抽查资料。

④单位(子单位)工程施工技术管理资料。

(2)归档资料(提交城建档案馆)。

①施工技术准备文件,包括图纸会审记录、控制网设置资料、工程定位测量资料、基槽开挖线测量资料。

②工程图纸变更记录,包括图纸会审记录、设计变更记录、工程洽商记录等。

③地基处理记录,包括地基钎探记录和钎探平面布置点、验槽记录和地基处理记录、桩基施工记录、试桩记录等。

④施工材料预制构件质量证明文件及复试试验报告。

⑤施工试验记录,包括土壤试验记录、砂浆和混凝土抗压强度试验报告、商品混凝土出厂合格证和复试报告、钢筋接头焊接报告等。

⑥施工记录,包括工程定位测量记录、沉降观测记录、现场施工预应力记录、工程竣工测量、新型建筑材料、施工新技术等。

⑦隐蔽工程检查记录,包括基础与主体结构钢筋工程、钢结构工程、防水工程、高程测量记录等。

⑧工程质量事故处理记录。

本章小结

收集和整理好工程技术资料是建筑施工中的一项重要工作,是工程质量管理的组成部分。本章主要阐述了建筑工程技术资料的相关概念,建筑工程技术资料管理的意义、特征,建筑工程技术资料管理的职责与资料员的工作职责。

思考与练习

一、单项选择题

1.电子档案是利用计算机技术形成的,以(   )形式存储于特定介质上的档案。

  A.磁盘   B.代码   C.磁带   D.光盘

2.建筑工程资料简称(   )。

A. 施工资料　　　　　B. 工程资料　　　　　C. 交工资料　　　　　D. 竣工资料

3. 按照一定的原则和方法,将有保存价值的文件分门别类地整理成案卷,称为( )。

　　A. 资料整理　　　　　B. 验收　　　　　C. 立卷　　　　　D. 归档

4. ( )是在工程建设活动中直接形成的具有保存价值的文字、图表、声像等各种形式的历史记录。

　　A. 工程档案　　　　　B. 工程资料　　　　　C. 交工资料　　　　　D. 竣工资料

5. 代号为 03 的分部工程为( )。

　　A. 地基与基础　　　　B. 主体结构　　　　C. 建筑屋面　　　　D. 建筑装饰装修

6. 工程资料类别为 C 类的是( )。

　　A. 工程准备阶段文件　B. 工程竣工文件　　C. 监理资料　　　　D. 施工资料

二、多项选择题

1. 建筑工程资料的特征有( )。

　　A. 真实性　　　B. 完整性　　　C. 有效性　　　D. 复杂性　　　E. 职责性

2. 施工资料是指施工单位在施工过程中形成的资料,主要包括( )和其他资料等。

　　A. 施工管理资料　　B. 施工进度及造价资料　　C. 竣工验收资料　　D. 施工质量验收记录

3. 监理资料是指监理单位在工程设计、施工等监理过程中形成的资料,主要包括( )和其他资料等。

　　A. 监理管理资料　　B. 合同管理资料　　　C. 竣工验收资料　　D. 质量控制资料

4. 下列属于建设工程文件的是( )。

　　A. 监理文件　　　　B. 竣工图　　　　C. 施工文件　　　　D. 竣工验收文件

三、判断题

1. 工程资料亦称工程档案。( )

2. 立卷亦称组卷。( )

3. 工程资料不得使用复印件。( )

4. 工程资料不得随意修改。( )

四、名词解释

建筑工程资料　组卷　归档

五、简答题

1. 简述工程资料的内容及分类。

2. 简述工程资料管理的意义。

3. 什么是工程档案、工程文件?两者之间有什么区别?

4. 工程档案的载体形式有哪些?

5. 施工单位资料管理的职责有哪些?

6. 施工单位资料员的工作职责?

技能
实训

　　教师提供工程资料管理的案例,学生以小组为单位进行讨论,查找所给资料中不符合相关规定和规范的地方,并提出处理和改进的建议。

项目 2

建筑工程资料归档整理

学习目标

知识目标

1. 掌握建筑工程技术资料的归档范围、质量要求。
2. 了解建筑工程技术资料的组卷规定。
3. 熟悉建筑工程技术资料的编号。
4. 掌握建筑工程技术资料的验收与移交。

能力目标

1. 明确建筑工程技术资料归档的范围。
2. 具备建筑工程资料收集、整理与组卷的能力。
3. 按照规范规定的要求进行建筑工程技术资料的归档、组卷、移交。

任务 1 建筑工程资料的归档范围与质量要求

一、建筑工程资料的归档

工程资料的归档是指工程资料形成单位完成其工作任务后,将形成的资料整理立卷,按规定移交档案管理机构。归档包括两个方面的含义:一是建设、勘察、设计、施工、监理等单位将本单位在工程建设过程中形成的资料向本单位档案管理机构移交;二是勘察、设计、施工、监理等单位将本单位在工程建设过程中形成的资料向建设单位移交,由建设单位向当地城建档案管理机构移交。

归档应符合下列规定:

(1)归档资料必须完整、准确、系统,能够反映工程建设的全过程。归档的资料必须经过分类整理,并应组成符合要求的案卷。

(2)根据工程建设的程序和特点,归档可以分阶段分期进行,也可以在单位或分部工程通过竣工验收后进行。一般规定勘察、设计单位应当在任务完成后,施工、监理单位应当在工程竣工验收前,将各自形成的有关工程档案向建设单位归档。

(3)勘察、设计、施工单位在收齐工程文件并整理立卷后,建设单位、监理单位应根据城建管理机构的要求对档案文件的完整、准确、系统情况和案卷质量进行审查,审查合格后向建设单位移交。

(4)工程档案一般不少于两套,一套由建设单位保管,一套(原件)移交当地城建档案馆。

(5)勘察、设计、施工、监理等单位向建设单位移交档案时,应编制移交清单,双方签字、盖章后方可交接。

(6)凡设计、施工及监理单位需要向本单位归档的文件,应按国家有关规定的要求单独立卷归档。

(7)电子文件归档应包括在线式和离线式两种方式。可根据实际情况选择其中一种或两种方式进行归档。

建设工程文件的归档范围见附录 A。

二、建筑工程资料的质量要求

根据《建设工程文件归档整理规范》(GB/T 50328—2014)的规定,建设工程文件在归档时应满足如下质量要求。

(1)归档的工程文件应为原件。因各种原因不能使用原件时,应在复印件上加盖原件存放单位公章,注明原件存放处,并有经办人的签字及签字时间。

（2）工程文件的内容及深度必须符合国家有关工程勘察、设计、施工、监理等方面的技术规范、标准和规程。

（3）工程文件的内容必须真实、准确，应与工程实际相符合。

（4）工程文件应采用耐久性强的书写材料，如碳素墨水、蓝黑墨水，不得使用易褪色的书写材料，如红色墨水、纯蓝墨水、圆珠笔、铅笔、复写纸等。

（5）工程文件应字迹清楚、图样清晰、图表整洁、签字盖章手续完备。

（6）工程文件中文字材料幅面尺寸规格宜为 A4 幅面（297 mm×210 mm），图纸宜采用国家标准图幅。

（7）工程文件的纸张应采用能够长期保存的韧力大、耐久性强的纸张，图纸一般采用蓝晒图，竣工图应是新蓝图，计算机出图必须清晰，不得使用计算机出图的复印件。

（8）所有竣工图均应加盖竣工图章。竣工图章（见图 2-1）应规范、完整。竣工图章的基本内容应包括"竣工图"字样、施工单位、编制人、审核人、技术负责人、编制日期、监理单位、现场监理、总监。竣工图章尺寸为 50 mm×80 mm。竣工图章应使用不易褪色的红印泥，应盖在图标栏上方空白处。

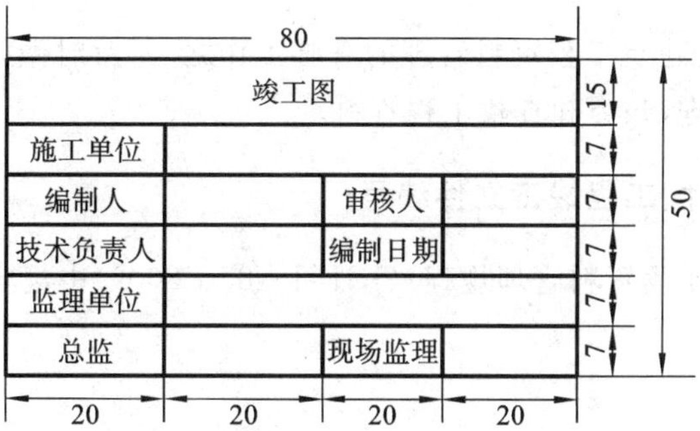

图 2-1 竣工图章

注：尺寸单位统一为 mm

（9）竣工图的绘制与改绘应符合国家现行有关制图标准的规定。利用施工图改绘竣工图，必须标明变更修改依据。凡施工图结构、工艺、平面布置等有重大改变，或变更部分超过图面 1/3 的，应当重新绘制竣工图。

（10）归档的建设工程电子文件应采用开放式文件格式或通用格式进行存储（见表 2-1）。专用软件产生的非通用格式的电子文件应转换成通用格式。

表 2-1 工程电子文件存储格式表

文 件 类 别	格 式
文本（表格）文件	PDF、XML、TXT
图像文件	JPEG、TIFF
图形文件	DWG、PDF、SVG
影像文件	MPEG-2、MPEG-4、AVI
声音文件	MP3、WAV

（11）归档的建设工程电子文件应包含元数据，保证文件的完整性和有效性。元数据应符合现行行业标准《建设电子档案元数据标准》（CJJ/T 187—2012）的规定。

(12)归档的建设工程电子文件应采用电子签名等手段,所载内容应真实、可靠。归档的电子文件内容必须与其纸质档案一致。

(13)离线归档的建设工程电子档案载体,应采用一次性写入光盘,光盘不应有磨损、划伤。

(14)存储移交电子档案的载体应经过检测,应无病毒、无数据读写故障,并应确保接收方能通过适当设备读出数据。

任务 2 建筑工程资料整理与组卷

一、建筑工程资料的编号

建筑工程资料编号是建筑工程资料管理的基础工作之一,及时做好建筑工程资料的编号工作,有助于准确快速地整理、归类和查找工程资料。

1. 工程准备阶段文件、工程竣工文件编号

这类编号宜按《建筑工程资料管理规程》(JGJ/T 185—2009)中规定的类别和形成时间顺序编号。

2. 监理资料编号

这类编号宜按《建筑工程资料管理规程》中规定的类别和形成时间顺序编号。

3. 施工资料编号

(1) 施工资料编号规定。

①施工资料编号可由分部工程代号(a)、子分部工程代号(b)、类别编号(c)、顺序号(d)四组代号组成,组与组之间用横线隔开:

$$\times\times-\times\times-\times\times-\times\times\times$$
$$(a)\quad(b)\quad(c)\quad(d)$$

分部工程代号,可按建筑工程资料管理规程的规定执行。顺序号,可根据相同表格、相同检查项目,按形成时间顺序填写。

②属于单位工程整体管理内容的资料,编号中的分部、子分部工程代号可用"00"代替。

③同一厂家、同一品种、同一批次的施工物资用在两个分部、子分部工程中时,资料编号中的分部、子分部工程代号可按主要使用部位填写。

④竣工图宜按建筑工程资料管理规程中规定的类别和形成时间顺序编号。

⑤工程资料的编号应及时填写,专用表格的编号应填写在表格右上角的编号栏中;非专用表格应在资料右上角的适当位置注明资料编号。

（2）山东地区资料编号规定。

《山东省建筑工程施工技术资料管理规程》（DBJ14—023—2004）中关于建筑工程施工技术资料的编号规定如下：编号由三部分组成，即分部（子分部）工程代号、资料组列顺序号和同类资料顺序号，各部分之间用横隔线隔开。

如：鲁 JJ-001-001

       ①② ③

①为分部工程代号，按表 2-2 选用。

②为资料组列顺序号，按《山东省建筑工程施工技术资料管理规程·附录 A》查询。

③为相同表格、相同项目按时间顺序自然形成的先后顺序号。

建筑结构与装饰装修施工资料表格目录见附录 B。

二、建筑工程资料的组卷

组卷又称立卷，是指按一定的原则和方法，将有保存价值的资料进行系统整理、编制目录、详细核对后装订成案卷。

建筑工程资料中的工程准备阶段文件、监理文件、施工文件、竣工图、竣工验收文件，均由不同参建单位完成资料的收集、整理和组卷工作。工程准备阶段文件和工程竣工文件应由建设单位负责收集、整理与组卷；监理文件应由监理单位负责收集、整理与组卷；施工文件应由施工单位负责收集、整理与组卷；竣工图应由建设单位负责组织，也可委托其他单位。

建筑工程施工技术资料代号表见表 2-2。

表 2-2　建筑工程施工技术资料代号表

	建筑结构与装饰装修	鲁 JJ
建筑结构与 装饰装修	桩基工程	鲁 ZJ
	钢结构工程	鲁 GG
	幕墙工程	鲁 MQ
建筑设备 安装工程	给排水与采暖工程	鲁 SN
	通风与空调工程	鲁 TK
	建筑电气工程	鲁 DQ
	电梯工程	鲁 DT
	智能建筑工程	鲁 ZN
工程检测	工程检测	鲁 JC

根据《建设工程文件归档整理规范》的规定，建设工程文件在立卷时，应按以下要求进行。

1. 立卷的原则

（1）立卷应遵循工程文件的自然形成规律和工程专业的特点，保持卷内文件的有机联系，便于档案的保管和利用。

（2）工程文件应按不同的形成、整理单位及建设程序，按工程准备阶段文件、监理文件、施工文件、竣工图、竣工验收文件分别进行立卷，并可根据数量多少组成一卷或多卷。

（3）一项建设工程由多个单位工程组成时，工程文件应按单位工程立卷。

（4）不同载体的文件应分别立卷。

2. 立卷的要求

（1）案卷不宜过厚，文字材料卷厚度不宜超过 20 mm。

（2）案卷内不应有重份文件，印刷成册的工程文件宜保持原状。

（3）电子文件的组织和排序可按纸质文件进行。

（4）不同幅面的工程图纸，应统一折叠成 A4 幅面。应图面朝内，首先沿标题栏的短边方向以 W 形折叠，然后沿标题栏的长边方向以 W 形折叠，并让标题栏露在外面。

3. 立卷的方法

（1）工程准备阶段文件应按建设程序、形成单位等进行立卷。

（2）监理文件应按单位工程、分部工程或专业、阶段进行立卷。

（3）施工文件应按单位工程、分部（分项）工程进行立卷。专业承（分）包施工的分部、子分部（分项）工程应分别单独立卷；室外工程应按室外建筑环境和室外安装工程单独立卷；当施工文件中部分内容不能按一个单位工程分类立卷时，可按建设工程立卷。

（4）竣工图应按单位工程分专业进行立卷。

（5）竣工验收文件应按单位工程分专业进行立卷。

（6）电子文件进行立卷时，每个工程（项目）应建立多级文件夹，应与纸质文件在案卷设置上一致，并应建立相应的标识关系。

（7）声像资料应按建设工程各阶段立卷，重大事件及重要活动的声像资料应按专题立卷，声像档案与纸质档案应建立相应的标识关系。

4. 建筑工程施工技术资料立卷

山东省建筑工程质量监督总站依据《建筑工程文件归档整理规范》《山东省建筑工程施工技术资料管理规程》的要求，给出建筑工程施工技术资料详细的组卷目录（见表 2-3），使资料管理工作达到统一。

5. 卷内文件的排列

卷内文件应按规范规定的类别和顺序排列。

（1）文字材料应按事项、专业顺序排列。同一事项的请示与批复、同一文件的印本与定稿、主体与附件不应分开，并应按批复在前、请示在后，印本在前、定稿在后，主题在前、附件在后的顺序排列。

（2）图纸按专业排列，同专业图纸按图号顺序排列。

（3）当案卷内既有文字材料又有图纸时，文字材料排前，图纸排后。

表 2-3　建筑工程技术资料组卷总目录

第一部分 建筑与结构 工程施工技术资料	第一卷　施工管理资料
	第二卷　施工技术准备资料
	第三卷　施工测量记录
	第四卷　施工物资资料
	第五卷　施工试（检）验记录
	第六卷　施工过程记录
第二部分 建筑与结构 工程施工质量 验收资料	第七卷　地基与基础分部工程施工质量验收资料
	第八卷　主体结构工程施工质量验收资料
	第九卷　建筑装饰装修工程施工质量验收资料
	第十卷　建筑屋面分部工程施工质量验收资料
第三部分　桩基工程 施工技术及质量验收资料	第十一卷　桩基工程施工技术资料
	第十二卷　桩基工程施工质量验收资料
第四部分　钢结构工程 施工技术及质量验收资料	第十三卷　钢结构工程施工技术资料
	第十四卷　钢结构工程施工质量验收资料
第五部分　幕墙工程 施工技术及质量验收资料	第十五卷　幕墙工程施工技术资料及质量验收资料
	第十六卷　幕墙工程施工质量验收资料
第六部分 安装工程施工技术 及质量验收资料	第十七卷　建筑给排水及采暖工程施工技术资料
	第十八卷　建筑给排水及采暖工程施工质量验收资料
	第十九卷　建筑电气工程施工技术资料
	第二十卷　建筑电气工程施工质量验收资料
	第二十一卷　通风与空调工程施工技术资料
	第二十二卷　通风与空调工程施工质量验收资料
	第二十三卷　电梯工程施工技术资料
	第二十四卷　电梯工程施工质量验收资料
第七部分 单位工程竣工资料	第二十五卷　单位工程竣工验收资料
	第二十六卷　竣工图

三、案卷的编目

1. 编制卷内文件页号的规定

（1）卷内文件均按书写内容的页面编号，每卷单独编号，页号从 1 开始。

（2）页号编写位置：单面书写的文件在右下角；双面书写的文件，正面在右下角，背面在左下角；折叠后的图纸一律在右下角。

（3）成套图纸或印刷成册的科技文件资料，自成一卷的，原目录可代替卷内目录，重新编写页码。

（4）案卷封面、卷内目录、卷内备考表不编写页号。

2. 卷内目录的编制规定

(1)卷内目录排列在卷内文件首页之前,式样宜符合相关规范的规定。

(2)序号:以一份文件为单位,用阿拉伯数字从 1 依次标注。

(3)责任者:填写文件直接形成的单位和个人,有多个责任者时,选择两个主要者,其余用等代替。

(4)文件编号:填写文件形成单位的发文号或图纸的图号,或设备、项目代号。

(5)文件题名:填写文件标题的全称。

(6)日期:填写文件形成的日期或文件的起止日期,竣工图应填写强制日期。"年"位用数字表示,"月"和"日"应分别用两位数字表示。

(7)页次:填写文件在卷内所排的起始页号,最后一份文件填写起止页号。

(8)备注:应填写需要说明的问题。

案卷编目式样如图 2-2 所示。

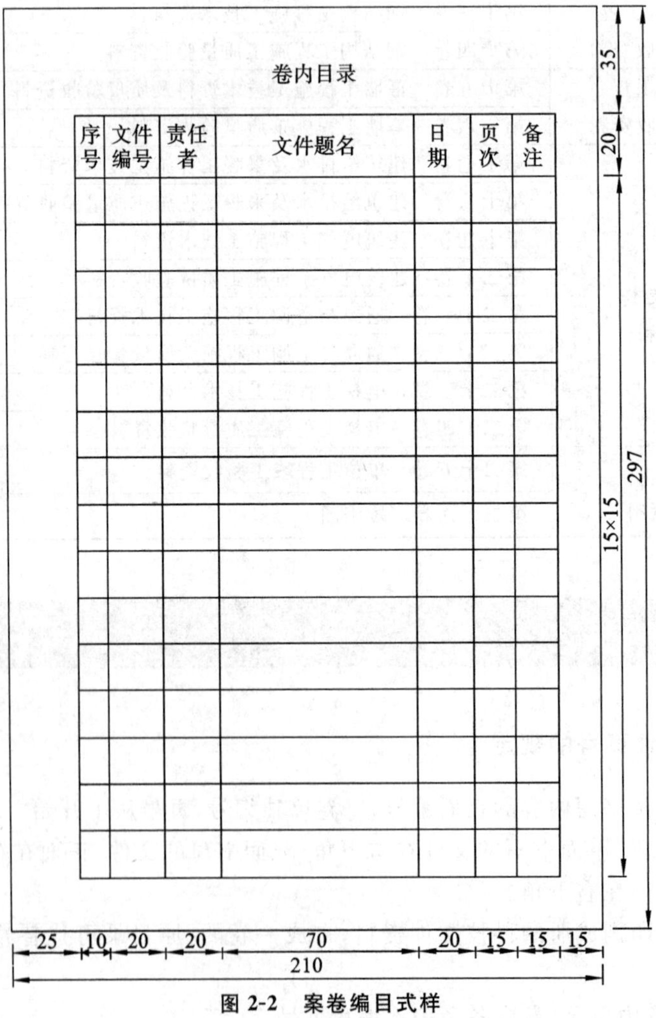

图 2-2 案卷编目式样

注:尺寸单位统一为 mm

3.卷内备考表的编制规定

（1）卷内备考表（见图 2-3）应排列在卷内文件的尾页之后,式样宜符合规范的规定。

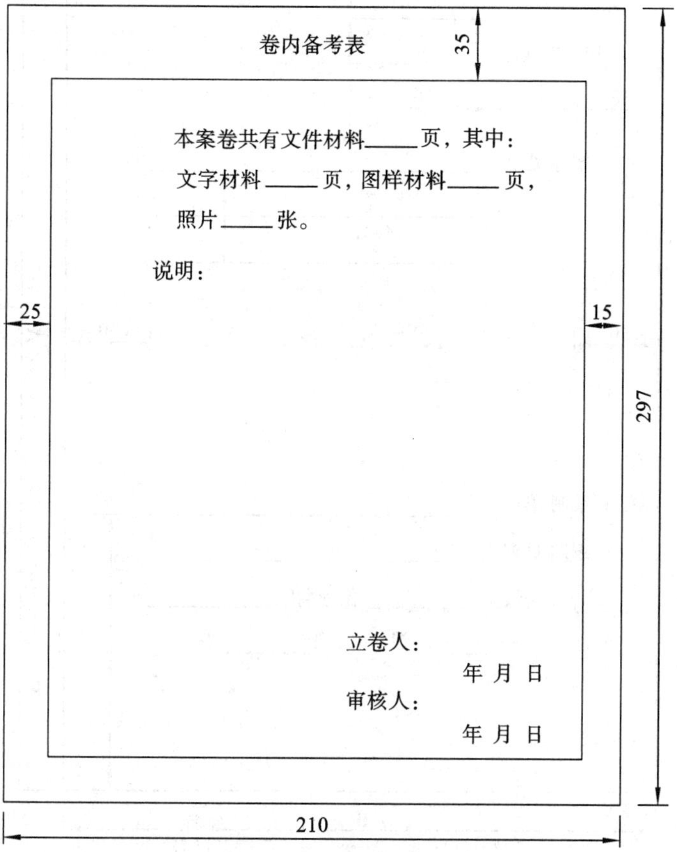

图 2-3　卷内备考表
注:尺寸单位统一为 mm

（2）卷内备考表主要标明卷内文件的总页数、各类文件页数、照片张数,以及立卷单位对案卷情况的说明。

（3）立卷单位的立卷人和审核人应在卷内背考表上签名;年、月、日应按立卷审核时间填写。

4.案卷封面的编制规定

（1）案卷封面印刷在卷盒、卷夹的正表面,也可采用内封面形式。案卷封面式样（见图 2-4）宜符合相关规范的规定。

（2）案卷封面的内容:应包括档号、档案馆代号、案卷题名、编制单位、编制日期、密级、保管期限、本案卷所属工程的案卷总量、本案卷在该工程案卷总量中的排序。

（3）档号:应由分类号、项目号和案卷号组成,档号由档案保管单位填写。

（4）案卷题名:应简明、准确地揭示卷内文件的内容。

（5）编制单位:应填写案卷内文件的形成单位或主要责任者。

（6）编制日期:应填写案卷内全部文件形成的起止日期。

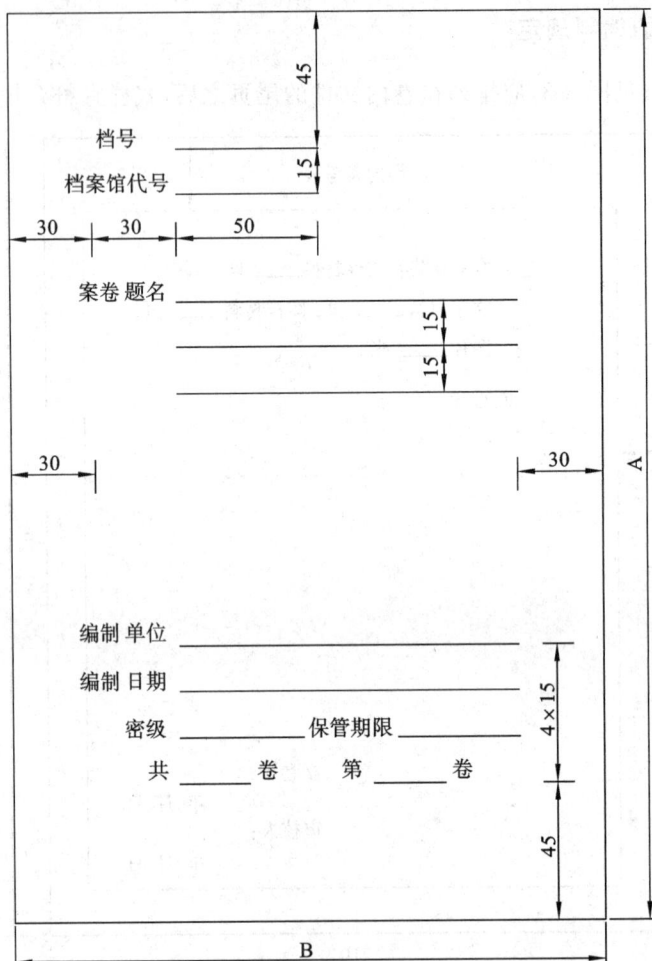

图 2-4 案卷封面式样

注:尺寸单位统一为 mm,卷盒、卷夹封面 A×B=310×220,案卷封面 A×B=297×220

(7)保管期限:应根据卷内文件的保存价值在永久保管、长期保管、短期保管三种保管期限中选择划定,当同一案卷内有不同保管期限的文件时,该案卷的保管期限应从长。

(8)密级:应在绝密、机密、秘密三个级别中选择划定。同一案卷内有不同密级的文件,应以高密级为本卷密级。

5. 编写案卷题名的规定

(1)建筑工程案卷题名应包括工程名称(含单位工程名称)、分部工程或专业名称及卷内文件概要等内容;当房屋建筑有地名管理机构批准的名称或正式名称时,应以批准的名称或正式名称为工程名称,建设单位名称可省略;必要时可增加工程地址内容。

(2)道路、桥梁工程案卷题名应包括工程名称(含单位工程名称)、分部工程或专业名称及卷内文件概要等内容;必要时可增加工程地址内容。

(3)地下管线工程案卷题名应包括工程名称(含单位工程名称)、专业管线名称和卷内文件概要等内容;必要时可增加工程地址内容。

(4)卷内文件概要应符合相关规范(标题)的要求。

(5)外文资料的题名及主要内容应译成中文。

6. 案卷脊背式样

案卷脊背(见图 2-5)应由档号、案卷题名构成,由档案保管单位填写;式样应符合相关规范的规定,D(厚度)可为 20 mm、30 mm、40 mm、50 mm。

7. 注意事项

卷内文件、卷内目录、卷内备考表、案卷内封面宜采用 70 g 以上白色书写纸制作,幅面应统一采用 A4 幅面。卷内文件中小于 A4 幅面的资料要用 A4 白纸衬托。

四、案卷的装订与装具

1. 案卷装具

案卷装具可采用卷盒、卷夹两种形式,并应符合下列规定。

(1)卷盒的外表尺寸应为 310 mm×220 mm,厚度可为 20 mm、30 mm、40 mm、50 mm。

(2)卷夹的外表尺寸应为 310 mm×220 mm,厚度一般为 20～30 mm。

(3)卷盒、卷夹应采用无酸纸制作。

2. 案卷装订

图 2-5 案卷脊背

案卷可采用装订和不装订两种形式。文字材料必须装订。装订时不应破坏文件的内容,并应保持整齐、牢固,便于保管和利用。

任务 3 建筑工程档案的验收与移交

列入城建档案馆(室)档案接收范围的工程,建设单位在组织工程竣工验收前,应提请城建档案管理机构对工程档案进行预验收,建设单位未取得城建档案管理机构出具的认可文件,不得组织工程竣工验收。

一、档案预验收的内容

(1)工程档案齐全、系统、完整,全面反映工程建设活动和工程实际状况。

(2)工程档案已整理立卷,立卷符合规范的规定。

(3)竣工图绘制方法、图式及规格等符合专业技术要求,图面整洁,盖有竣工图章。

(4)文件的形成、来源符合实际,要求单位或个人签章的文件,其签章手续要完备。

(5)文件材质、幅面、书写、绘图、用墨、托裱等符合要求。

(6)电子档案格式、载体等符合要求。

(7)声像档案内容、质量、格式符合要求。

二、移交的规定

(1)列入城建档案馆(室)接收范围的工程,建设单位在工程竣工验收后3个月内,必须向城建档案馆(室)移交一套符合规定的工程档案。

(2)施工单位应向建设单位移交施工资料,实行施工总承包的,各专业承包单位应向施工总承包单位移交施工资料。

(3)监理单位应向建设单位移交监理资料。

(4)停建、缓建建设工程的档案暂由建设单位保管。

(5)对改建、扩建和维修工程,建设单位应当组织设计、施工单位据实修改、补充和完善原工程档案。对改变的部位,应当重新编制工程档案,并在工程竣工验收后3个月内,向城建档案馆(室)移交。

(6)建设单位向档案管理机构移交工程档案时,应及时办理相关移交手续,填写工程资料移交书、移交目录,双方签字、盖章后交接。

本章小结

收集和整理好工程技术资料是建筑施工中的一项重要工作,是工程质量管理的组成部分。建筑工程技术资料采取统一存放、妥善保管,可以方便相关单位随时查阅。本章主要内容是建筑工程技术资料归档、立卷的相关规定。

思考与练习

一、单项选择题

1.下列( )不属于建筑工程资料的分类。

    A.监理资料　　　　　B.竣工图　　　　　C.施工图　　　　　D.施工资料

2.当一个建设工程由多个单位工程组成时,工程文件应按照( )组卷。

    A.建设工程　　　　　B.单位工程　　　　　C.分部工程　　　　　D.分项工程

3.下列各项中不属于建筑工程资料管理规定的是( )。

    A.建筑工程资料管理应制度健全、岗位责任明确,并应纳入工程建设管理的各个环书和各级
       相关人员的职责范围

    B.建筑工程资料的套数、费用、移交时间应在合同中明确

    C.建筑工程资料的填写、编制应及时进行

D. 建筑工程资料的收集、整理、组卷、移交及归档应及时

4. 下列不属于建筑工程文件特点的是（　　）。

   A. 真实性   B. 完整性   C. 有效性   D. 可读性

5. 图形文件的通用格式是（　　）。

   A. DWG   B. WAV   C. XWL   D. JPEG

二、多项选择题

1. 下列各项中属于工程竣工文件的有（　　）。

   A. 竣工验收文件   B. 竣工决算文件   C. 竣工图

   D. 竣工总结文件   E. 竣工交档文件

2. 工程资料移交应符合下列（　　）规定。

   A. 施工单位应向建设单位移交施工资料

   B. 实行施工总承包的，各专业承包单位应向施工总承包单位移交施工资料

   C. 监理单位应向建设单位移交监理资料

   D. 工程资料移交时应及时办理相关移交手续，填写工程资料移交书、移交目录

   E. 建设单位应按国家有关法规和标准的规定向城建档案管理部门移交工程档案，并办理相关手续

3. 施工资料按单位工程组卷，应符合下列（　　）规定。

   A. 专业承包工程形成的施工资料应由专业承包单位负责，并应单独组卷

   B. 电梯应按不同型号每台电梯单独组卷

   C. 室外工程应按室外建筑环境、室外安装工程单独组卷

   D. 当施工资料中部分内容不能按一个单位工程分类组卷时，可按建设项目组卷

   E. 施工资料目录应与其对应的施工资料一起组卷

4. 文本文件的通用格式是（　　）。

   A. XML   B. DOC   C. AVI   D. TXT   E. RTF

5. 电子档案保管除应符合纸质档案的一般要求外，还应符合下列（　　）条件。

   A. 归档载体应做防写处理，不得擦、划、触摸记录涂层

   B. 环境温度选定范围：17～20 ℃，相对湿度选定范围 35%～45%

   C. 存放时应注意远离强磁场，并与有害气体隔离

   D. 核实登记表、软件、说明资料是否齐全

   E. 核实电子档案的完整性、有效性和审核手续

三、简答题

1. 归档文件的质量要求有哪些？

2. 建筑工程资料的组卷要求有哪些？

3. 简述档案预验收的内容。

技能
实训

   教师提供各种工程资料，学生以小组为单位进行建设工程资料的分类、整理与组卷，准备相应的档案盒，并按规范规定制作卷内目录、案卷备考表、案卷封面、案卷脊背等。

项目 3

建筑工程资料管理软件

学习目标

知识目标

1. 了解建筑工程资料管理软件应用的意义。

2. 熟悉建筑工程资料管理软件的特点。

3. 掌握品茗新国际施工资料软件的主要功能。

能力目标

能够运用建筑工程资料管理软件完成建筑全过程的资料填写工作。

任务 1 了解建筑工程资料管理软件

建筑工程资料的编制与管理是建筑工程施工管理工作中的一项重要组成部分。施工资料是工程建设及竣工验收的必备条件,也是对工程进行检查、维护、管理、使用、改建和扩建的原始依据。为此中华人民共和国住房和城乡建设部与各省市建设部门多次强调要搞好资料管理工作,明确指出:任何一项工程如果资料不符合标准规定,则判定该项工程不合格,对工程资料质量具有否决权。

然而,当前整个建筑行业中工程资料的编制与管理恰恰是一个比较薄弱的环节。填制手段落后,效率低下;书写工具不合要求,字迹模糊;管理混乱,漏填、丢失现象严重。目前,施工资料的编制与管理,无法满足建筑工程档案整理办法的基本要求,而且制约了施工企业的进一步发展。

建筑工程资料管理软件就是根据《建筑工程施工质量验收统一标准》《建设工程文件归档整理规范》,并结合各省市的工程资料管理标准和规程及其施工质量验收规范的标准用表等,分别编制的适合各省市具体情况的软件系统。建筑工程资料管理软件的应用彻底改变了过去落后的手工资料填制方式,极大地提高了资料员的工作效率,并且制作的资料样式美观,归档规范。

目前建设工程资料管理软件有杭州品茗科技有限公司研究开发的品茗新国际施工资料软件、北京筑业新技术有限责任公司开发的工程资料管理系统、中国建筑科学研究院建筑工程软件研究所开发的 PKPM 建筑工程资料管理软件、上海神机妙算软件有限公司开发的神机妙算工程资料管理软件等。

资料管理软件大都具有以下功能:

(1)自定义工程概况信息。按照质量表格填写要求,一次性定义工程概况信息,所有表格中有关信息自动填写完成,大大减少了表格填写工作量。

(2)自动显示规范条文及填表指南。人性化的资料填写辅助工具,实时查阅表格填写指南及相应规范条目,根据规范要求实时指导填写符合规范要求的表格。

(3)专家评语模板。质量验收规范组专家编制表格填写的规范结论,降低手工表格填写的工作量,表彰表格填写符合规范要求。

(4)自动判定监测点。根据规范要求,监测点自动进行判定是否符合规范要求,并可扩充至50 个监测点。

(5)权限管理。根据规范要求可实现表格填写权限的全面分配,做到工程项目中各尽其职。

(6)图形及文件插入。自由插入各种图像及 CAD 工程图,支持扫描仪输入,配备数码设备输入支持。

(7)汇总和组卷。自动进行分项、分部(子分部)、单位工程汇总统计,自动生成有关各方及城建档案馆所需案卷。

(8)数据传递与表格打印。数据可实时通过磁盘、电子邮件等途径与参建各方进行交换;所见即所得的打印功能,能输出精致美观的标准文件表格。

(9)技术资料库。收录了强制性条文原文、大量施工规范及施工工艺、通病防治等资料；设置施工技术交底模板；适用于全国的多种地方版本，可根据需要在全国各地进行资料库切换。

任务 2 品茗新国际施工资料管理软件

品茗新国际施工资料软件（以下简称品茗软件）是一套建筑行业施工现场资料管理软件，其采用了最新的建筑工程施工质量验收检查用表和建设工程（施工阶段）监理工作基本表格等建设工程质量监督站规定的规范的建筑施工质量标准样式，是一套新版《建筑工程施工质量验收统一标准》的配套软件，并且涵盖了施工现场所需的所有资料，包括检验批资料、质量保证资料、工程管理资料、安全资料、监理资料等。

品茗软件能快速实现表格填写、打印输出、多类型汇总统计、资料表格库管理（修改、添加模板文件）、工程备份及恢复等操作，同时又兼容 Word、Excel，满足不同的施工资料编制与管理的需要。品茗软件的主要功能介绍如下。

一、软件登录

安装好品茗软件后，运行软件，显示软件登录界面，默认用户名 Admin、密码 admin，如图 3-1所示。

品茗新国标施工资料软件

请输入用户名和密码

用户名： admin

密　码： *****

☐ 自动登录　　☑ 记住密码

登　录(L)　　取　消(C)

图 3-1　软件登录界面

使用者也可以以管理员的身份登录，通过"工程"下的"用户管理"创建或更改用户名及密码来保护工作成果，如图 3-2 所示。

进入软件后，显示软件管理主界面如图 3-3 所示。

图 3-2 用户管理

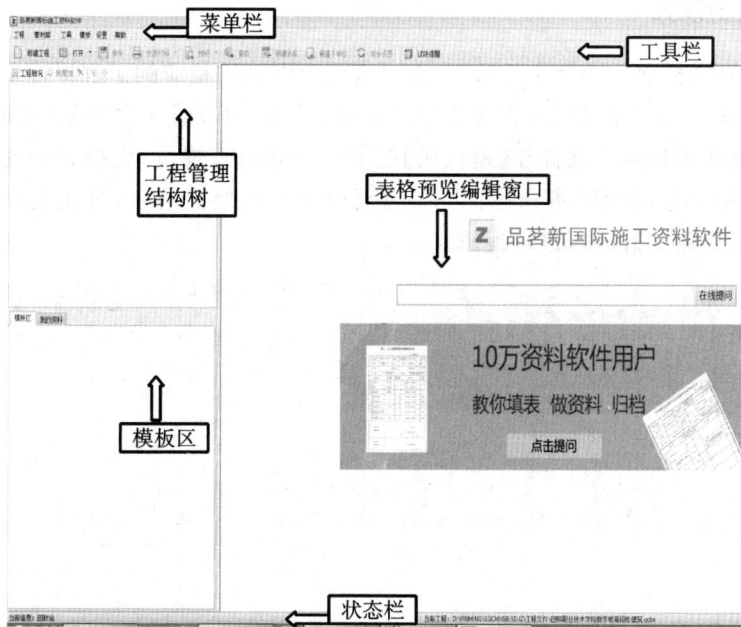

图 3-3 软件管理主界面

二、软件操作四步骤

软件可通过"新建工程—工程概况录入—资料填写—打印输出"操作即可快速建立一张资料表。

1. 新建工程

首次打开软件,选择工具栏中【新建工程】按钮。弹出窗口如图 3-4 所示,默认选择山东省建筑工程资料模板(GB 50300—2013),点击【下一步】进入【工程概况】界面。

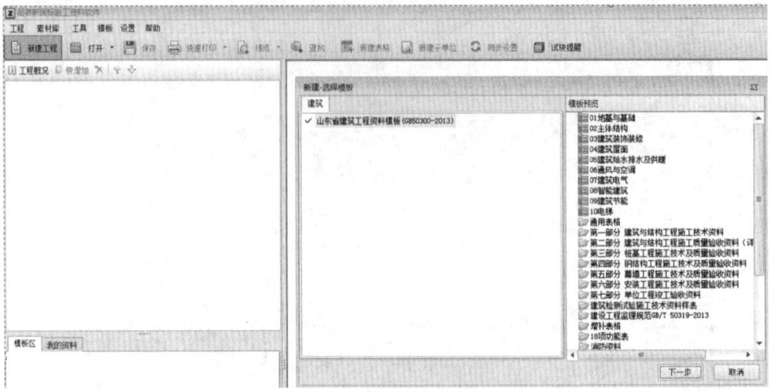

图 3-4　新建工程界面

2. 工程概况的录入

工程概况的录入界面如图 3-5 所示,在右边信息库中输入相应的工程概况信息,将左侧所列项目信息全部完成后,点击【完成】,完成工程的新建,进入工程的【主页面】。此时主界面内自动生成新建项目【结构树】;品茗软件在【模板区】提供了一套填写规范、表格齐全的示例工程,方便用户在实际工作中参考,如图 3-6 所示。如果需要改动工程概况信息,可在主页面上,点击工具栏下方左侧的【工程概况】按钮,进行编辑。

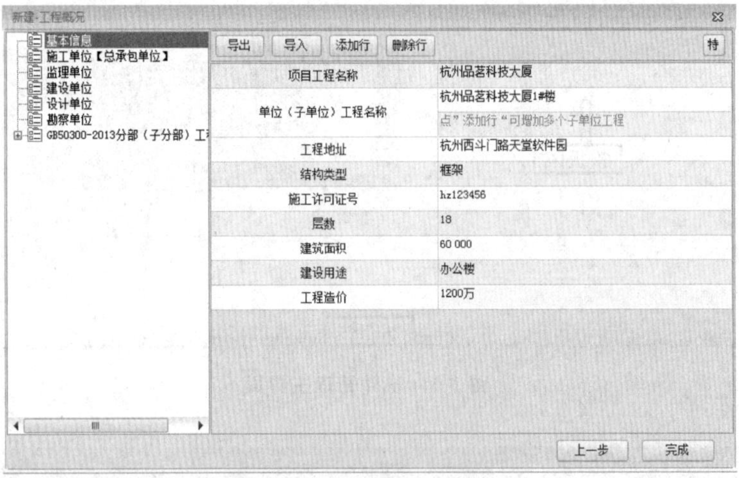

图 3-5　工程概况的录入界面

3. 资料填写

1) 表格创建

在主界面内,选择【新建表格】,如图 3-7 所示。

在新建表格窗体中,选择要创建的分部子分部,这时该子分部下的检验批及相关技术配套用表和监理用表都已经列出,在右边验收部位框输入相关的验收部位名称,勾选要创建的检验批表格,如需同时创建施工技术配套用表,点击施工技术配套用表插页,输入表格名称,勾选技

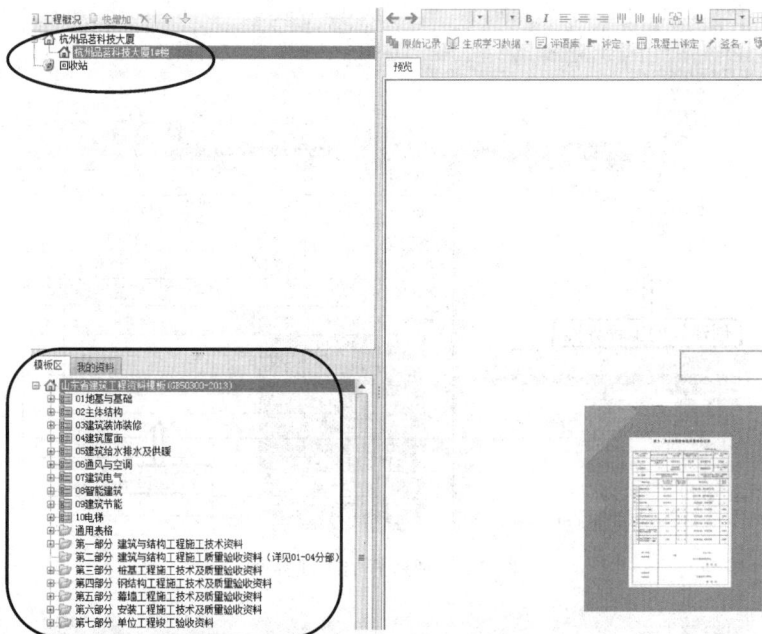

图 3-6 新建工程后的主界面

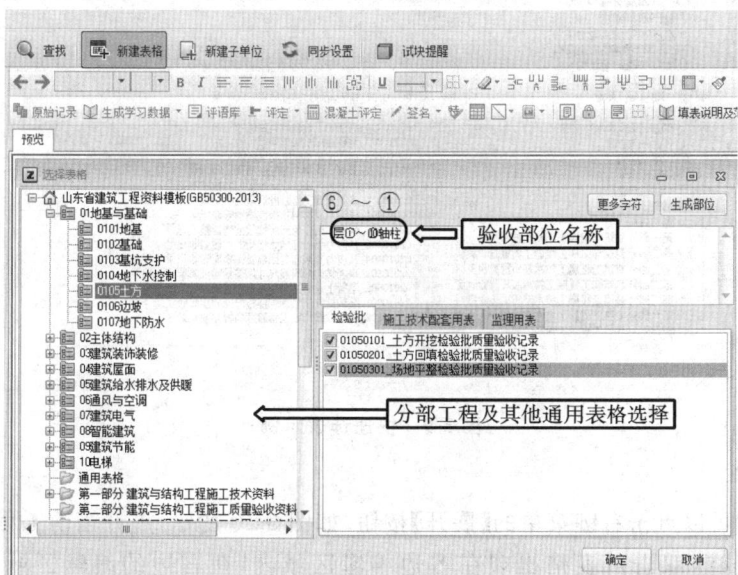

图 3-7 新建表格界面

术用表后,可以切换到其他分部、子分部、分项节点及其他的通用表格结点上,重复新建步骤,完成后点击确定,表格即创建完毕。上述步骤操作好以后,一个新的工程创建完毕,效果如图 3-8 所示。

【小技巧】:用户可以通过【右键】的全选或者反选来快速选表,如图 3-9 所示。

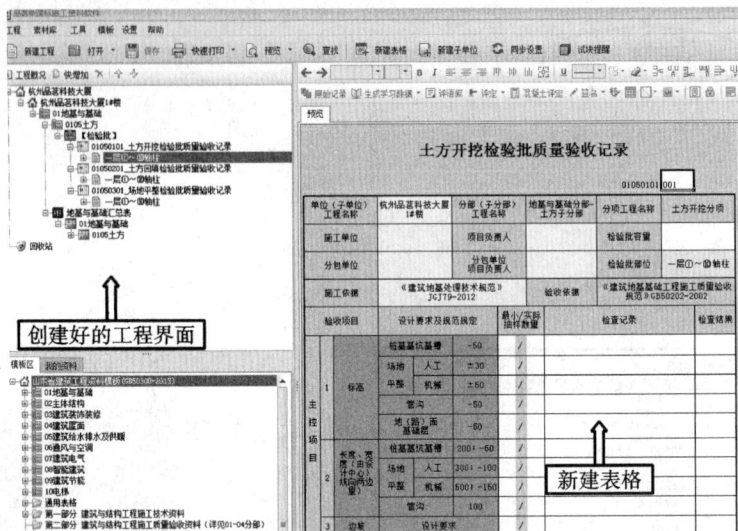

图 3-8　创建好的工程界面

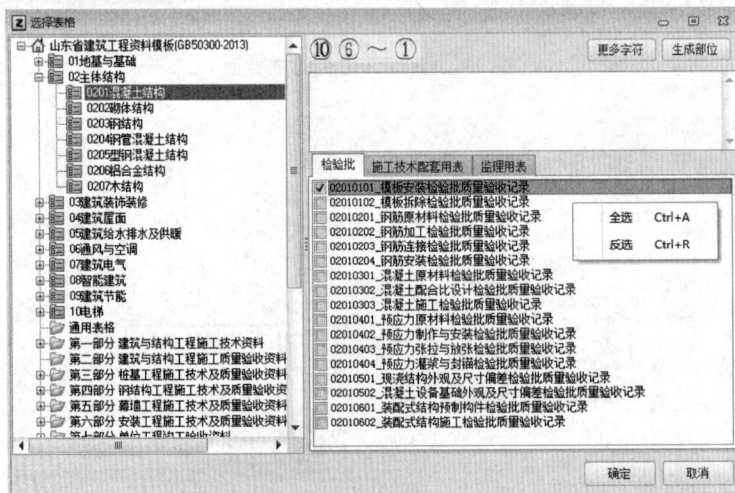

图 3-9　快速选表示例

2）表格编辑

工程建好后可以点击右键菜单的【展开】按钮，如图 3-10 所示，展开当前工程下所有的表格，选择要编辑的表格（双击），表格出现在右边编辑区域内，在右边的编辑区域进行表格编辑、修改。

双击以后，表格出现在右边编辑区域内，如图 3-11 所示。对表格的文字输入、学习数据生成、示例数据导入、检验批评定，都通过表格编辑栏的按钮操作即可。也可以多张表格同时打开进行多表编辑，选中要编辑的表格，一张张双击添加到右边的编辑框即可。表格编辑完毕后，双击表格名称保存退出。也可以点击表格编辑的保存按钮保存。多表一起保存的话，可以右键选择【保存所有页】，也可以选择工程工具栏中的【保存】来快速地进行多表保存。

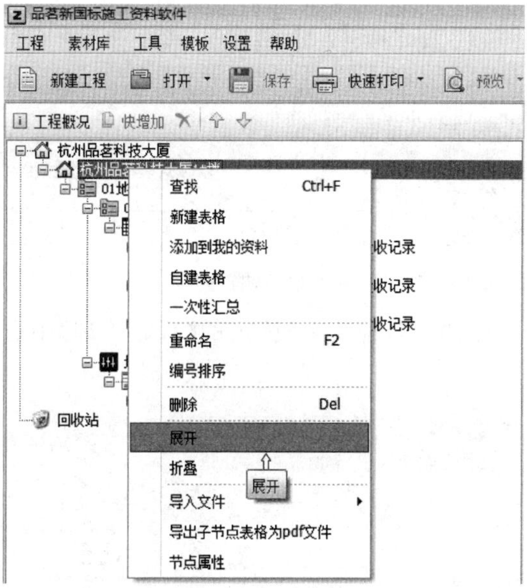

图 3-10　展开表格示例界面

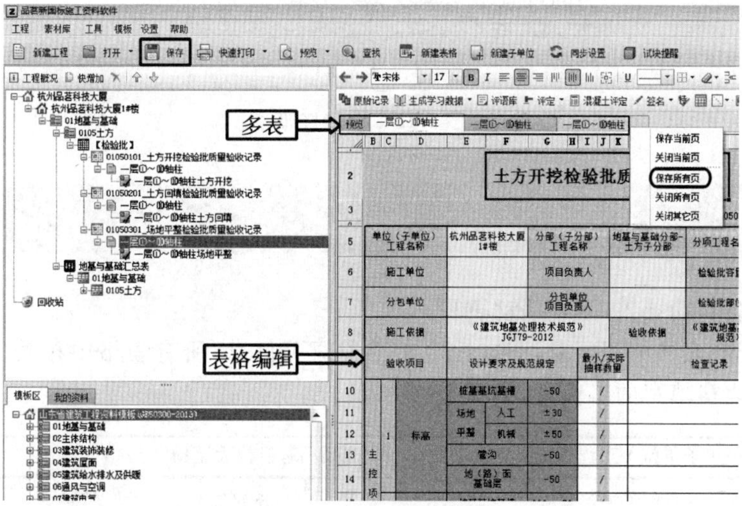

图 3-11　表格编辑界面

4.打印输出

当表格编辑完以后,要打印输出。打印方式有两种:快速打印和批量打印。

1)快速打印

如果我们要打印单表,可以直接点快速打印,如图 3-12 所示。不需要设置,直接打印输出,是否打印成功可以查看软件的状态栏显示信息。

2)批量打印

如果要进行多表打印,可以选择要打印的节点,例如【子分部】:混凝土工程,再点击操作工

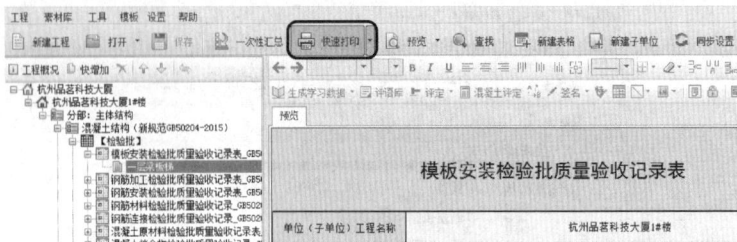

图 3-12　快速打印

具栏上的【快速打印】按钮右侧的下拉箭头,在弹出的【打印管理】中点击【批量打印】,进行批量打印,如图 3-13 所示。

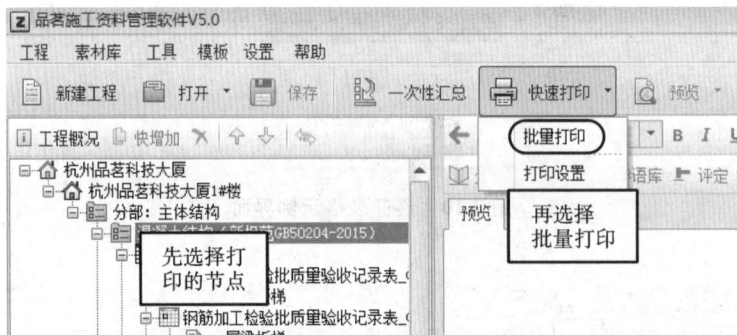

图 3-13　批量打印

三、统计汇总功能

(1)表头信息自动导入,无须手动填写。

按照质量资料表格填写要求,一次性定义工程概况信息,所有表格中相关表头信息自动填写完成,减少了表格填写的工作量,如图 3-14 所示。

单位（子单位）工程名称	杭州品茗科技大厦1#楼		
分部（子分部）工程名称	主体结构分部–混凝土结构子分部	验收部位	一层梁板梯
施工单位	浙江品茗建设集团	项目经理	张三
分包单位		分包项目经理	

图 3-14　表头信息自动导入示例

(2)每增加一张检验批表,自动生成相应的监理报审类用表,无须勾选,如图 3-15 所示。

(3)对实测项目,点击表格上的【数据生成】按钮,此时对应单元格中会出现相应的学习数据内容,并自动生成一般项目超偏数据,打上超偏书号△,如图 3-16 所示。

(4)填好的实测数据需要进行评定,点击表格编辑条上的【评定】按钮,选择【施工评定】,系统给出评定结果,如图 3-17 所示;【混凝土评定】,在用户把试块设计强度及试块强度值等相关

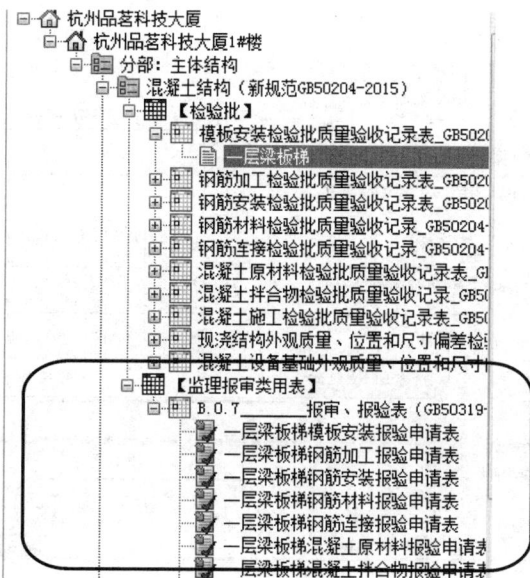

图 3-15　监理报审类用表

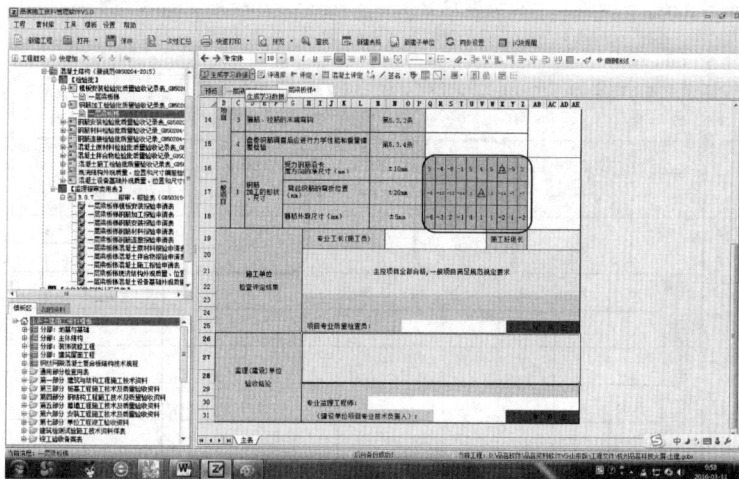

图 3-16　数据生成界面

信息输入完成后,点击【混凝土评定】按钮,就可以自行判定该组强度值是否合格,如图 3-18 所示。

(5)分部(子分部)、分项工程汇总表:为规范工程质量检验工作,加强施工工序的质量控制,确保分项、分部工程质量检验工作能够真实反映施工质量,所以要对分项、分部工程进行评定。具体操作如下:

先将要汇总的检验批表格都填写完毕;再右键点击【主体验收与统计汇总类】,在弹出的菜单中点击【分部汇总】,完成分项、分部汇总表,如图 3-19 所示。

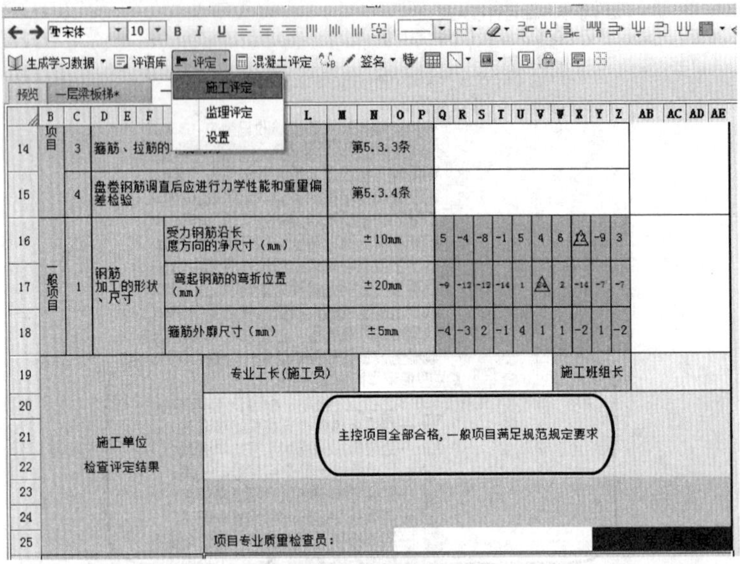

图 3-17　施工评定

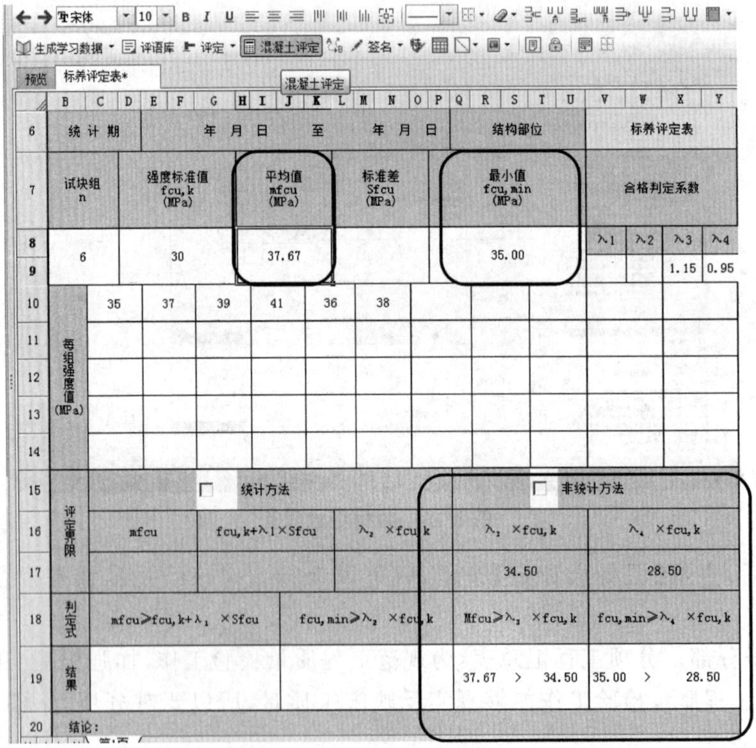

图 3-18　混凝土评定

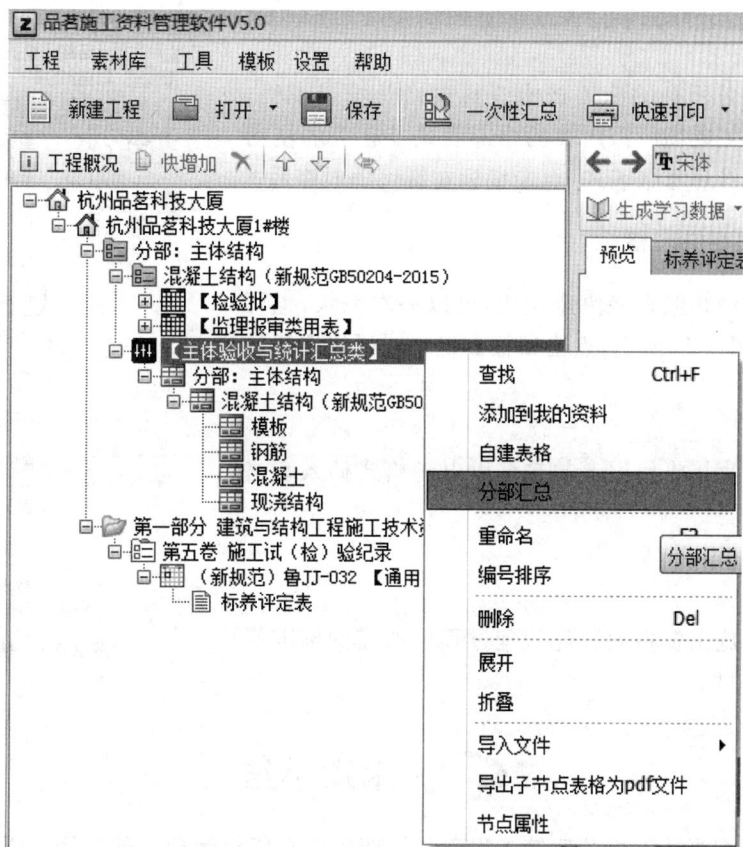

图 3-19　分部汇总

四、其他功能

1. 导入外部文件

该功能可以将原有的 Word、Excel 表格等外部文件导入软件。首先选中要导入表格所在文件的节点,再单击右键,选择导入文件,导入文件可以在软件中进行整理、新建、编辑等操作。

2. 自建表格

该功能可以在软件上就新建 Word、Excel 表格。

3. 工程备份、表格异地操作

很多用户在实际操作过程中会遇到工程异地操作的情况,软件通过导入导出和生成表格这两个功能来解决这一问题。可以将整个工程或者单张、部分表格导入导出,在不同的电脑上实现资料数据的共享。

4. 填表说明

填表说明涵盖所有的施工技术资料表格及填表说明，涵盖建设工程施工现场所需用表的全部表式及相应的使用说明。填表说明针对每张表式，点击鼠标右键可随时查看。

5. 快速添加相似表格

该功能可以使相似表格快速生成，可以一次一张，也可以一次多张，如图 3-20 所示，点击鼠标右键，选择【快增加】。

6. 电子签名

该功能可以直接将使用者的签名以电子格式插入表格签字栏内。

7. 资料库

资料库包括施工资料编制与管理过程中所需的标准规范、图库、方案素材。

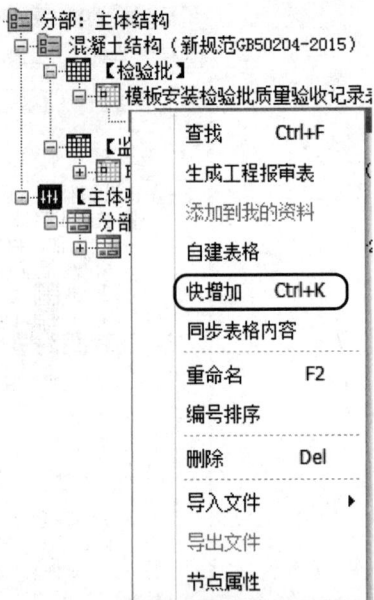

图 3-20　快增加

本章小结

本章主要内容为计算机及建筑工程资料管理软件在资料管理中的应用。以品茗软件为例，讲解了资料管理软件的功能及使用方法等。

思考与练习

1. 简述建筑工程资料管理软件应用的意义。
2. 简述建筑工程资料管理软件的特点。

技能实训

教师提供某一工程背景，学生依据给定信息，使用软件新建该工程。思考并讨论新建表格的方式有哪些。

项目 4

工程准备阶段文件管理实务

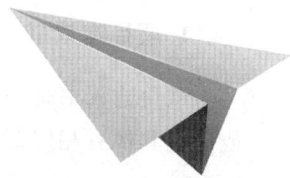

学习目标

知识目标

1. 掌握工程准备阶段文件的分类。

2. 掌握立项文件、建设用地、拆迁文件，勘察、设计文件，招投标文件，开工审批文件，工程造价文件，工程建设基本信息的内容与分类归档。

能力目标

能够编制、整理与归档工程准备阶段文件。

任务 **1** 立项文件(A1)

立项文件的类别、来源及保存期限应符合表 4-1 的规定。

表 4-1 立项文件的类别、来源及保存期限

资 料 类 别	工程资料名称	资料来源	保 存 期 限
A1	立项文件 项目建议书批复文件及项目建议书	建设行政管理部门 建设单位	永久
	可行性研究报告批复文件及可行性研究报告	建设行政管理部门 建设单位	永久
	专家论证意见、项目评估文件	建设单位	永久
	关于立项的会议纪要、领导批示	建设单位	永久

一、项目建议书及项目建议书批复文件

1. 项目建议书

项目建议书是一份建议形式的文件,主要由文字组成。项目建议书可由建设单位自行编制或委托其他有相应资质的咨询单位编制。

2. 项目建议书的主要内容

(1)建设项目的必要性和依据。

(2)产品方案、拟建条件、建设地点的初步设想。

(3)资源情况、建设条件、协作关系和引进国别、厂房的初步分析。

(4)投资估算和资金筹措等计划。

(5)项目的实施进度计划。

(6)经济效果、社会效益、环境效益分析。

3. 项目建议书应有的主要附件

(1)项目初步可行性研究报告。

(2)项目选择初步方案报告。

(3)资金筹措方案初步意向性文件。

(4)有关部门对选址或征用土地的初步意义。

(5)建设项目可行性研究工作计划。

4. 项目建议书的批复文件

项目建议书的批复文件是建设单位的上级主管单位或国家有关主管部门(一般是发展改革部门)对项目建议书的批准文件。此文件直接归存。

特大型项目(总投资4亿元以上的交通、能源、原材料项目,2亿元以上的其他项目)由中华人民共和国国家发展和改革委员会(简称:国家发展改革委)报国务院审批;大中型基本建设项目、限额以上更新改造项目,委托有资质的工程咨询、设计单位初评后,经省级主管部门初审后,报国家发展改革委审批;小型基本建设项目、限额以下更新改造项目由国务院主管部门或地方发展改革委审批。

批复文件的主要内容如下:

(1)建设项目名称。

(2)建设规模及主要建设内容。

(3)总投资及资金来源。

(4)建设年限。

(5)批复意见说明、批复单位及时间。

二、可行性研究报告及可行性研究报告批复文件

1. 可行性研究报告

可行性研究报告是由建设单位自行编制或委托具有相应资质的工程咨询、设计单位根据可行性成果编制的综合报告。

可行性研究报告是对新建、扩建项目的一些主要问题从经济和技术两个方面进行调查研究、分析比较,并预测此项目建成后可能取得的技术经济效果,以此来评价该项目的可建性与实施意见,并为项目决策提供可靠的依据。

可行性研究报告应有的主要附件如下:

(1)单位法人证书。

(2)建设单位对建设地点的土地使用权证明或协议、房产证。

(3)项目建设规划总平面图、建设方案平面布置图。

(4)项目建设内容投资一览表。

(5)项目选址和建设条件表。

(6)项目招标投标事项申请。

2. 可行性研究报告的批复文件

小型项目按隶属关系,由行业或国家有关主管部门审批;大中型项目报国家发展改革委审批,或由国家发展改革委委托有关单位审批;建设资金自筹的企业大中型项目由城市发展与改革委员会审批,报国家及有关部门备案;地方投资的文教、卫生事业的大中型项目由城市发展与改革委员会审批。重大项目或特大项目报国务院审批。

批复文件的主要内容如下：

(1)建设项目名称。

(2)建设单位名称。

(3)项目建设的必要性。

(4)项目选址和建设条件。

(5)功能定位。

(6)建设内容和规模。

(7)项目总平面布置。

(8)市政公用及配套。

(9)总投资与资金来源。

(10)批复意见说明、批复单位及时间。

三、关于立项的会议纪要、领导批示

关于立项的会议纪要、领导批示是指在立项过程中,会议纪要、领导批示的文件资料,由建设单位或其上级主管单位形成,应按实际形成的文件资料直接归存。

四、专家论证意见、项目评估文件

专家论证意见是指在立项过程中,由建设单位组织的专家会议后,形成的有关建议性方面的资料。

项目评估文件是由建设单位或主管部门(一般是城市发展与改革委员会)组织会议,对可行性研究报告的客观性、全面性准确进行评价与论证,并出具评估报告。

任务 2 建设用地、拆迁文件(A2)

建设用地、拆迁文件的类别、来源及保存期限应符合表 4-2 的规定。

一、工程项目选址申请及选址规划意见通知书

征占用地的批准文件、对使用国有土地的批准意见分别由当地政府和国土资源、房屋土地管理部门批准形成。

工程项目选址申请:在城市规划区域内进行建设的项目,选址和布局必须符合城市规划。申请人根据申请条件和依据,向城市规划管理部门提出选址申请,填写建设项目规划审批及其他事项申报表。

表 4-2　建设用地、拆迁文件的类别、来源及保存期限

资料类别		工程资料名称	资料来源	保存期限
A2	建设用地拆迁文件	选址申请及选址规划意见通知书	建设单位规划部门	永久
		建设用地批准书	土地行政管理部门	永久
		拆迁安置意见、协议、方案等	建设单位	长期
		建设用地规划许可证及其附件	规划行政管理部门	永久
		土地使用证明文件及其附件	土地行政管理部门	永久
		建设用地钉桩通知单	规划行政管理部门	永久

二、建设用地规划许可证及其附件

《中华人民共和国城乡规划法》规定以下建设工程需要申请《建设用地规划许可证》：

(1)凡新建、改建、扩建工程项目需要新征用地的。

(2)用地性质或面积发生变化的建设项目。

(3)土地权发生变化的建设项目。

(4)在城市规划区内需要办理拆迁手续的。

建设用地规划许可证是建设单位在向土地管理部门申请征用、划拨土地前,经城乡规划行政主管部门确认建设项目位置和范围符合城乡规划的法定凭证,是建设单位用地的法律凭证。

没有建设用地规划许可证的用地单位属非法用地,房地产商的售房行为也属非法;建设用地规划许可证规定的用地性质、位置和界限,未经原审批单位同意,任何个人和单位不得擅自变更。

三、建设用地批准文件及国有土地使用证

用地申请及批准文件指县级以上人民政府批准用地位置、面积、界限的文件,以批准文件直接归档。征用土地应严格按照国家规定的基本建设程序和审批权限办理。建设单位资料文件、国有土地使用证为复印件,并需要加盖建设单位公章,其他文件均为原件方可通过竣工档案验收。

四、建设用地钉桩通知单

建设用地钉桩通知单是规划部门在确定建设用地规划许可时,发给测绘单位的钉桩通知单,用来确定用地范围。

任务 3 勘察、设计文件（A3）

建设用地勘察、设计文件的类别、来源及保存期限应符合表 4-3 的规定。

表 4-3　建设用地勘察、拆迁文件的类别、来源及保存期限

资料类别	工程资料名称		资料来源	保存期限
A3	勘察设计文件	工程地质、水文地质勘查报告	勘察单位	永久
		初步设计文件、设计计算书	设计单位	长期
		设计方案审查意见	各部门	永久
		施工图审查意见	施工图审查机构	永久
		节能设计备案文件	设计单位	永久

一、勘察文件

工程建设的勘察工作主要包括自然条件的调查、工程勘察、水文勘察、地震调查等。常用的地质勘查方法有野外调查、测绘、钻探、槽探、现场试验、室内试验和长期观测等。对于城市基本建设勘察来说，一般多采用槽探、井探、物探、实验室试验等。

1. 工程地质勘查报告

工程地质勘查报告的内容分为文字和图表两部分。

1）文字部分

文字部分主要包括概述、场地描述及地下水、底层分布、工程地质条件评述。

2）图表部分

图表部分主要包括钻孔平面布置图、地质柱状图、地质柱状及静探曲线图、地质岩性剖面图、土壤压缩曲线图、土壤试验结果汇总表及土壤剪力试验成果。

城市规划区内的建设工程，由于建筑范围有限，一般只进行工程地质勘查工作，就可以满足设计需要。需要注意的是工程地质勘查报告要由建设单位委托的勘察设计单位勘察形成。

2. 水文地质勘查报告

水文地质勘查是指为查明一个地区的水文地质条件而进行的水文地质调查工作。调查结果由勘察部门编制水文地质勘查报告，其内容包括：水文地质勘探、水文地质测绘、水文地质试验，以及地下水动态的长期观测、水文地质参数计算、地下水资源保护和地下水资源评价。

二、设计文件

设计文件包括初步设计文件及说明、审定设计方案通知书及审查意见、施工图设计及其说明、施工图设计审查等有关设计资料。

1. 初步设计文件及说明

初步设计文件及说明是指建设单位委托设计单位提出的初步设计阶段的技术文件资料。

初步设计的内容包括:初步设计依据和设计指导思想;生产工艺流程和各专业主要设计方案;建设规模、近景及远景规划;主要建筑物、构筑物、公用辅助设施、人防设施、生活区建设;新技术、新工艺、新设备采用情况;建设顺序和建设周期;环保、抗震评价,综合利用和"三废"处理;经济指标和评价;外部协作条件;生产组织、工作制度和劳动定员初步设计总概算;各种依据、协议文件及附件、附图、附表。

2. 审定设计方案通知书及审查意见

初步设计完成后,应向规划行政主管部门申报设计方案,申报时填写设计方案报审表和报送设计方案的有关图纸、单体建筑模型、方案说明书等。

设计方案报审表由建设单位、设计单位、申报单位共同填写,并在建设单位、设计单位和申报单位一栏中加盖单位公章。设计方案报审表除要填写工程名称、建设内容、建设地点等概况外,还要填写与设计方案有关的数据及指标、设计方案的考虑、遵守事项等要求。

经规划行政主管部门审查后,由规划行政主管部门发出修改设计方案通知书,申报单位按通知书中的修改意见和附图进行修改,修改完成后重新申报。设计方案报审表经审查合格后,由规划行政主管部门发出审定设计方案通知书。通知书下发后,设计单位按通知书中的要求进行施工图设计或技术设计。

3. 施工图设计及说明

施工图设计及其说明是指建设单位委托设计单位提供的施工图设计技术文件资料。施工图设计主要包括总平面图、建筑图、结构图、给水排水图、电气图、采暖通风及空气调节图、动力图、预算等。

在图纸目录中先列新绘制图纸,后列选用的标准图、通用图或重复利用图。

施工图说明书由设计总说明和各专业的设计说明书组成。一般工程的设计说明,可分别列写在有关的图纸上。如重复利用某一专门的施工图纸及其说明,应详细注明其编制单位、资料名称和编制日期。如果施工图设计阶段对初步设计有改变,应重新计算并列出主要技术经济指标,这些表可列在总平面布置图上。

施工图设计是建设项目设计工作的最后阶段,它是把初步设计和技术设计中确定的设计方案和设计原则进一步具体化、明确化,并把工程和设备的各个组成部分的尺寸、平面布置、节点大样和主要施工方法,以图样和文字说明的形式加以确定,并编制设备、材料明细表和施工图预算。

对施工图一般不再组织进行专门的审批,但应由设计单位负责审查施工图,注册结构师、注册建筑师等注册执业人员在设计文件上签字,对设计文件负责。施工图和预算经设计单位内部审定后,便成为建设项目施工和预算包干、工程结算的直接依据。除施工图审批意见外,还应有消防设计审批意见。

4.施工图设计审查

施工图设计审查是指政府有关部门和经审批成立的施工图审查机构对施工图设计文件的审批,如消防、防震、节能审查或其他明文规定必须进行的审查。未经审查和批准的施工图设计文件不得使用。

任务 **4** 招投标文件(A4)

招投标文件的类别、来源及保存期限应符合表 4-4 的规定。

表 4-4　招投标文件的类别、来源及保存期限

资 料 类 别	工 程 资 料 名 称		资 料 来 源	保 存 期 限
A4	招投标文件	勘察、设计、施工、监理招投标文件	建设、勘察、设计、施工、监理单位	长期
		勘察、设计、施工、监理合同	建设、勘察、设计、施工、监理单位	长期

一、招投标文件

应招标的工程,勘察、设计、监理、施工等单位必须按有关规定进行招投标。招标文件由建设单位自行编制或委托具有相应资质的招标代理机构编制;投标文件分别由勘察、设计、施工、监理单位编制。中标通知书由建设单位或招标代理机构编制而成,并到建设行政主管部门备案。

以施工单位为例介绍施工招投标文件。

1.招标文件主要内容

(1)投标须知。

(2)合同通用条款和专用条款。

(3)技术规范与要求。

(4)投标文件格式。

(5)施工图纸。

(6)工程量清单。

2. 投标文件主要内容

(1)编制依据。

(2)管理目标。

(3)工程概况。

(4)施工安排。

(5)施工准备。

(6)本工程关键部位施工技术方案。

(7)质量保证措施。

(8)安全保证措施。

(9)文明施工、环保措施。

(10)工期保证措施。

(11)技术管理措施。

(12)合理化建议。

(13)附件。

3. 中标通知书

中标单位确定后,由建设单位向中标单位发出通知书,并到建设行政主管部门备案。中标单位与建设单位签订合同。中标通知书是办理工程开工及工程竣工备案等的文件,及其重要的文件,应妥善保管。

二、招投标合同

中标单位中标后,由建设单位分别与勘察、设计、施工、监理单位协商签订合同,并到建设主管部门备案。

《建设工程施工合同示范文本》中把合同分为协议书、通用条款、专用条款三个部分,并附有附件。

1. 协议书

合同协议书需要填写的主要内容包括工程概况、工程承包范围、合同工期、质量标准、合同价款、组成合同的文件及合同的生效时间等。

2. 通用合同条款

通用合同条款是合同当事人根据《中华人民共和国建筑法》《中华人民共和国合同法》等法律法规的规定,就工程建设的实施及相关事项,对合同当事人的权利义务做出的原则性约定。

通用合同条款共计20条,具体条款分别为:一般约定、发包人、承包人、监理人、工程质量、安全文明施工与环境保护、工期和进度、材料与设备、试验与检验、变更、价格调整、合同价格、计量与支付、验收和工程试车、竣工结算、缺陷责任与保修、违约、不可抗力、保险、索赔和争议解决。

3.专用条款

专用条款是结合具体工程实际,经协商达成一致意见的条款,是对通用条款的具体化、补充或修改,其内容由合同当事人根据建设工程项目的具体特点和实际要求细化。

4.附件

建设工程施工合同示范文本中附有11个附件,包括承包人承揽工程项目一览表、发包人供应材料设备一览表、房屋建筑工程质量保修书,主要建设工程文件目录、承包人用于本工程施工的机械设备表、承包人主要施工管理人员表、分包人主要施工管理人员表等。

任务 5 开工审批文件(A5)

开工审批文件的类别、来源及保存期限应符合表4-5的规定。

表 4-5　开工审批文件的类别、来源及保存期限

资料类别		工程资料名称	资料来源	保存期限
A5	开工文件	建设工程规划许可证及其附件	规划部门	永久
		建设工程施工许可证	建设行政管理部门	永久

一、建设工程规划许可证及其附件

建设工程规划许可证是城市规划区内,经城市规划行政主管部审定依法核发的,是许可建设各类工程的法律凭证,是建设活动中接受监督检查时的法定依据。没有此证的建设单位,其工程建筑是违章建筑。

建设工程规划许可证及附件发出后,因年度建设计划变更或因故未建满两年者,建设工程规划许可证及附件自行失效,需要建设时,应向审批机关重新申报,经审核批准后方可施工。

办理建设工程规划许可证应当提供下列材料:

(1)建设工程规划申请书。

(2)已核发的建设用地规划许可证及附图复印件。

(3)国土主管部门出具的土地使用权证或者土地使用意见。

(4)符合规划审批要求的地质勘测报告、建筑(市政)测量图、建筑(市政)设计方案(建筑平面、立面、剖面及效果图)及设计单位的资质证书复印件。

(5)其他相关部门出具的书面审查意见。

(6)其他有关申报材料。

二、建设工程施工许可证

建设工程施工许可证是建筑施工单位符合各种施工条件、允许开工的批准文件,是建设单位进行工程施工的法律凭证,也是房屋权属登记的主要依据之一。

办理建筑工程施工许可证应当提供下列材料。

(1)规划建设用地许可证和经土地管理部门年审的土地证(复印件)。

(2)建设工程规划许可证(复印件)。

(3)需要拆迁的,其拆迁进度符合施工要求。

(4)建设工程质量注册登记表和建设工程质量监督书(原件)。

(5)施工安全生产监督申报书(原件)。

(6)经过建设主管部门备案的施工合同(原件)。

(7)监理合同(原件)。

(8)中标通知书和招标备案表(原件)。

(9)施工企业安全生产许可证(复印件)。

(10)施工图设计文件审查合格书和施工图审查备案表(原件)。

(11)八大员及项目经理证书,项目经理与施工企业投标书一致。

(12)资金审计证明(建设工期不足 1 年的到位资金,不得少于工程合同价的 50%,建设工期超过 1 年的到位资金,不得少于工程合同价的 30%),房地产开发企业项目资本金需要达到 35%。

(13)工程建设合同担保。

(14)施工组织设计。

(15)经施工图审查机构审核的施工图。

(16)安全防护、文明施工措施费用支付合同。

(17)流动人口计划生育合同书,外省、外地建筑施工企业须提供流动人口婚育证明。

(18)工程建设项目廉政责任书、工程监理廉政责任书。

(19)建设工程内部运行表。

(20)建筑施工许可证申请表。

任务 6 工程造价文件(A6)

工程造价文件由建设单位或建设单位委托工程造价咨询单位形成。工程造价文件的类别、来源及保存期限应符合表 4-6 的规定。

表 4-6　工程造价文件的类别、来源及保存期限

资料类别	工程资料名称		资料来源	保存期限
A6	工程造价文件	工程投资估算材料	建设单位	短期
		工程设计概算材料	建设单位	短期
		招投标控制价格文件	建设单位	短期
		合同价格文件	建设单位	短期
		结算价格文件	建设单位	短期

一、工程投资估算材料

投资估算是投资决策阶段的项目建议书,它要包括从工程筹建到竣工验收、交付使用所需的全部费用。具体包括建筑安装工程费,设备、工器具购置费,工程建设其他费用,预备费,固定资产依投资方向调节税,建设期贷款利息等。

投资估算由建设单位编制或委托设计单位(或咨询单位)编制,主要依据相应建设项目投资估算招标,参照以往类似工程的造价资料编制。

二、工程设计概算材料

初步设计阶段,设计单位根据初步设计规定的总体布置及单项工程的主要建筑结构和设备清单来编制建设项目总概算。

设计概算包括:建筑安装工程费用,设备、工器具购置费用,工程建设其他费用,预备费等。

设计概算经批准后,是确定建设项目总造价、编制固定资产投资计划、签订建设项目贷款总合同的依据,也是控制建设项目拨款、考核设计经济合理性的依据。

任务 7　工程建设基本信息(A7)

工程建设基本信息的类别、来源及保存期限应符合表 4-7 的规定。

表 4-7　工程建设基本信息的类别、来源及保存期限

资料类别	工程资料名称		资料来源	保存期限
A7	工程建设基本信息	工程概况信息表	建设单位	长期
		建设单位工程项目负责人及现场管理人员名册	建设单位	长期
		监理单位工程项目总监及监理人员名册	监理单位	长期
		施工单位工程项目经理及质量管理人员名册	施工单位	长期

工程概况信息表(见表4-8)由建设单位填写。

参加工程建设的各单位负责人名册是对工程主要技术负责人、单位法人资料的汇总。

相关企业负责人资料包括:建设单位的相关负责人及建设单位工程师资料;施工企业的相关负责人资料,项目经理的建造师注册证书、安全生产考核合格证书、身份证复印件,项目部组成人员资料及人员技术职称证、上岗证;项目监理机构相关责任人资料、监理岗位人员名单及证书(项目总监理工程师必须持有全国监理工程师注册证书,且专业与参加投标主体工程专业相符,监理员必须持有监理员证书且专业齐全、配套)。

以上相关资料要按要求复印,审查原件和复印件是否一致,并将复印件保存归档。

表4-8　工程概况信息表

工程概况	工程名称	11号商住楼			
	工程地点	海曲路以北、烟台路以东			
	预算造价	万元	工程类别	1.新建; 2.扩建; 3.改建; 4.装修; 5.其他	
	建筑面积	10 489 m²		结构类型	剪力墙结构
	基础类型			层数	
	计划开工时间	年 月 日		计划竣工时间	年 月 日
	办理监督手续时工程形象进度				
施工单位	单位全称		资质等级		
	项目经理	乙1	资格级别 证书编号		联系电话
监理单位	单位全称		资质等级		
	总监理工程师		资格级别 证书编号		联系电话
勘察单位	单位全称		资质等级		
	项目负责人		资格级别 证书编号		联系电话
设计单位	单位全称		资质等级		
	项目负责人		资格级别 证书编号		联系电话
检测单位	单位全称				
	法人代表		联系电话		

建设单位:(全称)

地址:

法定代表人:　　　　　　　　　　　　　　　联系电话:

项目负责人:　　　　　　　　　　　　　　　联系电话:

建设单位(公章)　　　年　　月　　日

本章小结

工程准备阶段文件是工程档案中非常重要的一部分,建设单位应做好工程准备阶段文件的归档整理工作。本章主要阐述了工程准备阶段文件的内容及归档整理要求。

思考与练习

一、单项选择题

1. 负责基建文件的管理工作,并设专人对基建文件进行收集、整理和归档是属于( )职责。
   A. 监理单位　　　　B. 设计单位　　　　C. 施工单位　　　　D. 建设单位

2. 项目建议书是由( )自行编制或委托其他有相应资质的咨询或设计单位编制并审报的文件。
   A. 监理单位　　　　B. 设计单位　　　　C. 施工单位　　　　D. 建设单位

3. 立项会议纪要是由( )就该项目召开立项研究会议所形成的纪要文件,由组织会议的单位负责提供。
   A. 监理单位　　　　B. 设计单位　　　　C. 施工单位　　　　D. 建设单位

4. 建设用地批准书是由( )到国土资源部门办理,由国土资源部门负责提供。
   A. 监理单位　　　　B. 设计单位　　　　C. 施工单位　　　　D. 建设单位

5. 下列选项中不属于开工文件的是( )。
   A. 建设工程施工许可证及其附件　　　　B. 建设工程规划许可证及其附件
   C. 工程投资估算　　　　D. 工程质量监督备案

二、多项选择题

1. 建设单位文件资料的管理中的立项文件包括( )。
   A. 发展和改革部门批准的立项文件　　　　B. 项目建议书
   C. 立项会议纪要　　　　D. 可行性研究报告

2. 需要归档保存建设工程施工许可证的单位是( )。
   A. 监理单位　　　　B. 建设单位　　　　C. 设计单位　　　　D. 施工单位

3. 下列选项中属于建设用地文件的有( )。
   A. 工程项目选址申请及选址规划意见通知书
   B. 建设用地规划许可证及附件
   C. 划拨建设用地文件
   D. 建设用地批复文件及国有土地使用证
   E. 拆迁安置意见、协议、方案等

4. 应在工程准备阶段文件中归档的有( )。
   A. 综合管网图　　　　B. 综合管网测量报告　　　　C. 测量数据光盘
   D. 控制网测量报告　　　　E. 工程定位(竣工)测量记录

5. 下列各项文件中属于建设单位资料文件的有( )。

A.财务文件　　　　　　B.施工试验记录　　　　　C.施工许可证
D.建设用地规划许可证　E.监理合同

三、判断题

1.立项会议纪要是由建设单位或其上级主管部门就该项目召开立项研究会议所形成的纪要文件,由组织会议的单位负责提供。(　　　)

2.可行性研究报告及附件是由建设单位自行编制或委托具有相应资质的工程咨询、设计单位编制可行性研究报告,由编制单位提供。(　　　)

3.可行性报告批复文件是由建设单位对该项目的可行性研究报告做出的批复文件。(　　　)

四、简答题

1.建设用地文件有哪些?

2.开工文件有哪些?

技能
实训

教师提供工程准备阶段文件资料,学生以小组为单位进行文件的分类、归档,并查找所给资料中不符合相关规定和规范的地方。

项目 5

监理文件管理实务

学习目标

知识目标

1. 掌握监理文件的分类。

2. 掌握监理管理资料、工程进度资料、质量控制资料、造价控制资料、合同管理资料、竣工验收资料的具体内容和分类归档。

能力目标

能够编制、整理与归档监理文件。

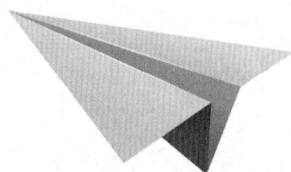

任务 1 监理管理文件(B1)

监理管理文件的类别、来源及保存期限应符合表 5-1 的规定。

表 5-1 监理管理文件的类别、来源及保存期限

资料类别		工程资料名称	资料来源	保存期限
B1	监理管理文件	监理规划	监理单位	长期
		监理实施细则	监理单位	长期
		监理月报	监理单位	长期
		监理会议纪要	监理单位	长期
		监理工作日志	监理单位	长期
		监理工作总结	监理单位	长期
		监理工作联系单	监理单位、施工单位	长期
		监理工程师通知单	监理单位	长期
		监理工程师通知回复单	施工单位	长期
		工程暂停令	监理单位	长期
		工程复工报审表	施工单位	长期

一、监理规划

监理规划是监理单位接受业主委托并签订委托监理合同之后,依据相关法律、法规、技术标准、项目审批文件、设计文件等在总监理工程师的主持下,根据委托监理合同,在监理大纲的基础上,结合工程的具体情况进行编制,并经监理单位技术负责人批准,用来指导项目监理机构全面开展工作的指导性文件。监理规划是编制监理实施细则的重要依据,也是建设监理主管机构对监理单位监督管理和业主确认监理单位履行合同的主要依据,对指导项目监理机构全面开展监理工作有着重要的指导作用。

1. 编制程序

监理规划的编制应明确项目监理机构的工作目标,针对项目的实际情况,确定具体的工作制度、程序、方法和措施,监理规划应具有可操作性,其编制过程应符合下列规定。

(1)监理规划应在签订委托监理合同及收到设计文件后开始编制,完成后必须经监理单位技术负责人审核批准,并应在召开第一次工地会议前报送建设单位。

(2)监理规划应由总监理工程师主持编制工作,并由专业监理工程师参加编制。

2. 编制依据

(1)建设工程的相关法律、法规及项目审批文件。

(2)与建设工程项目有关的标准、设计文件、技术资料。

(3)监理大纲、委托监理合同文件，以及与建设工程项目相关的合同文件。

3. 主要内容

(1)工程项目概况。

(2)工作依据、工作目标、工作范围。

(3)项目监理机构的组织形式、岗位职责、人员配备计划。

(4)监理工作制度。

(5)监理工作程序。

(6)监理工作内容、工作方法及措施。

(7)监理设施。

二、监理实施细则

对中型及以上或专业性较强的工程项目，项目监理机构应编制监理实施细则。监理实施细则依据监理规划由专业监理工程师编制完成，并经总监理工程师批准，是针对工程项目中某一专业或某一方面监理工作的操作性文件。

1. 监理实施细则编制的程序

(1)监理实施细则应在相应工程施工开始前编制完成，并必须经总监理工程师批准。

(2)监理实施细则应由监理工程师编写。

2. 监理实施细则编制的依据

(1)已批准的监理规划。

(2)与工程有关的设计文件和技术资料。

(3)施工组织设计。

3. 监理实施细则的主要内容

(1)专业工程的特点。

(2)监理工作的流程。

(3)监理工作的控制要点及目标值。

(4)监理工作的方法及措施。

三、监理月报

监理月报应由总监理工程师组织编写并签认后，由项目监理部门每月将其监理工作情况报于建设单位和本监理单位，使建设单位能够及时了解工程的进展情况，掌握工程的进度、质量、造价及项目目标完成的情况。编制监理月报的基本要求是全面、客观、及时，并具有前瞻性和评判性。

监理月报应包括以下内容。

(1)本月工程概况。

(2)监理工作控制要点及目标。

(3)工程进度：本月实际完成情况与计划进度比较，对进度完成情况及采取措施效果进行分析。

(4)工程质量：本月工程质量情况分析；本月采取的工程质量措施及效果。

(5)工程计量与工程款支付：工程量审核情况、工程款审批情况及月支付情况、工程款支付情况分析、本月采取的措施及效果。

(6)合同其他事项的处理情况：工程变更、工程延期、费用索赔。

(7)本月监理工作小结、下月监理工作重点。

四、监理会议纪要

工程施工过程中，总监理工程师应定期主持召开工地会议，会议形成的纪要文件应由项目监理机构负责起草，并与各方代表会签。总监理工程师或专业监理工程师应根据需要及时组织专题会议，解决施工过程中的各种专项问题。

监理会议纪要可分为工地例会纪要、专题会议纪要和项目监理机构内部会议纪要。

监理会议纪要包括以下主要内容。

(1)检查上次会议议定事项的落实情况，分析未完事项原因。

(2)检查分析工程项目进度计划完成情况，提出下一阶段进度目标及其落实措施。

(3)检查分析工程项目质量情况，针对存在的质量问题提出改进措施。

(4)检查工程量核定及工程款支付情况。

(5)解决需要协调的有关事项。

(6)其他有关事宜。

五、监理工作日志

监理工作日志是指项目监理机构在被监理工程施工期间每日记录气象、施工记录、监理工作及其他有关事项的日记。监理工作日志是监理资料中的重要组成部分，是监理服务工作量和价值的体现，是工程实施过程中最真实的工作证据，也是监理人员专业素质和技术水平的体现。

施工日志的主要内容为：

(1)每日人员、材料、构配件、设备的变化情况。

(2)每日施工的具体部位、工序的质量、进度情况，材料使用情况，抽检、复检情况，施工程序执行情况，人员、设备的安排情况等。

(3)对发现的施工问题，当时是否要求施工单位及时纠正，是否发了监理通知单。

(4)施工单位提出的问题，监理人员的答复等。

(5)每日的施工进度执行情况，索赔情况，安全文明施工情况。

监理日记应使用统一制式,可单独成册,每册封面应标明工程名称、册号、记录时间段及建设单位、设计单位、施工单位、监理单位名称,并由总监理工程师签字。监理人员应及时填写监理日志并签字,不得补记,不得隔页或扯页,应保持其原始记录。

六、监理工作总结

施工阶段监理工作结束以后,监理单位应向建设单位提交工作总结资料。

监理工作总结是指监理单位对履行委托监理合同情况和监理工作的综合性总结。监理工作总结由总监理工程师组织项目监理机构有关人员编写。

1. 填写要求

(1)能客观、公正、真实地反映工程监理的全过程。

(2)能对监理效果进行综合描述和正确评价。

(3)能反映工程的主要质量状况、结构安全、投资控制及进度目标实现情况。

2. 主要内容

(1)工程概况。

(2)监理组织机构、监理人员和投入的监理设施。

(3)监理合同履行情况。

(4)监理工作成效。

(5)施工过程中出现的问题及其他处理情况和建议。

(6)工程照片(必要时)。

七、监理工作联系单

监理工作联系单用于参与建设工程的建设、施工、监理、勘察设计和政府质量监督部门相互之间传递意见、决定、通知、要求与信息。发出单位有权签发的负责人应为建设单位的现场代表(施工合同中规定的工程师)、承包单位的项目经理、监理单位的项目总监理工程师、设计单位的本工程设计负责人、政府质量监督部门的负责监督该建设工程的监督师。监理工作联系单任何人不能随便签发。

监理工作联系单除明确要求外,一般不需要回复。

监理工作联系单见表5-2,填写内容如下。

(1)在施工过程中,应填写与监理有关的工作联系单,即与监理有关的某一方须向另一方或几方告知某一事项,或督促某项工作,或提出某项建议等,对方执行情况不需要书面回复时均用此单。

(2)事由:指需要联系事项的主题。

(3)内容:指需要联系事项的详细说明。要求内容完整、齐全,技术用语规范,文字简练明了。

（4）发出单位名称：指提出监理工作联系事项的单位。填写本工程现场管理机构的名称，并加盖公章。

（5）单位负责人：指提出监理工作联系事项单位在本工程的负责人。

表 5-2   监理工作联系单

工程名称：   编号：

致：××集团开发有限公司（单位）
 	
事由：
关于支付监理酬金事宜。
 	
内容：
  根据监理合同第 26 条的规定，贵方应在结构施工部位达到 10.00 m 时，支付 15％的总合同额，即 22.5 万元的监理酬金，目前施工部位已超过上述范围，请贵方按监理合同支付监理酬金为盼。
  请予以审查和批准使用。
 	
          发出单位名称：××监理有限公司
          单位负责人（签字）：　　×××
             年 月 日

八、监理工程师通知单

监理工程师通知单见表 5-3。

表 5-3   监理工程师通知单

工程名称：   编号：

致：××集团开发有限公司（施工项目经理部）
事由：关于二层 1-9/A-J 轴钢筋工程质量的问题。
内容：
  监理工程师巡视检查发现，A 栋二层 1-9/A-J 轴框架节点箍筋加密区的箍筋及梁上有集中荷载作用处的附加筋漏放，控制钢筋保护层的垫块强度、厚度、位置不符合规范要求，以上问题施工单位应立即整改，并将整改情况填报送监理工程师复检。
 	
          项目监理机构（盖章）：××监理有限公司
          总/专业监理工程师（签字）：×××
             年 月 日

注：本通知单一式三份，项目监理机构、建设单位、施工单位各一份。

  在监理工作中，项目监理机构按委托监理合同授予的权限和国家的有关规定，对承包单位发出的指令、提出的要求，除另有规定外，均应采用监理工程师通知单。监理工程师现场发出的口头指令及要求，也应采用此通知单予以确认。

  监理工程师通知的内容，承包单位应认真执行，并将执行结果用监理工程师通知回复单报监理机构复核。

九、监理工程师通知回复单

监理工程师通知回复单指承包单位落实监理工程师通知单后,报项目监理机构检查复核的回复单。监理工程师通知回复单见表5-4,填写要求如下。

表 5-4　监理工程师通知回复单

工程名称:　　　　　　　　　　　　　　　　　　　　　　编号:

致:××监理单位(项目监理机构) 　　我方接到编号为×××的监理通知单后,已按要求完成了_____相关工作,请予以复查。 附件:需要说明的情况 　　　　　　　　　　　　　　　　　　　　施工项目经理部(盖章): 　　　　　　　　　　　　　　　　　　　　　　项目经理(签字): 　　　　　　　　　　　　　　　　　　　　　　　　年　　月　　日
复查意见: 　　经复查,已按×××监理工程师通知单中的内容整改完毕。 　　　　　　　　　　　　　　　　　　　　　项目监理机构(盖章): 　　　　　　　　　　　　　　　　　　　　专业监理工程师(签字): 　　　　　　　　　　　　　　　　　　　　　　　　年　　月　　日

(1)我方收到编号为_____:填所回复的监理工程师通知单的编号。

(2)完成了_____相关工作:按监理工程师通知单要求完成的工作填写。

(3)详细内容:针对监理工程师通知单的要求,简要说明落实过程、结果及自检情况,必要时附有关证明资料。

(4)复查意见:专业监理工程师应详细核查承包单位所报的有关资料,符合要求后针对工程质量实体的缺陷整改进行现场检查,符合要求后填写"已按监理工程师通知单整改完毕/经检查符合要求"的意见,如不符合要求,应具体指明不符合要求的项目或部位,签署"不符合要求,要求承包单位继续整改"的意见。

十、工程暂停令

施工过程中发生了需要停工处理的事件,总监理工程师根据暂停工程的影响范围和影响程度,按照施工合同和委托监理合同的约定签发工程暂停令。

工程暂停是由承包单位的原因造成的,承包单位申请复工时,除了填报工程复工报审表外,还应报送针对导致停工原因所进行的整改工作报告等相关材料。

工程暂停原因是非承包单位的原因造成时,也就是建设单位的原因或应由建设单位承担责任的风险或其他事件时,总监理工程师在签发工程暂停令之后,应尽快按施工合同的规定处理因工程暂停引起的与工期、费用等相关问题。

1. 工程暂停的原因

工程暂停的原因主要有如下几种。

（1）建设单位要求暂停施工，且工程需要暂停施工。

（2）为了保证工程质量而需要进行停工处理的：

①未经监理机构审查同意，擅自变更设计或修改施工方案进行施工的。

②有特殊要求的施工人员未通过专业监理工程师审查或经审查不合格进入现场施工的。

③擅自使用未经监理机构审查认可的分包单位进入现场施工的。

④使用未经专业监理工程师验收或验收不合格的材料、构配件、设备或擅自使用未经审查认可的代用材料的。

⑤工序施工完成后，未经监理机构验收或验收不合格而擅自进行下一道工序施工的。

⑥隐蔽工程未经专业监理工程师验收确认合格而擅自隐蔽的。

⑦施工中出现质量异常情况，经监理机构指出后，承包单位未采取有效改正措施或措施不力、效果不好仍继续作业的。

⑧已发生质量事故迟迟不按监理机构要求进行处理；或已发生隐患、质量事故，如不停工质量隐患、质量事故将继续发展；或已发生质量事故，承包单位隐蔽不报，私自处理的。

（3）施工出现了安全隐患，总监理工程师认为有必要停工以消除隐患。

（4）发生了必须暂时停止施工的紧急事件。

（5）承包单位未经许可擅自施工，或拒绝项目管理机构管理。

2. 相关规定与要求

（1）暂停令中"部位（工序）"指根据停工原因的影响范围和影响程度，填写本暂停令所停工工程的范围。

（2）要求做好各项工作：指工程暂停后要求承包单位所做的有关工作，如对停工工程的保护措施，针对工程质量问题的整改、预防措施等。

（3）当引起工程暂停的原因不是非常紧急（如由于建设单位的资金问题、拆迁等），同时工程暂停会影响一方（尤其是承包单位）的利益时，总监理工程师应在签发暂停令之前，就工程暂停引起的工期和费用补偿等与承包单位、建设单位进行协商，如果总监理工程师认为暂停施工是妥善解决较好的办法时，也应当签发工程暂停令。

（4）签发工程暂停令时，必须注明是全部停工还是局部停工，不得含混。

工程暂停令见表 5-5。

表 5-5　工程暂停令

工程名称：　　　　　　　　　　　　　　　　　　　　　　　编号：

致：××集团开发有限公司（施工项目经理部）
由于一区二层更改梁板配筋原因，现通知你于 20×× 年 ×× 月 ×× 日 ×× 时起，暂停一区一层梁板梯配筋部位（工序）施工，并按下述要求做好后续工作。
要求：1.由监理工程师和承包单位有关人员共同对一区二层梁板结构施工形象进度进行记录。2.按设计变更及附图要求调整梁板配筋，相应有关专业人员进行技术交底。3.组织施工班组按设计变更要求对一区二层梁板配筋进行整改安装处理完成后，项目部组织自检，并报项目监理部重新验收。 　　　　　　　　　　　　　　　　　　　项目监理机构（盖章）：××监理有限公司 　　　　　　　　　　　　　　　　　　　总监理工程师（签字、加盖执业印章）：××× 　　　　　　　　　　　　　　　　　　　　　　　　　　　年　　月　　日

注：本工程暂停令一式三份，项目监理机构、建设单位、施工单位各一份。

(5)建设单位要求停工,且监理工程师经过独立判断,也认为有必要暂停施工时,可签发工程暂停令;反之,经过总监理工程师的独立判断,认为没有必要停工,则不应签发工程暂停令。

(6)当发生上述项目工程暂停原因中第(2)条第②、③、④款的情况时,不论建设单位是否要求停工,总监理工程师均应按程序签发工程暂停令。

十一、工程复工

工程复工报审表见表5-6。

表 5-6　工程复工报审表

工程名称:11 号商住楼　　　　　　　　　　　　　　　　　编号:

致:×××监理单位　　　　(项目监理机构)
编号为××××工程暂停令所停工的一区梁板配筋部位(工序),已具备复工条件。我方申请于20××年××月××日复工。请予以审批。 　　附件:　证明文件资料   　　　　　　　　　　　　　　　　　　　　施工单位项目经理(盖章): 　　　　　　　　　　　　　　　　　　　　　　项目经理(签字): 　　　　　　　　　　　　　　　　　　　　　年　　　月　　　日
审核意见: 　　　　　　　　　　　　　　　　　　　　项目监理机构(盖章): 　　　　　　　　　　　　　　　　　　　　总监理工程师(签字): 　　　　　　　　　　　　　　　　　　　　　年　　　月　　　日
审批意见: 　　　　　　　　　　　　　　　　　　　　　建设单位(盖章): 　　　　　　　　　　　　　　　　　　　　建设单位代表(签字): 　　　　　　　　　　　　　　　　　　　　　年　　　月　　　日

注:本报审表一式三份,项目监理机构、建设单位、施工单位各一份。

工程复工令见表 5-7。

表 5-7　工程复工令

工程名称：　　　　　　　　　　　　　　　　　　　　　　　　编号：

致：××集团开发有限公司(施工项目经理部)

　　我方发出的编号为 ＿＿＿＿＿＿＿＿工程暂停令,要求暂停施工的 ＿＿＿＿＿＿ 部位(工序),经查已具备复工条件。经建设单位同意,现通知你方于 ＿＿ 年 ＿＿ 月 ＿＿ 日 ＿＿ 时起,恢复施工。

　　附件:工程复工报审表

项目监理机构(盖章)：××监理有限公司

总监理工程师(签字,加盖执业印章)：×××

年　　月　　日

注:本复工令一式三份,项目监理机构、建设单位、施工单位各一份。

1. 工程复工申请程序

(1)工程暂停原因消失,承包单位向项目监理机构申请复工。

(2)对项目监理机构不同意复工的复工报审,承包单位按要求完成后仍用工程复工报审表报审。

(3)工程复工报审表中"＿＿＿＿＿工程"填写相应停工工程项目名称。

附件:工程暂停原因是由承包单位的原因引起时,承包单位应报告整改情况和预防措施;工程暂停原因是由非承包单位的原因引起时,承包单位仅提供工程暂停原因消失证明。

(4)审批意见:总监理工程师应指定专业监理工程师对复工条件进行复核,在施工合同约定的时间内完成对复工申请的审批,符合复工条件的,应签署"工程具备了复工条件,同意复工";不符合复工条件的,应签署"不同意复工",并注明不同意复工的原因和对承包单位的要求。

(5)总监理工程师审核满足复工条件后,签发工程复工令。

2. 复工申请的审查

(1)承包单位按工程暂停令的要求,自查符合了复工条件后,向项目监理机构报送工程复工报审表及其附件。

(2)总监理工程师应及时指定监理工程师进行审查,工程暂停是由非承包单位原因引起的,签认工程复工报审表时,只需要看引起暂停施工的原因是否还存在;工程暂停是由承包单位的原因引起的,复工审查时不仅要审查其停工因素是否消除,还要审查其是否查清了导致停工的原因和采取了有针对性的整改措施、预防措施,还要复核其各项措施是否得到贯彻落实。

(3)总监理工程师根据审查情况,应当在收到工程复工报审表后 48 小时内完成对复工申请的审批。项目监理机构未在收到承包人复工申请后 48 小时(或施工合同规定时间)内提出审查意见,承包单位可自行复工。

任务 2 进度控制文件(B2)

进度控制文件的类别、来源及保存期限宜符合表 5-8 的规定。

表 5-8　进度控制文件的类别、来源及保存期限

资料类别		工程资料名称	资 料 来 源	保 存 期 限
B2	进度控制文件	工程开工报审表	施工单位	长期
		施工进度计划报审表	施工单位	长期

一、进度控制程序

监理单位进行工程进度控制的基本程序为：

(1)总监理工程师审批承包单位报送的施工总进度计划。

(2)总监理工程师审批承包单位编制的年、季、月度施工进度计划。

(3)专业监理工程师对进度计划实施情况进行检查、分析。

(4)当实际进度符合计划进度时,应要求承包单位编制下一期进度计划;当实际进度滞后于计划进度时,专业监理工程师应书面通知承包单位采取纠正措施,并监督实施。

二、进度控制方法

1. 审批进度计划

(1)承包单位应根据建设工程施工合同的约定,按时编制施工总进度计划、年进度计划、季进度计划、月进度计划,并按时填写施工进度计划报审表,报项目监理部审批。

(2)监理工程师应根据本工程的条件及施工队伍的条件,全面分析承包单位编制的施工总进度计划的合理性、可行性。

(3)施工总进度计划应符合施工合同中竣工日期的规定,可以用横道图或网络图表示,并应附有文字说明。监理工程师应对网络计划的关键线路进行审查、分析。

(4)对季度及年度进度计划,应要求承包单位同时编写主要工程物资的采购及进场时间等计划安排。

(5)项目监理部应对进度目标进行风险分析,制订防范性对策,确定进度控制方案。

(6)总进度计划经总监理工程师批准实施,并报建设单位审批,如需要重新修改,应限时要求承包单位重新申报。

2. 监督进度计划的实施

项目监理部应依据总进度计划,对承包单位实际进度进行跟踪监督检查,实施动态控制;应按月检查月实际进度,并将与月计划进度比较的结果进行分析、评价,发现偏离应签发监理通知,要求承包单位及时采取措施,实现计划进度目标;要求承包单位每月 25 日前报送本月的工、料、机动态表。

3. 进行进度计划的调整

发现工程进度严重偏离计划时,总监理工程师应组织监理工程师分析原因,召开各方协调会议,研究应采取的措施,并应指令承包单位采取相应措施,保证合同约定目标的实现。总监理工程师应在监理月报中向建设单位报告工程进度和所采取的控制措施的执行情况,提出合理预防由建设单位原因导致的工程延期及其相关费用索赔的建议;必须延长工期时,应要求承包单位填写工程延期申请表,报项目监理部审批。总监理工程师依据施工合同的约定,与建设单位共同签署工程延期审批表,要求承包单位据此重新调整工程进度计划。

三、工程开工报审表

1. 工程开工报审的一般程序

(1)承包单位认为施工准备工作已完成,具备开工条件时,向项目监理机构报送工程开工报审表及相关资料。

(2)专业监理工程师审核承包单位报送的工程开工报审表及相关资料,现场核查各项准备工作的落实情况,报项目总监理工程师审批。

(3)项目总监理工程师根据专业监理工程师的审核,签署审查意见,具备开工条件时,按照《委托监理合同》的授权,报建设单位备案或审批。

(4)总监理工程师审核具备开工条件后,签发工程开工令。

工程开工报审表见表 5-9。

表 5-9　工程开工报审表

工程名称:11 号商住楼 　　　　　　　　　　　　　　　　　　　　　编号:

致:×××建设单位(建设单位) 　×××监理单位(项目监理机构) 　我方承担的　11 号商住楼　工程,已完成相关准备工作,具备开工条件,申请于×××× 年××月××日开工,请予以审批。 　附件:证明文件资料   　　　　　　　　　　　　　　　　　　　　　　施工单位(盖章): 　　　　　　　　　　　　　　　　　　　　　　项目经理(签字): 　　　　　　　　　　　　　　　　　　　　　　　　　年　　月　　日

续表

审核意见：	
	项目监理机构（盖章）： 总监理工程师（签字、加盖执业印章）： 年　　月　　日
审批意见：	
	建设单位（盖章）： 建设单位代表（签字）： 年　　月　　日

注：本表一式三份，项目监理机构、建设单位、施工单位各一份。

2. 相关规定与要求

（1）工程满足开工条件后，承包单位报项目监理机构复核和批复开工时间。

（2）整个项目一次开工，只填报一次，如工程项目中含有多个单位工程且开工时间不同，则每个单位工程都应填报一次。

（3）工程名称：指相应的建设项目或单位工程名称，应与施工图的工程名称一致。

（4）开工的各种证明材料：承包单位应将建设工程施工许可证（复印件），施工组织设计、施工测量放线资料，现场主要管理人员和特殊工种人员资格证和上岗证，以及现场管理人员、机具、施工人员进场情况，工程主要材料落实情况与施工现场道路、水、电、通信等是否已达到开工条件的证明文件作为附件同时报送。

（5）审查意见：总监理工程师应指定专业监理工程师对承包单位准备情况进行检查，除检查所报内容外，还应对施工现场临时设施是否满足开工要求，地下障碍物是否清除或查明，测量控制桩、试验室是否经项目监理机构审查确认等进行检查并逐项记录检查结果，报项目总监理工程师审核。总监理工程师确认具备开工条件时，签署同意开工时间，并报告建设单位，否则，应简要指出不符合开工要求之处。

（6）总监理工程师签发工程开工报审表后报建设单位备案，如《委托监理合同》中规定须建设单位批准，项目总监理工程师审核后报建设单位，由建设单位批准。工期自批准开工之日起计算。

工程开工令见表 5-10。

表 5-10　工程开工令

工程名称：　　　　　　　　　　　　　　　　　　　　　　　　　　　　编号：

致：××集团开发有限公司(施工单位) 　　经审查，本工程已具备施工合同约定的开工条件，现同意你方开始施工，开工日期为20××年____月____日。
附件：工程开工报审表 　　　　　　　　　　　　　项目监理机构（盖章）：××监理有限公司 　　　　　　　　　　　　　总监理工程师（签字，加盖执业印章）：××× 　　　　　　　　　　　　　　　　　　　　　　年　　月　　日

注：本开工令一式三份，项目监理机构、建设单位、施工单位各一份。

四、施工进度计划报审表

1. 填写要求

(1)施工进度计划报验申请是承包单位根据已批准的施工总进度计划,按施工合同约定或监理工程师要求,编制的施工进度计划报项目监理机构审查、确认和批准。

(2)监理机构对施工进度的审查或批准,并不解除承包单位对施工进度计划的责任和义务。

(3)表中"_____工程"填写所报进度计划的工程名称。

施工进度计划报审表见表 5-11。

表 5-11　施工进度计划报审表

工程名称:11 号商住楼　　　　　　　　　　　　　　　　　　　　编号:

致:×××监理单位(项目监理机构) 　　根据合同约定,我方已完成_____11 号商住楼_____工程施工进度计划的编制和批准,请予以审查。 附件:施工总进度计划 　　　　阶段性进度计划 　　　　　　　　　　　　　　　　　　　　施工单位项目经理部(盖章): 　　　　　　　　　　　　　　　　　　　　　　项目经理(签字): 　　　　　　　　　　　　　　　　　　　　　　年　　月　　日
审核意见: 　　　　　　　　　　　　　　　　　　　　　专业监理工程师(签字): 　　　　　　　　　　　　　　　　　　　　　　年　　月　　日
审批意见: 　　　　　　　　　　　　　　　　　　　　　项目监理机构(盖章): 　　　　　　　　　　　　　　　　　　　　　总监理工程师(签字): 　　　　　　　　　　　　　　　　　　　　　　年　　月　　日

注:本表一式三份,项目监理机构、建设单位、施工单位各一份。

2. 施工进度计划审核

对施工进度计划主要进行如下审核。

(1)进度安排是否符合工程项目建设总进度、计划中总目标和分目标的要求,是否符合施工合同中开、竣工日期的规定。

(2)施工总进度计划中的项目是否有遗漏,分期施工是否满足分批动用的需要和配套动用的需要的要求。

(3)施工顺序的安排是否符合施工工艺的要求。

(4)劳动力、材料、构配件、设备、水、电等生产要素的供应计划是否能够保证进度计划的实现,供应是否均衡,需求高峰期是否有足够能力实现计划供应。

(5)由建设单位提供的施工条件(资金、施工图纸、施工场地、采供的物资设备等),承包单位在施工进度计划中所提出的供应时间和数量是否明确、合理,是否有造成建设单位违约而导致工程延期和费用索赔的可能。

(6)工期是否进行了优化,进度安排是否合理。

(7)总、分包单位分别编制的各单项工程施工进度计划之间是否协调,专业分工与计划衔接是否明确、合理。

3. 监理工程师审查意见

施工进度计划通过专业监理工程师的审核,专业监理工程师提出审查意见报总监理工程师,总监理工程师审核后,如同意承包单位所报计划,则应签署"本月编制的施工进度计划具有可行性和可操作性,与工程实际情况相符合,满足合同工期及总控制计划的要求,予以通过。同意按此计划组织施工。"如不同意承包单位所报计划,则签署"不同意按此进度计划施工",并简要说明不同意的原因及理由。

4. 施工进度计划报审程序

(1)承包单位按施工合同要求的时间编制好施工进度计划,并填报施工进度计划报验申请表报监理机构。

(2)总监理工程师指定专业监理工程师对承包单位所报的施工进度计划报验申请表及有关资料进行审查,并向总监理工程师报告。

(3)总监理工程师按施工合同要求的时间,对承包单位所报施工进度计划报验申请表予以确认或提出修改意见。

任务 3 质量控制文件(B3)

质量控制文件的类别、来源及保存期限应符合表 5-12 的规定。

表 5-12 质量控制文件的类别、来源及保存期限

资料类别		工程资料名称	资料来源	保存期限
B3	质量控制文件	质量事故报告及处理资料	施工单位	长期
		旁站监理记录	监理单位	长期
		见证取样和送检人员备案表	监理单位	长期
		见证记录	监理单位	长期
		工程技术文件报审表	施工单位	长期

一、工程质量控制

1. 工程质量控制的原则

（1）以《建筑工程施工质量验收统一标准》（GB50300—2013）及专业质量验收规范等为依据，督促承包单位全面实现施工合同约定的质量目标。

（2）对工程项目施工全过程实施质量控制，以质量预控为重点。

（3）对工程项目的人、机、料、方法、环境等因素进行全面的质量控制，监督承包单位的质量管理体系、技术管理体系和质量保证体系落实到位。

（4）严格要求承包单位执行有关材料、施工试验制度和设备检验制度。

（5）不合格的建筑材料、构配件和设备坚持不准在工程中使用。

（6）本工序质量不合格或未进行验收坚持不予签认，下一道工序不得进行。

2. 工程质量控制的方法

（1）质量控制应以事前控制（预防）为主。

（2）应按监理规划的要求对施工过程进行检查，及时纠正违规操作，消除质量隐患，跟踪质量问题，检验施工效果。

（3）应采用必要的检查、测量和试验手段，以验证施工质量。

（4）应对工程某些关键工序和重点部位的施工过程进行旁站，填写旁站监理记录。

（5）严格执行现场见证取样和送检制度。

（6）应建议撤换承包单位不称职的人员及不合格的分包单位。

3. 工程质量的事前控制

（1）核查承包单位的质量管理体系。

（2）审查分包单位和试验室的资质。

（3）查验承包单位的测量放线。

（4）签认材料的报验。

（5）签认建筑构配件、设备报验。

（6）检查进场的主要施工设备。

（7）审查主要分部（分项）工程施工方案。

4. 施工过程中的质量控制

（1）对施工现场有目的地进行巡视和旁站。

（2）核查工程预检。

（3）验收隐蔽工程。

（4）对检验批质量进行验收记录。

（5）对分项工程质量进行验收记录。

（6）对分部工程质量进行验收记录。

二、质量事故报告及处理资料

1. 工程质量事故的分类

质量事故按直接损失金额(指因发生质量事故造成的人力、物力和财力损失)、因质量事故造成的死亡和重伤人数以及事故的严重程度,分为重大质量事故、严重质量事故和一般质量事故三种情况。

1)重大质量事故

重大质量事故是指在工程建设过程中,由于责任过失造成工程倒塌或报废、机械设备毁坏和安全设施失当造成人身伤亡或者重大经济损失的事故。

重大质量事故分为四级:一级重大质量事故,是指死亡30人以上,或者是直接经济损失在30万元以上的质量事故;二级重大质量事故,是指死亡10人以上、29人以下,或者直接经济损失在100万元以上、不满300万元的质量事故;三级重大质量事故,是指死亡3人以上、9人以下,或者重伤20人以上,或者直接经济损失在30万元以上、不满100万元的质量事故;四级重大质量事故,是指残废1人以上、2人以下,或者重伤3人以上、19人以下,或者直接经济损失在10万元以上、不满30万元的质量事故。

2)严重质量事故

严重质量事故是指直接经济损失在5万元(含5万元)以上、不满10万元的,或者严重影响使用功能或工程结构安全、存在重大质量隐患的,或者事故性质恶劣或造成2人以下重伤的事故。

3)一般质量事故

一般质量事故是指直接经济损失在1万元(含1万元)以上、不满5万元的,或者影响使用功能和工程结构安全、造成永久性质量缺陷的事故。

凡工程发生质量事故,应及时上报,如果发生重大质量事故,应在24小时之内,写出书面报告,逐级上报,并保护事故现场,采取措施,防止事态扩大,在48小时内依据规定填报《建设工程质量事故报告书》(详见项目六)。

2. 工程质量事故的处理应注意的问题

(1)对施工过程中出现的质量缺陷,专业监理工程师应及时下达监理工程师通知单,要求承包单位整改,并检查整改结果。

(2)监理人员发现施工存在重大质量隐患,可能造成质量事故或已经造成质量事故,应通过总监理工程师及时下达工程暂停令,要求承包单位停工整改。整改完毕并经监理人员复查,符合规定要求后,总监理工程师应及时签署工程复工报审表。总监理工程师下达工程暂停令和签署工程复工报审表,宜事先向建设单位报告。

(3)对需要返工处理或加固补强的质量事故,总监理工程师应责令承包单位报送质量事故调查报告和经设计单位等相关单位认可的处理方案,项目监理机构应对质量事故的处理过程和处理结果进行跟踪检查和验收。

总监理工程师应及时向建设单位及本监理单位提交有关质量事故的书面报告,并应将完整的质量事故处理记录整理归档。

三、旁站监理记录

1. 填写内容

旁站监理记录是指监理人员在房屋建筑工程施工阶段监理中,对关键部位、关键工序的施工质量,实施全过程现场跟班的监督活动所见证的有关情况的记录。

房屋建筑工程的关键部位、关键工序包括以下几个方面。

(1)基础工程包括土方回填,混凝土灌注桩浇筑,地下室连续墙、土钉墙、后浇带及其他混凝土、防水混凝土浇筑,卷材防水层细部构造处理,钢结构安装。

(2)主体结构工程包括:梁柱节点钢筋隐蔽过程,混凝土浇筑、预应力张拉、装配式结构安装、钢结构安装、网架结构安装和索膜安装。

2. 相关规定与要求

(1)承包单位根据项目监理机构制订的旁站监理方案,在需要实施的关键部位、关键工序进行施工前 24 小时,书面通知项目监理机构。

(2)凡旁站监理人员和承包单位现场质检人员未在旁站监理记录上签字的,不得进行下一道工序的施工。

(3)凡上述"填写内容"中第(2)条规定的关键部位、关键工序未实施旁站监理或没有旁站监理记录的,专业监理工程师或总监理工程师不得在相应文件上签字。

(4)该记录在工程竣工验收后,由监理单位归档备查。

(5)施工情况:指所有旁站部位(工序)的施工作业内容,主要施工机械、材料、人员和完成的工程数量等。

(6)监理情况:指旁站人员对施工作业情况的监督检查。其主要内容包括:承包单位现场质检人员到岗情况、特殊工种人员持证上岗以及施工机械、建筑材料准备情况;在现场跟班监督关键部位、关键工序的施工,执行施工方案以及工程建设强制性标准情况;核查进场建筑材料、建筑构配件、设备和商品混凝土的质量检验报告等。

(7)对旁站时发现的问题可先口头通知承包单位改正,然后应及时签发监理工程师通知单。

旁站监理记录见表 5-13 所示。

表 5-13　旁站监理记录

工程名称:11号商住楼　　　　　　　　　　　　　　编号:

旁站的关键部位、关键工序	主体结构一层梁板混凝土浇筑		施工单位	
旁站开始时间	年　月　日　时　分		旁站结束时间	年　月　日　时　分
旁站的关键部位、关键工序施工情况:				
发现的问题及处理情况: 旁站监理人员(签字): 年　月　日				

注:本记录一式一份,项目监理机构留存。

四、见证取样记录

　　单位工程施工前,项目监理机构应根据施工单位报送的施工试验计划编写见证取样和送检计划。由总监理工程师指定一名具备见证取样送检资格的监理人员担任见证取样送检工作,并书面通知施工单位、检测单位和质量监督机构。

　　在施工过程中,见证人员按计划对施工现场的取样和送检进行见证,在试样标志和封条上签字,并在监理日记上进行记录。

　　根据规范规定,对涉及结构安全的试块、试件见证取样和送检的比例不得低于有关技术标准中规定取样数量的30%。

　　按规定必须实行见证取样和送检的试块、试件以及材料有如下内容:

　　(1)用于承重结构的混凝土试块。

　　(2)用于承重墙体的砌筑砂浆试块。

　　(3)用于承重结构的钢筋及连接接头试件。

　　(4)用于承重墙的砖和混凝土小型砌块。

　　(5)用于拌制混凝土和砌筑砂浆的水泥。

　　(6)用于承重结构的混凝土中使用的掺加剂。

　　(7)地下、屋面、厕浴间使用的防水材料。

　　(8)国家规定必须实行见证取样和送检的其他试块、试件和材料。

五、工程技术文件报审表

1. 施工组织设计(专项施工方案)报审表

施工组织设计(专项施工方案)报审表见表5-14。

表 5-14　施工组织设计(专项施工方案)报审表

工程名称:11 号商住楼　　　　　　　　　　　　　　　　　　编号:

致:×××监理单位(项目监理机构)　　　　　　　　　　　　　　　　　　　　　　　　　　　　　　　　　　　　　我方已完成 11 号商住楼工程施工组织设计/(专项施工方案)的编制和审批,请予以审查。　附件:施工组织设计　　　　专项施工方案　　　　施工方案　　　　　　　　　　　　　　　　　　　　　　　　　　　　施工单位项目经理部(盖章):　　　　　　　　　　　　　　　　　　　　　　　　　　项目经理(签字):　　　　　　　　　　　　　　　　　　　　　　　　　　年　　月　　日
审核意见:　　专业监理工程师(签字):　　　　　　　　　　　　　　　　　　　　　　　　　　年　　月　　日
审核意见:　　　项目监理机构(盖章):　　　　　　　　　　　　　　　　　　　　　　　　　总监理工程师(签字):　　　　　　　　　　　　　　　　　　　　　　　　　　年　　月　　日
审批意见(仅对超过一定规模的危险性较大的分部分项工程专项施工方案):　　　　　　　　　　　　　　　　　　　　　　　　　　　　　　　　　　　　　　建设单位(盖章):　　　　　　　　　　　　　　　　　　　　　　　　建设单位代表(签字):　　　　　　　　　　　　　　　　　　　　　　　　　年　　月　　日

注:本表一式三份,项目监理机构、建设单位、施工单位各一份。

　　此表用于承包单位报审施工组织设计(专项施工方案)。承包单位对专业性较强的重点部位、关键工序的施工工艺、新工艺、新材料、新技术、新设备的专项施工方案报审,也采用此表。施工过程中,如经批准的施工组织设计(专项施工方案)发生改变,变更后的施工组织设计(专项施工方案)报审时,也采用此表。

　　(1)专业监理工程师审查意见:专业监理工程师对施工组织设计(方案)应审核其完整性、符合性、适用性、合理性、可操作性及实现目标的保证措施。

　　如符合要求,专业监理工程师审查意见应签署"施工组织设计(方案)合理、可行,且审批手续齐全,拟同意承包单位按该施工组织设计(方案)组织施工,请总监理工程师审核"。如不符合要求,专业监理工程师审查意见应简要指出不符合要求之处,并提出修改补充意见后签署"暂不同意(部分或全部应指明)承包单位按该施工组织设计(方案)组织施工,待修改完善后再报,请总监理工程师审核"。

(2)总监理工程师审核意见:总监理工程师对专业监理工程师的结果进行审核,如同意专业监理工程师的审查意见,应签署"同意专业监理工程师审查意见,同意(或不同意)承包单位按该施工组织设计(方案)组织施工";如不同意专业监理工程师的审查意见,应简要指明与专业监理工程师审查意见中的不同之处,签署修改意见;并签认最终结论"同意(不同意)承包单位按该施工组织设计(方案)组织施工(修改后再报)"。

2. 施工测量成果报审表

施工控制测量成果报验表见表5-15。

表 5-15　施工控制测量成果报验表

工程名称:

致:　××监理单位　(项目监理机构) 　　我方已完成____11号商住楼五楼平面放线____的施工控制测量,经自检合格,请予以查验。 　　附件:1.施工控制测量依据资料 　　　　　2.施工控制测量成果表 <div align="right">施工项目经理部(盖章): 项目经理(签字): 年　　月　　日</div>
审查意见: <div align="right">项目监理机构(盖章): 专业监理工程师(签字): 年　　月　　日</div>

施工测量成果报验分为:开工前的交桩复测及承包单位建立的控制网、水准系统的测量;施工过程中的施工测量放线。

承包单位在测量放线完毕,应进行自检,合格后填写施工控制测量成果报验表,并附上放线的依据材料及放线成果表(基槽及各层放线测量及复测记录),报送项目监理机构复核确认。

测量放线的专职测量人员资格及测量设备应是经项目监理机构确认的。

3. 材料、构配件、设备报审表

承包单位对拟进场的主要工程材料、构配件、设备,在自检合格后报项目监理机构进行进场验收。工程材料、构配件或设备报审表见表5-16。

(1)拟用于部位:指工程材料、构配件、设备拟用于工程的具体部位。

(2)材料、构配件、设备清单:应用表格形式填报,内容包括名称、规格、单位、数量、生产厂家、出厂合格证、批号、复试、检验记录编号等内容。

（3）工程材料、构配件、设备质量证明文件：指出厂合格证，复试、检验报告，准用证，商检证等。如无出厂合格证原件，有抄件或原件复印件亦可。但抄件或原件复印件上要注明原件存放单位，抄件人和抄件、复印件单位签名并盖公章。

（4）自检结果：指所购材料、构配件、设备的承包单位对所购材料、构配件、设备，按有关规定进行自检及复试的结果。对建设单位采购的主要设备进行开箱检查，监理人员应进行见证，并在其主要设备进行开箱检查记录签字。复试报告一般应提供原件。

（5）专业监理工程师审查意见：专业监理工程师对报验单所附的材料、构配件、设备清单、质量证明资料及自检结果认真核对，在符合要求的基础上对所进场材料、构配件、设备进行实物核对及观感质量验收，查验是否与清单、质量证明资料合格证及自检结果相符、有无质量缺陷等情况，并将检查情况记录在监理日记中，根据检查结果，如符合要求，将"不符合""不准许"及"不同意"用横线划掉，反之，将"符合""准许"及"同意"划掉，并指出不符合要求之处。

表 5-16　工程材料、构配件或设备报审表

工程名称：

致：××监理单位（项目监理机构） 　　于　2013　年　4　月　27　日进场的拟用于工程基础、主体部位的钢筋 HRB40012、HRB40014、HRB40020 经我方检验合格，现将相关资料报上，请予以审查。 　　附件：1. 工程材料、构配件或设备清单 　　　　　2. 质量证明文件 　　　　　3. 自检结果 　　　　　　　　　　　　　　　　　　　施工项目经理部（盖章）： 　　　　　　　　　　　　　　　　　　　项目经理（签字）： 　　　　　　　　　　　　　　　　　　　　　　年　　月　　日
审查意见： 　　经查上述材料，符合设计文件和规范要求，准许进场，同意使用于拟定部位。   　　　　　　　　　　　　　　　　　　　项目监理机构（盖章）： 　　　　　　　　　　　　　　　　　　　专业监理工程师（签字）： 　　　　　　　　　　　　　　　　　　　　　　年　　月　　日

注：本表一式两份，项目监理机构、施工单位各一份。

4.（检验批、分项、隐蔽）工程报验审核表

（1）检验批报验。承包单位自检合格，填写检验批工程报验单，附检验批质量验收记录和施工操作依据、质量检查记录向项目监理机构报验；承包单位应在检验批验收前 48 小时之内以书面形式通知监理验收内容、验收时间和地点。专业监理工程师应按时组织承包单位项目专业质量检查员等进行验收，现场实物检查、检测，审核其有关资料，主控项目和一般项目的质量经抽样检查合格；施工操作依据、质量检查记录完整、符合要求，专业监理工程师应予以签认。否则，专业监理工程师应详细指出不符合之处，要求承包单位整改。

（2）分项工程报验。分项工程所含的检验批全部通过验收，承包单位整理验收资料，在自检评定合格后填写分项工程报验单,附分项质量验收记录报项目监理机构。专业监理工程师组织承包单位项目专业技术负责人等进行验收,对承包单位所报资料和该分项工程的所有检验批质量检查记录进行审查,构成分项工程的各检验批的验收资料文件完整,并均已验收合格,专业监理工程师予以签认。

(3)隐蔽工程施工完毕,承包单位自检合格,填写"隐蔽工程报验单",附"隐蔽工程验收记录"和有关分项(检验批)工程质量验收及测试资料向项目监理机构报验;承包单位应在隐蔽验收前48小时之内以书面形式通知监理验收内容、验收时间和地点。专业监理工程师应准时参加隐蔽工程验收,审核其自检结果和有关资料,进行现场实物检查、检测,符合要求的予以签认。否则,专业监理工程师应详细指出不符合之处,要求承包单位整改。

模板安装检验批报审、报验表见表5-17。

表 5-17　模板安装检验批报审、报验表

致:××监理单位(项目监理机构)
我方已完成　　11号商住楼 五层梁板梯模板安装　　工作,经自检合格,请予以审查或验收。 附件:□隐蔽工程质量检验资料 　　　☑检验批质量检验资料 　　　□分项工程质量检验资料 　　　□ 施工试验室证明资料 　　　□其他 　　　　　　　　　　　　　　　　　　　　施工项目经理部(盖章): 　　　　　　　　　　　　　　　　　项目经理或项目技术负责人(签字): 　　　　　　　　　　　　　　　　　　　　　　　年　　月　　日
审查或验收意见: 　　　　验收合格   　　　　　　　　　　　　　　　　　　　　项目监理机构(盖章): 　　　　　　　　　　　　　　　　　　　专业监理工程师(签字): 　　　　　　　　　　　　　　　　　　　　　　年　　月　　日

注:本表一式两份,项目监理机构、施工单位各一份。

5.分部(子分部)工程报验审核表

分部(子分部)工程所含的分项工程全部通过验收,承包单位整理验收资料,在自检评定合格后填写"分部(子分部)工程报验单",附"分部(子分部)工程质量验收记录"及工程质量验收规范要求的质量控制资料、安全和功能检验(检测)报告等向项目监理机构报验。

分部(子分部)工程质量验收含报验资料核查和实体质量抽样检测(检查)。分部(子分部)工程所含分项工程的质量均已验收合格;质量控制资料完整;地基与基础、主体结构和设备安装等分部工程有关安全及功能的检验和抽样检测结果均符合有关规定;观感质量验收符合要求。总监理工程师应予以确认,在"分部(子分部)工程质量验收记录"签署验收意见,各参加验收单位项目负责人签字。否则,总监理工程师应指出不符合之处,要求承包单位整改。

分部(子分部)工程报验表见表5-18。

表 5-18　分部（子分部）工程报验表

工程名称：11号商住楼

致：×××监理单位（项目监理机构）
我方已完成　　11号商住楼 主体结构工程　　（分部工程），经自检合格，请予以验收。 　　附件：分部工程质量资料 施工项目经理部（盖章）： 项目技术负责人（签字）： 年　　　月　　　日
验收意见：   专业监理工程师（签字）： 年　　　月　　　日
验收意见：   项目监理机构（盖章）： 总监理工程师（签字）： 年　　　月　　　日

注：本表一式三份，项目监理机构、建设单位、施工单位各一份。

任务 4　造价控制文件（B4）

造价控制文件的类别、来源及保存期限应符合表 5-19 的规定。

表 5-19　造价控制文件的类别、来源及保存期限

资料类别		工程资料名称	资料来源	保存期限
B4	造价控制文件	工程款支付申请表	施工单位	长期
		工程款支付证书	监理单位	长期
		工程变更费用报审表	施工单位	长期
		费用索赔申请表	施工单位	长期
		费用索赔审批表	监理单位	长期

一、造价控制

1.造价控制的原则

（1）应严格执行建设工程施工合同中所约定的合同价、单价、工程量计算规则和工程款支付

方法。

(2)应坚持对报验资料不全、与合同文件的约定不符、未经监理工程师质量验收合格或有违约的工程量不予计量和审核,拒绝该部分工程款的支付。

(3)处理由于工程变更和违约索赔引起的费用增减,应坚持合理、公正。

(4)对有争议的工程量计量和工程款支付,应采取协商的方法确定,在协商无效时,由总监理工程师做出决定。若仍有争议,可执行合同争议调解的基本程序。

(5)对工程量及工程款的审核,应在建设工程施工合同所约定的时限内。

2. 造价控制的方法

(1)项目监理机构应依据施工合同有关条款、施工图,对工程项目造价目标进行风险分析,并应制订防范性对策。

(2)总监理工程师应从造价、项目的功能要求、质量和工期等方面审查工程变更的方案,并应在工程变更实施前,与建设单位、承包单位协商确定工程变更的价款。

(3)项目监理机构应按施工合同约定的工程量计算规则和支付条款进行工程量计量和工程款支付。

(4)专业监理工程师应及时建立月完成工程量和工作量统计表,对月实际完成量与月计划完成量进行比较、分析,制订调整措施,并应在监理月报中向建设单位报告。

(5)专业监理工程师应及时收集、整理有关的施工和监理资料,为处理费用索赔提供证据。

(6)项目监理机构应及时按施工合同的有关规定进行竣工结算,并应对竣工结算的价款总额与建设单位和承包单位进行协商。当无法协商一致时,应按相关规定进行处理。

(7)未经监理人员质量验收合格的工程量,或不符合施工合同规定的工程量,监理人员应拒绝计量该部分的工程款支付申请。

二、工程款支付报审表

工程款支付报审是指施工单位根据项目监理机构对施工单位自检合格后且经监理机构验收合格的工程量计算应收的工程款的申请。

工程款支付报审表见表5-20,填写要求如下。

(1)申请支付工程款金额包括合同内工程款、工程变更增减费用、批准的索赔费用,以及扣除应扣预付款、保留金及施工合同中约定的其他费用。

(2)表中"我方已完成了_____工作":填写经专业监理工程师验收合格的工程。

(3)已完成工程量报表:指本次付款报审表中的经专业监理工程师验收合格工程的工程量清单统计报表。

(4)计算方法:指以专业监理工程师签认的工程量按施工合同约定采用的有关定额(或其他计价方法的单价)的工程价款计算。

(5)根据施工合同约定,须建设单位支付工程预付款的,也采用此表向监理机构报审支付。

(6)工程款报审表中如有其他和付款有关的证明文件和资料时,应附有相关证明资料。

表 5-20　工程款支付报审表

工程名称:11 号商住楼　　　　　　　　　　　　　　　　　　　　编号:

致:×××监理单位　　　　　(项目监理机构) 　　　根据施工合同约定,我方已完成　11 号商住楼　工作,建设单位应在××××年××月××日前支付工程款共计(大写)＿＿＿＿＿＿＿＿＿＿(小写:＿＿＿＿＿＿),请予以审核。 　　　附件:☑已完成工程量报表 　　　　　　□工程竣工结算证明材料 　　　　　　□相应支持性证明文件 　　　　　　　　　　　　　　　　　　　　　　施工项目经理部(盖章): 　　　　　　　　　　　　　　　　　　　　　　项目经理(签字): 　　　　　　　　　　　　　　　　　　　　　　　　　　年　　月　　日
审查意见: 　　1.施工单位应得款为: 　　2.本期应扣款为: 　　3.本期应付款为: 　　附件:相应支持性材料 　　　　　　　　　　　　　　　　　　　　　　专业监理工程师(签字): 　　　　　　　　　　　　　　　　　　　　　　　　　　年　　月　　日
审核意见: 　　　　　　　　　　　　　　　　　　　　　　项目监理机构(盖章): 　　　　　　　　　　　　　　　　　　　　　　总监理工程师(签字,加盖执业印章): 　　　　　　　　　　　　　　　　　　　　　　　　　　年　　月　　日
审批意见: 　　　　　　　　　　　　　　　　　　　　　　建设单位(盖章): 　　　　　　　　　　　　　　　　　　　　　　建设单位代表(签字): 　　　　　　　　　　　　　　　　　　　　　　　　　　年　　月　　日

　　注:本表一式三份,项目监理机构、建设单位、施工单位各一份;工程竣工结算报审时本表一式四份,项目监理机构、建设单位各一份,施工单位两份。

三、工程款支付证书

　　工程款支付证书是项目监理机构在收到承包单位的工程款支付报审表后,根据施工合同和有关规定审查复核后签署的应向承包单位支付工程款的证明文件。

　　工程款支付证书见表 5-21,填写要求如下。

　　(1)建设单位:指建筑施工合同中的发包人。

　　(2)施工单位申报款:指施工单位向监理机构申报工程款支付报审表中申报的工程款额。

(3)经审核施工单位应得款：指经专业监理工程师对承包单位向监理机构填报工程款支付报审表审核后,核定的工程款额。其中,包括合同内工程款、工程变更增减费用、经批准的索赔费用等。

(4)本期应扣款：指施工合同约定本期应扣除的预付款、保留金及其他应扣除的工程款的总和。

(5)本期应付款：指经审核承包单位应得款额减去本期应扣款额的余额。

(6)承包单位的工程款支付报审表及附件：指承包单位向监理机构申报的工程款支付报审表及其附件。

(7)项目监理机构审查记录：指总监理工程师指定专业监理工程师对承包单位向监理机构申报的工程款支付报审表及其附件的审查记录。

表 5-21　工程款支付证书

工程名称：

致:_____（建设单位） 　　根据施工合同约定,经审查编号为_____工程款支付报审表,扣除有关款项后,同意支付工程款共计(大写)_____（小写:_____） 　　其中: 　　1.施工单位申报款为: 　　2.经审核施工单位应得款为: 　　3.本期应扣款为: 　　4.本期应付款为: 　　附件: 　　1.工程款支付报审表及附件 　　2.项目监理机构审查记录 　　　　　　　　　　　　　　　　　　　　项目监理机构(盖章): 　　　　　　　　　　　　　　　　　　　　总监理工程师(签字,加盖职业印章): 　　　　　　　　　　　　　　　　　　　　　　　　年　　月　　日

注:本表一式三份,项目监理机构、建设单位、施工单位各一份。

四、工程变更费用报审表

工程变更是指在工程项目实施过程中,按照合同约定的程序对部分或全部工程在材料、工艺、功能、构造、尺寸、技术指标、工程数量及施工方法等方面做出的改变。工程变更通常与初始目标不一致,会打乱原来的施工方案和计划,使工程的质量、投资、进度控制目标受到不利的影响。工程变更费用报审是指由于建设、设计、监理、施工任何一方的工程变更,经有关方确认工程数量后,计算出的工程价款提请报审、确认、批复。

五、费用索赔

1. 费用索赔的报申程序

(1)承包单位在施工合同规定的期限(索赔事件发生后 28 天)内,向项目监理机构提交对建设单位的费用索赔意向通知。

(2)总监理工程师指定专业监理工程师收集与索赔有关的资料,如各项记录、报表、文件、会议纪要等。

(3)承包单位在承包合同规定的期限(发出索赔意向通知后 28 天)内,向项目监理机构提交对建设单位的费用索赔报审表(见表 5-22)。

(4)总监理工程师根据承包单位报送的费用索赔报审表,安排专业监理工程师进行审查,在符合规范规定的条件时,予以受理。但是依法成立的施工合同另有规定时,按施工合同办理。

(5)总监理工程师应在施工合同约定的期限内签发费用索赔报审表,或发出要求承包单位提交有关费用索赔的进一步详细资料的通知。

2. 索赔原因

承包单位向建设单位索赔的原因主要有以下几项:

(1)合同文件内容出错引起的索赔。

(2)由于图纸延迟交付造成的索赔。

(3)由于不利的实物障碍和不利的自然条件引起的索赔。

(4)由于建设单位提供的水准点、基线等测量资料不准确造成的失误与索赔。

(5)承包单位依据专业监理工程师的意见,进行额外钻孔及勘探工作引起的索赔。

(6)由建设单位风险所造成损害的补救和修复所引起的索赔。

(7)因施工中承包单位开挖到化石、文物、矿产等珍贵物品,要停工处理引起的索赔。

(8)由于需要加强道路与桥梁结构,以承受特殊超重荷载而引起的索赔。

(9)由于建设单位雇用其他承包单位的影响,并为其他承包单位提供服务提出的索赔。

(10)由于额外样品与试验而引起的索赔。

(11)由于对隐蔽工程的揭露或开孔检查引起的索赔。

(12)由于工程中断引起的索赔。

(13)由于建设单位延迟移交土地引起的索赔。

(14)由于非承包单位原因造成了工程缺陷需要修复而引起的索赔。

(15)由于要求承包单位调查和检查缺陷而引起的索赔。

(16)由于工程变更引起的索赔。

(17)由于变更合同总价格超过有效合同价的 15% 而引起的索赔。

(18)由于特殊风险引起的工程被破坏和其他款项支出而提出的索赔。

(19)因特殊风险使合同终止后的索赔。

(20)因合同解除后的索赔。

(21)建设单位违约引起工程终止等的索赔。

(22)由于物价变动引起的工程成本增减的索赔。

(23)由于后继法规的变化引起的索赔。

(24)由于货币及汇率变化引起的索赔。

3. 填写要求

费用索赔报审表是承包单位向建设单位提出的费用索赔,报项目监理机构审查、确认和批复的文件。

(1)费用索赔报审表中"根据施工合同＿＿＿＿条款第＿＿＿＿条的规定"：填写提出费用索赔所依据的施工合同条目。

(2)费用索赔报审表中"由于＿＿＿＿的原因"填写导致费用索赔的事件。

(3)索赔理由：指索赔事件造成承包单位直接经济损失,索赔事件是由于非承包单位责任发生的情况的详细理由及事件经过。

(4)索赔金额计算：指索赔金额计算书。索赔的费用内容一般包括：人工费、设备费、材料费、管理费等。

(5)证明材料：指上述两项所需的各种证明材料。包括如下内容：合同文件、监理工程师批准的施工进度计划、合同履行过程中的来往函件、施工现场记录、工地会议纪要、工程照片、监理工程师发布的各种书面指令、工程进度款支付凭证、检查和试验记录、汇率变化表、各类财务凭证、其他有关资料。

表 5-22　费用索赔报审表

工程名称:11 号商住楼　　　　　　　　　　　　　　　　　　　　　　编号:

致:×××监理单位＿＿＿＿＿＿＿＿(项目监理机构)　　根据施工合同＿＿＿＿条款第＿＿＿＿条的规定,由于＿＿＿＿＿＿＿的原因,我方申请索赔金额(大写)＿＿＿＿＿＿＿＿＿＿＿＿＿＿＿＿,请予以批准。　索赔理由:＿＿＿＿＿＿＿＿＿＿＿＿＿＿＿＿＿＿＿＿＿＿＿＿　附件:☑索赔金额计算　　　　☑证明材料 施工项目经理部(盖章): 项目经理(签字): 年　　月　　日
审核意见:　　□不同意此项索赔。　　□同意此项索赔,索赔金额为(大写)＿＿＿＿＿＿＿＿＿＿＿＿＿。　　同意或不同意索赔的理由:＿＿＿＿＿＿＿＿＿＿＿＿＿＿＿＿＿＿＿　附件:□索赔审查报告 专业监理工程师(签字): 年　　月　　日
审核意见: 项目监理机构(盖章): 总监理工程师(签字,加盖执业印章): 年　　月　　日
审批意见: 建设单位(盖章): 建设单位代表(签字): 年　　月　　日

注:本表一式三份,项目监理机构、建设单位、施工单位各一份。

(6)审查意见:专业监理工程师应首先审查索赔事件发生后,承包单位是否在施工合同规定的期限(28 天)内,向专业监理工程师递交过索赔意向通知;如超过此期限,专业监理工程师和建设单位有权拒绝索赔要求;其次,审核承包单位的索赔条件是否成立;再次,应审核承包单位报送的费用索赔报审表,包括索赔的详细理由及经过、索赔金额的计算及证明材料;如不满足索赔条件,专业监理工程师应在"不同意此项索赔"前"□"内打"√";如符合条件,专业监理工程师就初定的索赔金额向总监理工程师报告,由总监理工程师分别与承包单位及建设单位进行协商,达成一致或监理工程师公正地自主决定后,在"同意此项索赔"前"□"内打"√",并把确定金额写明;如承包人对监理工程师的决定不同意,则可按合同中的仲裁条款提交仲裁机构仲裁。

(7)同意或不同意索赔的理由:同意索赔的理由应简要列明;对不同意索赔,或虽同意索赔但其中存在不合理部分,如有下列情况应简要说明:

①索赔事项不属于建设单位或监理工程师的责任,而是其他第三方的责任。

②建设单位和承包单位共同负有责任,承包单位必须划分和证明双方责任大小。

③事实依据不足。

④施工合同依据不足。

⑤承包单位未遵守意向通知要求。

⑥施工合同中的开脱责任条款已经免除了建设单位的补偿责任。

⑦承包单位已经放弃索赔要求。

⑧承包单位没有采取适当措施避免或减少损失。

⑨承包单位必须提供进一步的证据。

⑩损失计算夸大等。

(8)索赔金额计算:指专业监理工程师对批准的费用索赔金额的计算过程及方法。

任务 5 工期管理文件(B5)

工期管理文件的类别、来源及保存期限应符合表 5-23 的规定。

表 5-23　工期管理文件的类别、来源及保存期限

资料类别		工程资料名称	资料来源	保存期限
B5	工期管理文件	工程延期申请表	施工单位	长期
		工程延期审批表	监理单位	永久

一、工程延期申请

工程延期申请是发生了施工合同约定由建设单位承担的延长工期事件后,承包单位向监理单位提出工程临时最终延期报审表(见表 5-24),报项目监理机构审核确认。

表 5-24　工程临时/最终延期报审表

工程名称:11 号商住楼　　　　　　　　　　　　　　　　　　编号:

致:×××监理单位(项目监理机构) 　　根据施工合同条款＿＿＿＿条的规定,由于＿＿＿＿＿＿＿＿＿＿＿＿＿＿＿＿＿的原因,我方申请工程临时/最终延期＿＿＿＿＿＿＿＿＿(日历天),请予以批准。 　　附件:1.工程延期依据及工期计算 　　　　2.证明材料 　　　　　　　　　　　　　　　　　　　　　　施工项目经理部(盖章): 　　　　　　　　　　　　　　　　　　　　　　项目经理(签字): 　　　　　　　　　　　　　　　　　　　　　　　　年　　月　　日
审核意见: 　　□ 同意工程临时/最终延期＿＿＿＿＿＿＿＿＿＿＿＿＿＿＿＿＿(日历天)。工程竣工日期从施工合同约定的＿＿＿＿年＿＿月＿＿日,延迟到＿＿＿＿年＿＿月＿＿日。 　　□ 不同意延期,请按约定竣工日期组织施工。 　　　　　　　　　　　　　　　　　　　　项目监理机构(盖章) 　　　　　　　　　　　　　　　　　　　　总监理工程师(签字,加盖执业印章): 　　　　　　　　　　　　　　　　　　　　　　年　　月　　日
审批意见: 　　　　　　　　　　　　　　　　　　　　　　建设单位(盖章): 　　　　　　　　　　　　　　　　　　　　　　建设单位代表(签字): 　　　　　　　　　　　　　　　　　　　　　　　　年　　月　　日

注:本表一式三份,项目监理机构、建设单位、施工单位各一份。

(1)表中"根据施工合同条款＿＿＿＿＿条的规定"填写提出工期索赔所依据的施工合同条目。

(2)"由于＿＿＿＿＿的原因"填写导致工期拖延的事件。

(3)工期延长依据及工期计算:指索赔所依据的施工合同条款;导致工程延期事件的事实;工程拖延的计算方式及过程。

(4)合同竣工日期:指建设单位与承包单位签订的施工合同中确定的竣工日期或已最终批准的竣工日期。

(5)申请延期竣工日期:指合同竣工日期加上本次申请延长工期后的竣工日期。

(6)证明材料:指本期申请延期的工期所有能证明非承包单位原因导致工程延期的证明材料。

可能导致工程延期的原因:

①监理工程师发出工程变更指令,导致工程量增加。

②施工合同中规定的任何可能造成工程延期的原因,如延期交图、工程暂停及不利的外界条件等。

③异常恶劣的气候条件。

④由建设单位造成的任何延误、干扰或障碍等,如按施工合同未及时提供场地、未及时付款等。

⑤施工合同规定,承包单位自身外的其他任何原因。如工程施工期间,遭遇罕见雪灾,申请延期。

二、工程延期审批

工程延期时间分工程临时延期时间和工程最终延期时间。

工程临时延期时间是在承包单位提出工程临时延期报审表后,经项目监理机构详细地研究评审,考虑对工程工期的影响后,批准承包单位有效延期时间。工程最终延期时间是在影响工期事件结束,承包单位提出最后一个工程临时延期报审表批准后,经项目监理机构详细地研究评审影响工期事件全过程对工程总工期的影响后,批准承包单位的有效延期时间。

(1)总监理工程师在签认工程延期前应与建设单位、承包单位协商,宜与费用索赔一并考虑处理。

(2)审批意见:在影响工期事件结束,承包单位提出最后一个工程临时延期报审表批准后,总监理工程师应指定专业监理工程师复查工程延期及临时延期审批的全部情况,详细地研究评审影响工期事件对工程总工期的影响程度,应由建设单位承担的责任和承包单位采取缩小延期事件影响的措施等。根据复查结果,提出同意工期延长的日历天数或不同意延长工期的意见,报总监理工程师最终审批;若不符合施工合同约定的工程延期条款或经计算不影响最终工期,项目监理机构总监理工程师在不同意延长工期前"□"内画"√";须延长工期时,在同意延长工期前"□"内画"√"。

(3)同意工期延长的日历天数为:由影响工期事件原因使最终工期延长的总天数。

(4)原竣工日期:指施工合同签订的工程竣工日期或已批准的竣工日期。

(5)延迟到的竣工日期:原竣工日期加上同意工期延长的日历天数后的日期。

(6)说明:详细说明本次影响工期事件和工期拖延的事实和程度,处理本次延长工期所依据的施工合同条款,工期延长计算所采用的方法及计算过程等。

(7)工程延期的最终延期时间应是承包单位的最后一个延期批准后的累计时间,但并不是每一项延期时间的累加。如果后面批准的延期内包含有前一个批准延期的内容,则前项延期的时间不能予以累计。

(8)工程延期审批的依据:承包单位延期申请能够成立并获得总监理工程师批准的依据如下:

①工期拖延事件是否属实,强调实事求是。

②是否符合本工程施工的合同规定。

③延期事件是否发生在工期网络计划图的关键线路上,即延期是否有效、合理;

④延期天数的计算是否正确,证据资料是否充足。

上述四条中,只有同时满足前三条,延期申请才能成立。至于时间的计算,监理工程师可根据自己的记录,做出公正、合理的判断。

上述前三条中,最关键的一条就是第三条,即延期事件是否发生在工期网络计划图的关键线路上。因为在承包单位所报的延期申请中,有些虽然满足前两个条件,但并不一定有效和合理,只有有效和合理的延期申请才能被批准。也就是说,所发生工期拖延的工程项目,必须是会影响到整个工程工期的工程项目。如果发生工期拖延的工程项目并不影响整个工程工期,那么延期就不会被批准。

项目是否在关键线路上的确定,一般的常用方法是:监理工程师根据最新批准的进度计划来确定关键线路上的工程项目。利用网络图来确定关键线路,是最直观的方法。

(9)延期审批应注意的问题:

①关键线路并不是固定的,随着工程进展,关键线路也在变化,而且是动态变化。随着工程进展的实际情况,有时在计划调整后,原来的非关键线路有可能变为关键线路,专业监理工程师要随时记录并注意。

②关键线路的确定,必须依据最新批准的工程进度计划。

(10)工程延期时间的确定:计算工程延期批准值的直接方法就是通过网络分析计算,但是对一些工程变更或明显处于关键线路上的工程延误,也可以通过比例分析法或实测法得出结果。

任务 **6** 监理验收文件(B6)

监理验收文件的类别、来源及保存期限应符合表 5-25 的规定。

表 5-25　监理验收文件的类别、来源及保存期限

资料类别		工程资料名称	资料来源	保存期限
B6	监理验收文件	竣工移交证书	监理单位	长期
		监理资料移交书	监理单位	长期

一、竣工移交证书

工程竣工验收完成后,应由项目总监理工程师、总承包单位项目经理及建设单位代表共同签署竣工移交证书,并加盖监理、施工总承包和建设单位公章。交建设单位两份,总承包单位和监理单位各存一份。

二、监理资料移交书

监理工作完成后,一个重要标志是将相应的监理资料移交,并以监理资料移交书为证。

本章小结

监理单位应做好监理文件的归档整理工作。本章主要阐述了监理文件的内容及归档整理要求。

思考与练习

一、单项选择题

1. 监理单位在工程设计、施工等监理活动过程中形成的文件是( )。
   A. 监理文件　　　　B. 设计文件　　　　C. 施工文件　　　　D. 立项文件

2. 建筑工程资料大类标号为"B"的表示( )的文件资料。
   A. 监理单位　　　　B. 设计单位　　　　C. 施工单位　　　　D. 建设单位

3. 单位工程质量验收结论由( )填写。
   A. 监理单位　　　　B. 设计单位　　　　C. 施工单位　　　　D. 建设单位

4. 隐蔽工程检查验收记录须报( )审核签字。
   A. 监理单位　　　　B. 设计单位　　　　C. 施工单位　　　　D. 建设单位

5. ( )在实施旁站监理时,填写旁站监理记录。
   A. 建设单位工作人员　　　　　　　　B. 设计人员
   C. 施工人员　　　　　　　　　　　　D. 监理人员

6. 监理规划按规定由( )主持编制完成。
   A. 监理项目经理　　B. 总监理工程师　　C. 专业监理工程师　　D. 监理员

7. 质量事故报告中,发生事故时间应记载为( )。
   A. 年、月　　　　B. 年、月、日　　　　C. 年、月、日、时　　　　D. 年、月、日、时、分

8. 工程质量事故技术处理方案应由( )在对事故调查的基础上实施。
   A. 质量监督部门　　　　　　　　　　B. 建设主管部门或质量监督总站
   C. 设计单位　　　　　　　　　　　　D. 监理单位

9. 工程质量事故处理中,实施记录必须有( )的签认。
   A. 设计单位　　　B. 建设(监理)单位　　C. 施工单位　　　D. 承包单位

10. ( )负责整理图纸会审记录,经设计单位、监理、施工单位签字确认后分发各方。
    A. 施工员　　　　B. 总监理工程师　　　C. 安全员　　　　D. 档案员

11. 下列各项中不属于监理月报编制内容的是( )。
    A. 本月工程概况　　　　　　　　　　B. 本月工程形象进度
    C. 解决需要协调的有关事宜　　　　　D. 工程安全

12. 工程满足开工条件后,承包单位报项目( )机构复核和批复开工时间。
    A. 施工　　　　B. 监理　　　　C. 投标　　　　D. 招标

13. 工程质量三级重大事故直接经济损失( )。
    A. 30 万元以上 100 万元以下　　　　B. 10 万元以上 30 万元以下
    C. 1 万元以上 5 万元以下　　　　　　D. 30 万元以上

二、多项选择题

1. 施工阶段的监理资料应包括的内容有( )。
   A. 监理实施细则 　　　　B. 工程变更资料 　　　　C. 监理工作日记
   D. 索赔文件资料 　　　　E. 监理规划

2. 下列属于监理造价控制资料的是( )。
   A. 工程款支付报审表 　　　　B. 工程变更费用报审表
   C. 费用索赔报审表 　　　　D. 工程款支付证书

3. 下列选项中,属于一级重大质量事故的是( )。
   A. 死亡30人以上 　　　　B. 直接经济损失300万元以上
   C. 死亡人数10人以上29人以下 　　D. 直接经济损失100万元以上
   E. 死亡3人以上

4. 工程质量事故报告,主要内容包括( )。
   A. 质量事故报告 　　　　B. 处理方案 　　　　C. 实施记录
   D. 处理验收记录 　　　　E. 工程概况记录

5. 工程质量事故处理中,必须具备( )。
   A. 施工图 　　　　B. 与施工有关的资料 　　　　C. 事故调查分析报告
   D. 技术处理资料 　　　　E. 工程概况表

三、判断题

1. 监理资料是指监理单位在工程设计、施工等监理过程中形成的资料。　　　　( )

2. 负责监理资料的管理工作并设专人对监理资料进行收集、整理和归档,是监理单位的职责。
   　　　　( )

3. 对项目监理机构不同意复工的复工报审,承包单位按要求完成后,仍用该表报审。　( )

4. 承包单位按施工合同要求的时间编制好施工进度计划,并填报施工进度计划报验申请表报监理机构。　　　　( )

5. 某工程质量事故造成32人死亡,直接经济损失400万元,则此工程事故属于二级重大事故。
   　　　　( )

6. 直接经济损失在1万元以上5万元以下的,属于一般质量事故。　　　　( )

7. 影响使用功能和工程结构安全,造成永久性质量缺陷的,属于一般质量事故。　　( )

8. 旁站监理记录是指监理人员在房屋建筑工程施工阶段监理中,对关键部位、关键工序的施工质量,实施全过程现场跟班的监督活动所见证的有关情况的记录。　　　　( )

9. 承包单位在施工合同规定的期限索赔事件发生后28天内,向项目监理机构提交对建设单位的费用索赔意向通知。　　　　( )

10. 未经总监理工程师确认,分包单位不得进场施工。　　　　( )

11. 工程竣工验收完成后,由项目总监理工程师签署竣工移交证书,并加盖监理单位、建设单位公章。　　　　( )

12. 当监理工程师对工程巡视检查或对质量有怀疑进行抽检时,要填写工程物资进场报验表。
   　　　　( )

四、案例分析

　　2012年5月,某小区建筑工程发生倒塌,造成1人重伤,直接经济损失9万元。调查后,填写质量事故报告。

1.本事故属于几级质量事故？工程质量事故如何分类？

2.建设工程质量事故调（勘）查记录填写的内容包括哪些？

五、简答题

1.监理管理资料包括哪些内容？

2.质量控制资料包括哪些内容？

3.简述监理实施细则的编制程序。

技能实训

教师提供监理文件资料，学生以小组为单位进行监理文件的填写、签字、交互，并互相查找填写资料中不符合相关规定和规范的地方。

项目 **6**

施工资料管理实务

学习目标

知识目标

1.掌握施工管理资料、施工准备技术资料、施工测量记录、施工物资资料、施工试验记录、施工过程记录的相关知识。

2.掌握工程质量验收的程序和组织。

3.掌握工程质量验收资料的编制收集与整理。

能力目标

1.具备收集整理施工管理资料、施工准备技术资料、施工测量记录、施工物资资料、施工试验记录、施工过程记录的能力。

2.能进行检验批、分项、分部、单位工程及住宅工程分户质量验收资料的收集、保管、记录、分类整理工作。

任务 **1** 施工管理资料

施工管理资料是施工阶段各方责任主体对施工过程采取组织、技术、质量措施进行管理,实施过程控制,记录施工过程中组织、管理、监督实体形成情况的资料文件的统称。由施工单位编制填写的施工管理常用资料见表6-1。

表6-1 施工管理常用资料

序号	归档文件	提供单位	备注
1	工程概况表	施工单位	鲁jj—001
2	工程施工管理人员名单	施工单位	鲁jj—002
3	施工现场质量管理检查记录	施工单位	鲁jj—003
4	施工组织设计、施工方案审核表	施工单位	鲁jj—004
5	施工组织设计、施工方案及专项施工方案	施工单位	编制资料
6	工程开工报告及工程开工报审表	施工单位	鲁jj—006
7	工程竣工报告	施工单位	鲁jj—007
8	工程施工日志	施工单位	鲁jj—039
9	工程质量事故调(勘)查记录	施工单位	鲁jj—066
10	建设工程质量事故报告	施工单位	鲁jj—067

一、工程概况表

1. 工程概况表的主要内容

工程概况表(见表6-2)是对工程基本情况的简要描述,应包括如下内容:

表 6-2　工程概况表

<table>
<tr><td rowspan="9">一般情况</td><td>工程名称</td><td colspan="4">××科技园 S01 科研楼</td><td>建设单位</td><td colspan="3">××科技有限公司</td></tr>
<tr><td>建设用途</td><td colspan="4">超高层办公楼</td><td>设计单位</td><td colspan="3">××建筑设计研究院有限公司</td></tr>
<tr><td>建设地点</td><td colspan="4">××科技园内</td><td>监理单位</td><td colspan="3">××工程监理咨询有限公司</td></tr>
<tr><td>总建筑面积</td><td colspan="4">114 452 m²</td><td>施工单位</td><td colspan="3">××建设集团有限公司</td></tr>
<tr><td>开工日期</td><td colspan="4">20××年××月××日</td><td>竣工日期</td><td colspan="3">20××年××月××日</td></tr>
<tr><td>结构类型</td><td colspan="4">主楼:框架剪力墙
裙楼:框架结构</td><td>基础类型</td><td colspan="3">主楼:筏板基础
裙楼:筏板基础、独立基础</td></tr>
<tr><td>建筑层数</td><td colspan="4">主楼地上 34 层,裙楼地上 3 层,地下 4 层</td><td>建筑檐高</td><td colspan="3">154.6 m</td></tr>
<tr><td>地上面积</td><td colspan="4">77 280 m²</td><td>地下室面积</td><td colspan="3">37 172 m²</td></tr>
<tr><td>人防等级</td><td colspan="4">甲类</td><td>抗震等级</td><td colspan="3">抗震设防烈度为 6 度</td></tr>
</table>

<table>
<tr><td rowspan="14">结构特征</td><td>地基与基础</td><td colspan="9">主楼持力层为强风化闪长岩和强风化泥灰岩,地基承载力特征值为 884 kPa 和 984 kPa。基础埋深:400 mm。厚板:20.11 m。600 厚板:21.31 m。1.5 米厚板:22.510 m。主楼 2.5 m 厚板:22.21 m。主楼 2.5 m 厚板:22.46 m。混凝土强度等级为:垫层 C20,地基处理 C20,基础 C40P8,人防范围内为 C40P8</td></tr>
</table>

部位		地下 4 层至地下 3 层顶	地下 2 层至地上 6 层顶	7 层至 12 层顶	13 层至 17 层顶	18 层至 23 层顶	24 层及以上	部位		地下 4 层至地下 2 层顶	地下 1 层及以上
主楼	墙及连墙柱	C50	C60	C50	C40	C40	C30	墙及连墙柱	C30	C30
	独立柱	C60	C60	C60	C60	C50	C40	独立柱	C40	C30

柱、内外墙

梁板楼盖	梁板砼强度等级为 C30 现浇结构混凝土梁板
外墙装饰	涂料防水外墙、玻璃幕墙、透明玻璃幕墙、干挂石材墙面(保温厚度 50 mm)、干挂石材墙面(保温厚度 80 mm)
楼地面装饰	楼 1:耐磨混凝土楼面。楼 2:细石混凝土楼面(厚度 50 mm)。楼 2-2:细石混凝土楼面(有垫层)。楼 2-3:细石混凝土楼面(有垫层有防水)。楼 3:水泥砂浆楼面。楼 4-1:防滑地砖楼面。楼 4-2:防滑地砖(防水)楼面。楼 5:石材楼面。楼 6:活动网络架空楼面。楼 7:低温热水地板辐射采暖楼面。楼 8:地毯楼面。楼 9:浮筑隔声隔振楼面
屋面防水	防水等级为Ⅱ型防水;两道防水设防,两道改性沥青防水卷材总厚度 3+4,使用年限为 5 年
内墙装饰	涂料墙面(基层为混凝土、蒸压加气混凝土砌块、轻钢龙骨石膏板/硅酸钙板);面砖墙面(基底为钢筋混凝土墙、蒸压加气混凝土砌块墙、硅酸钙板、防水钢筋混凝土墙、防水蒸压加气混凝土砌块墙、防水硅酸钙板);干挂石材墙面;硅酸钙穿孔板吸声墙板(基底为钢筋混凝土墙、蒸压加气混凝土砌块墙);壁纸墙面(基底为钢筋混凝土墙、轻钢龙骨石膏板/硅酸钙板)
防火设备	本工程耐火等级为一级,全楼均设置灭火系统设置防火分区、消防电梯,设置室内消火栓、自动喷淋系统、水雾喷灭火系统、气体灭火系统、火灾自动报警系统等。在地下三层设置消防贮水池
机电系统	电器照明、电梯、电气动力
其他	无

附:建筑总平面图、建筑立面图、建筑剖面图。

本表由施工单位填写。

（1）一般情况：包括工程名称、建设用途、建设地点、建设单位、监理单位、设计单位、施工单位、总建筑面积、结构类型和建筑层数等。

（2）结构特征：包括地基与基础，柱、内外墙，梁板楼盖，外墙装饰，楼地面装饰，屋面防水，内墙装饰，防火设备等涵盖的主要项目及内容。应做到重点突出，描述全面扼要。

（3）机电系统：简要描述填写工程所含的机电各系统名称及主要设备的参数、机电设备承受的电容和电压等级等。

（4）其他：填写一个具体工程独自具有的某些特征或特殊需要说明的内容，还可填写采用的新材料、新产品、新技术、新工艺等。

2. 填表说明

（1）"工程名称"栏应填写工程名称的全称，与建设工程规划许可证、建设工程施工许可证、施工图纸中图签的工程名称应一致。

（2）"单位名称"栏的建设单位、设计单位、监理单位、施工单位，均用法人单位的名称，要与合同签章上的单位名称相同。

（3）"开工日期"应以总监理工程师批复的可开工日期为准。

（4）"竣工日期"一般以招投标文件要求的日期为准。

二、工程施工管理人员名单

工程施工管理人员名单（见表 6-3）由施工单位填写，并将有关文件附后报项目总监理工程师（或建设单位项目负责人）检查，并做出检查结论。主要审核参与工程建设的管理人员的职业资格是否符合要求，表中"执业证号"是指国家、省市行业管理部门或企业内部的执业资格编号。

表 6-3　工程施工管理人员名单

工程名称 管理人员	×××科技园 S01 科研楼工程		施工单位	××建设集团有限公司	
技术部门负责人		执业证号		联系电话	
质量部门负责人		执业证号		联系电话	
项目经理		执业证号		联系电话	
技术负责人		执业证号		联系电话	
技术经理		执业证号		联系电话	
施工员		执业证号		联系电话	
质检员		执业证号		联系电话	
安全员		执业证号		联系电话	
材料员		执业证号		联系电话	
资料员		执业证号		联系电话	
预算员		执业证号		联系电话	

续表

上述人员是我单位为<u>××科技园 S01 科研楼</u>工程配备的项目施工管理人员,请建设(监理)单位审核。

企业技术负责人:

企业法人代表: （公章）

年　月　日

审核意见:

建设单位项目负责人(总监理工程师): （公章）

年　月　日

三、施工现场质量管理检查记录

　　施工现场质量管理检查记录是对健全质量管理体系的具体要求,主要检查建立健全质量保证体系和质量责任制度情况;核查施工技术标准、标准计量准备工作;审查资质证书,完善总分包合同管理;对施工图、地质勘查资料和施工技术文件的有效性进行审查等。凡是在建的建筑工程在开工前都应做施工现场质量检查记录,保证开工后施工能顺利进行,并保证工程质量。

　　施工现场质量管理检查记录由施工单位填写,监理单位的总监理工程师(或建设单位项目负责人)进行检查,并做出检查结论。通常每个单位工程只检查一次,如有分段施工、人员更换,或管理工作不到位时,可再次检查。

　　施工现场质量管理检查记录见表 6-4,填写要求如下。

表 6-4　施工现场质量管理检查记录

工程名称	××科技园 S01 科研楼		施工许可证(开工证)	××××××××
建设单位	××科技有限公司		项目负责人	×××
设计单位	××建筑设计研究院有限公司		项目负责人	×××
监理单位	××工程监理咨询有限公司		总监理工程师	×××
施工单位	××建设集团有限公司	项目经理 ××	项目技术负责人	×××

序号	项　目	内　容
1	现场质量管理制度	1.技术质量管理规定; 2.质量例会制度; 3.质量奖罚制度; 4.三检及交接检制度

续表

2	质量责任制	1.岗位责任制； 2.技术交底制； 3.检查奖罚制度
3	主要专业工种操作上岗证书	钢筋工、机械工、防水工、焊工、架工、电工等均有上岗证,齐全有效
4	分包方资质与对分包单位的管理制度	资质均在承保业务范围内
5	施工图审查情况	施工图通过审查,编号：××××××
6	地质勘查资料	有地质勘查报告书,编号：××××××
7	施工组织设计、施工方案及审批	施工组织设计及施工方案编制、审核、批准齐全
8	施工技术标准	《山东省建筑工程施工工艺规程》DBJ 14-032—2004
9	工程质量检验制度	1.原材料及施工检验制度； 2.抽检项目的检测计划
10	混凝土搅拌站及计量设置	齐全完整
11	现场材料、设备存放与管理制度	钢材、砂、水泥、周转材料、机械设备的管理办法

检查结论：

总监理工程师：

（建设单位项目负责人）： 年 月 日

1. 表头部分

填写参与工程建设各责任方的主要概况。

（1）"工程名称"填写工程名称全称,与合同或招投标文件的工程名称一致。

（2）"施工许可证"填写当地建设行政主管部门批准核发的施工许可证（开工证）编号。

（3）"项目负责人"可统一由资料员填写,不需要具体人员签名,只是明确负责人的地位。"建设单位项目负责人"是指合同上签字人或以文字形式委托的代表——工程的项目负责人；"设计单位项目负责人"是指设计合同书上签字人或签字人以文字形式委托的项目负责人；"总监理工程师"是指合同或协议书中明确的项目监理负责人,也可以是监理单位以文件形式明确的该项目监理负责人；"项目经理、项目技术负责人"是指施工单位在合同中明确的项目经理、项目技术负责人。

（4）"建设单位、设计单位、监理单位、施工单位"填写单位的全称,与盖章上的名称一致。

2. 检查项目

填写各项检查项目文件的名称或编号,并将文件（原件或复印件）附在表后供检查,检查后将文件归还原单位,由总监理工程师签字确认。

3. 检查内容

根据检查情况,将检查结果填到相对应的栏中,可直接将有关资料的名称写上。当资料较多时,也可将有关资料进行编号,将编号填写上,注明份数。

（1）现场质量管理制度主要填写自检、交接检、专检制度、质量例会制度、月底评比制度、质量与经济挂钩制度。

（2）质量责任制：主要填写岗位责任制、施工技术质量安全交底制、挂牌制。

（3）主要专业工种操作上岗证书：填写电焊工、电工、起重工等上岗证核查结果。

（4）分包方资质与对分包单位的管理制度：审查分包资质及相应管理制度。

（5）施工图审查情况：施工图审查批准文号、图纸会审记录、设计交底记录。

（6）地质勘查资料：填写地质报告及审查批准文号。

（7）施工组织设计、施工方案及审批：编制与审批程序和内容是否与施工相符。

（8）施工技术标准：施工图所包含各专业施工技术标准。

（9）工程质量检验制度：原材料检验制度、施工各阶段检验制度、工程抽检项目检验计划等。

（10）混凝土搅拌站及计量装置：自搅拌混凝土（砂浆）搅拌站管理制度、设施与计量精度以及控制措施。

（11）现场材料、设备存放与管理制度：应与已批准的施工组织设计相符及具有相应的管理制度。

4. 检查结论

检查结论栏由总监理工程师或建设单位项目负责人填写。总监理工程师或建设单位项目负责人对施工单位承包的各项资料进行验收核查，验收核查合格后，签署认可意见。检查结论要明确，是符合要求还是不符合要求。如总监理工程师或建设单位项目负责人验收核查不合格，施工单位必须限期改正，否则不准许开工。

四、施工方案及专项施工方案和施工组织设计、施工方案审核表

1. 施工方案及专项施工方案

施工方案是依据施工组织设计关于某一分项工程的施工方法而编制的具体施工工艺，如模板施工方案、钢筋施工方案、混凝土施工方案、钢结构安装方案及冬、雨期施工方案等。安全技术资料中的专项技术方案侧重于施工过程中的安全，当然也包含施工技术内容。

主要分部（分项）工程、工程重点部位、技术复杂或采用新技术的关键工序应编制专项施工方案，也可分阶段编制施工方案。冬、雨期施工应编制季节性施工方案。规模较大、工艺复杂的工程，群体工程或分期出图工程，可分阶段报批施工组织设计。

单位工程施工组织设计应在正式施工前编制完成，并经施工企业的技术负责人审批。施工组织设计及施工方案编制内容应齐全，施工单位应首先进行内部审核，报监理（建设）单位批复后实施。发生较大的施工措施变化和工艺变更时，应有变更审批手续，并进行交底。

2. 施工组织设计、施工方案审核表

施工组织设计、施工方案审核表是施工单位提请项目监理机构对施工组织设计施工方案进行批复的文件资料，表中没有明确建设单位必须签字盖章，而施工组织设计中的很多内容是工

程结算的依据,根据"监理合同"中的建设单位授权决定监理单位的权限,由监理单位签字盖章,作为工程结算的依据。

施工组织设计、施工方案审核表见表 6-5。

表 6-5　施工组织设计、施工方案审核表

工程名称	××科技园 S01 科研楼		日 期	20××年××月××日
现报上下表中的技术管理文件,请予以审核				
类 别	编制人	审核人	册 数	页 数
施工组织设计	/	/	/	/
施工方案				
申报简述:				
我单位已完成××科技园 S01 科研楼地下室车库地面施工方案的编制工作,现报上,请审批。				
申报部门:××建设集团××科技园 S01 科研楼项目部　　　　　　　　　　　　申报人:				
总承包单位审核意见:				
□有　　　　　□无　　　　　附页				
总承包单位名称:××建设集团有限公司　　审核人:　　审核日期:　　年　月　日				
监理单位(建设单位)审批意见:				
审批结论:□同意 □修改后报 □重新编制				
审批部门(单位):××工程监理咨询有限公司				
审批人:　　　　　　　　　　　　　　　　　　审批日期:　　年　月　日				

注:附施工组织设计、施工方案。

五、工程开工报告及工程开工报审表

1. 工程开工报告

工程开工报告是建设单位与施工单位共同履行基本建设程序的证明文件,是施工单位、承建单位工程施工工期的证明文件。

工程开工报告由施工总承包单位在完成施工准备并取得施工许可证之后填写,经施工单位的工程管理部门审核通过,法人代表或委托人签字加盖法人单位公章,应填写开工报告,报请监理、建设单位审批。若符合开工条件,由监理单位总监理工程师、建设单位项目法人签字,加盖公章后即可开工。工程开工报告一般由施工总承包单位填写,分包单位只填写工程开工报审

表,并报监理单位审批;工程直接从建设单位分包的要填写工程开工报告。

工程开工报告见表6-6,填写要求如下。

(1)"工程名称"应填写全称,与施工合同上的单位工程名称一致。

(2)"结构层数"以施工图中结构设计总说明为准。

(3)"建筑面积"按实际施工的建筑面积填写。

(4)"中标价格、计划开工日期、计划竣工日期"分别按建筑工程施工合同中的内容填写。

(5)实际开工日期按工程正式破土动工的日期,即从开槽(坑)或破土进行打桩等地基处理开始。地基处理分包的,施工单位按其交接日期填写,应在开工报告审批后,按实际开工日期补填。

(6)"定额工期"指甲乙双方在施工合同中明确的合同工期日历天数。

(7)开工条件说明应根据建设单位、监理单位、施工单位所做的开工准备工作情况来填写。例如:提供施工图纸能否满足施工要求,是否经过自审和会审;材料准备能否满足施工需要和质量标准;施工现场质量管理检查是否合格;施工现场是否具备"三通一平"条件;工程预算造价是否编制完成;施工队伍和施工机械是否进场,是否满足施工需要等。

(8)"审核意见"栏内建设单位、监理单位、施工单位负责人均需签字,注明日期并加盖单位公章。

表6-6 工程开工报告

建设单位:××建设投资集团有限公司

工程名称	××科技园S01科研楼			工程地点	××××××××		
施工单位	××建设集团有限公司			监理单位	××工程监理咨询有限公司		
建筑面积	4256.65 m²	结构层数	主楼地上34层,裙楼地上3层,地下4层	中标价格	2.57亿元	承包方式	总承包
定额工期	730天	计划开工日期	20××.××.××	计划竣工日期	20××.××.××	合同编号	×××× ××××
说明	1.☑××建设工程施工许可证(复印件) 2.☑施工组织设计(含主要管理人员和特殊工种资格证明) 3.☑施工测量放线 4.☑含主要人员、材料、设备进场 5.☑施工现场道路、水、电、通信等已到达开工现场						

上述准备工作已经就绪,定于20××年××月××日 正式开工,希望监理(建设)单位于20××年××月××日前进行审核,特此报告。

施工单位:××建设集团有限公司

项目经理: (公章)

                                                年   月   日

审核意见:

总监理工程师(建设单位项目负责人):   (公章)

                                                年   月   日

2. 工程开工报审表

工程开工报审表是项目监理机构对承包单位施工的工程经自查已满足开工条件后,提出申请开工且经项目监理机构审核确已具备开工条件后的批复文件。详见项目五。

六、工程竣工报告

工程竣工报告(见表 6-7)由施工单位在完成合同约定内容之后填写,经施工单位的工程管理部门审核通过,报请监理、建设单位审批。若符合竣工条件,由监理单位总监理工程师、建设单位项目法人签字,加盖公章后即可。

表 6-7 工程竣工报告

工程名称	××科技园 S01 科研楼	结构类型	主楼:框架剪力墙 裙楼:框架结构
工程地址	××××××××	建筑面积	4256.65 m²
建设单位	××科技有限公司	开工日期	20××年××月××日
设计单位	××建筑设计研究院有限公司	完工日期	20××年××月××日
监理单位	××工程监理咨询有限公司	合同工期	730 天
施工单位	××建设集团有限公司	工程造价	2.57 亿元

施工条件具备情况	项目内容	施工单位自检情况
	完成工程设计和合同约定的情况	已按合同规定和工程设计完成设计的所有内容
	技术档案和施工管理资料	符合要求
	主要建筑材料、建筑构造件和设备的进场试验报告(含监督抽检)资料	符合要求
	工程款支付情况	按合同支付
	工程质量保证书	齐全
	工程使用说明书	齐全
	监督机构责令整改问题的执行情况	问题已全部整改完毕

已完成设计和合同约定的各项内容,工程质量符合有关法律、法规和工程建设强制标准,特申请办理工程竣工验收手续。

项目经理:

企业技术负责人:

法定代表人: （施工单位公章）　　　　年　　月　　日

监理意见:

项目总监理工程师:

（监理单位公章）　　　　年　　月　　日

七、工程施工日志

工程施工日志(见表6-8)是单位工程在施工过程中对有关施工技术和管理工作的原始记录,是施工活动各方面情况的综合记载。施工日志是项目施工的真实写照,是验收施工质量的原始记录,是竣工总结的依据,也是工程施工质量原因分析的依据。

表6-8 工程施工日志

20××年××月××日 星期五			天气晴/气温19～27 ℃/风力3～4级/风向南		
当日工程施工部位	主体分部	当日工程施工内容	八层5～6轴间后浇带以西/C－E轴浇筑墙柱梁板梯混凝土完成	当日工程形象进度	八层5～6轴间后浇带以西/C－E轴浇筑墙柱梁板梯混凝土完成

1.原材料进场验收抽样:_____。

2.计量:现场对混凝土的坍落度进行测试测量,坍落度符合配合比要求及施工规范要求。

3.施工试验情况:今日制作八层5～6轴间后浇带以西/C－E轴梁板梯C30标养、交货检、同条件试块各2组,拆模试块1组;今日制作八层5～6轴间后浇带以西/C－E轴独立柱C60标养、交货检、同条件试块各1组 。今日制作八层5～6轴间后浇带以西/C－E轴墙及连墙柱C50标养、交货检、同条件试块各3组;今日送检五层5～6轴间后浇带以西/C－E轴梁板梯C30标养、交货检、同条件试块各2组;今日送检五层5～6轴间后浇带以西/C－E轴墙柱C60标养、交货检、同条件试块各3组。

4.工程质量检查情况记录:

①过程质量检查及隐蔽:对刚浇筑完成的混凝土养护进行检查,经检查发现养护符合施工方案及规范规定要求。

②原材料、施工试验不合格情况、处理:无。

③土方回填质量:合格。

④地基处理质量:无。

5.基础、楼层放线抄测记录:对九层5～6轴间后浇带以西/C－E轴墙柱边线、洞口位置线进行放线。

6.技术交底情况:_____。

7.结构、地面养护:对已浇筑的混凝土部位进行覆膜、浇水养护,养护责任人×××,养护情况良好。

8.设计变更情况:_____。

9.现场安全检查情况:今日安全监理工程师及我方安全人员对工人生活区进行了安全用电的检查,检查中发现工人宿舍中有乱扯电线的情况,并及时对工人进行安全用电的教育。

10.现场施工设备进场、出场情况及设备运行、维护、维修情况:无。

11.质量通病防治措施:无。

12.成品保护情况:无。

13.会议记录:_____。

14.其他:九层5～6轴间后浇带以东/C－E轴支设墙柱梁板梯模板;地下室夹层1～10轴/A－E轴填充墙砌筑

今日检(试)验情况	
备注	

1.填写要求

(1)施工日志一般由项目各专业工长填写,以单位工程为对象,记录从工程开工之日起至工程竣工之日止的施工情况。要求由专人逐日记载,并应保持内容真实、连续和完整,不得后补。若工程施工期间有间断,应在日志中加以说明,可在停工最后一天或复工第一天里描述。

(2)施工日志可采用计算机录入、打印,也可按规定式样(印制的施工日志)用手工填写方式记录,并装订成册,但必须保证字迹清楚、内容齐全。施工日志填写须及时、准确、具体、不潦草,不能随意撕毁,应妥善保管,不得丢失。

(3)施工日志的记录不应是流水账,要有时间、天气情况、施工部位、机械作业及人员情况。

2.填写内容

(1)原材料进场验收抽样:水泥、钢材、预拌混凝土、砂石、外加剂、砖、砌块等进场数量,使用部位、型号、规格、强度等级及生产厂家,进场验收情况,抽样检验数量及试验单位,试验结果。

(2)计量。

(3)施工试验情况。

(4)工程质量检查情况记录。

(5)基础、楼层放线抄测记录。

(6)技术交底情况。

(7)结构地面养护。

(8)设计变更情况。

(9)现场安全检查情况。

(10)现场施工设备进场、出场情况及设备运行、维护、维修情况。

(11)质量通病防治措施。

(12)成品保护情况。

(13)会议记录。

(14)其他。

八、工程质量事故调(勘)查记录

表 6-9　工程质量事故调(勘)查记录

工程名称	××工程		日期	××××年××月××日	
调(勘)查时间	××××年××月××日××时至××时				
调(勘)查地点	×××××××(建设地点)				
参加人员	单位		姓名	职务	电话
被调查人	××建筑工程公司		×××	混凝土工	
陪同调(勘)查人员	××建设集团有限公司		×××	质检员	
	××监理公司		×××	监理员	
调(勘)查笔录	××××年××月××日,在三层梁板浇筑时,未严格执行施工工艺标准,致使①~④、Ⓐ~Ⓒ区间 L2、L3 出现三处露筋,长度分别为 200 mm、250 mm,估计直接经济损失在 1 万元以上				
现场证物照片	☑有　　□无		共　　张	共　　页	
事故证据资料	☑有　　□无		共　　张	共　　页	
被调查人签字	×××		调(勘)查人	×××	

本表由调查人填写,各有关单位均保存一份。

凡工程发生重大质量事故,应填写工程质量事故调(勘)查记录(见表 6-9)和建设工程质量事故报告(见表 6-10)。

表 6-10　建设工程质量事故报告

工程名称	×××工程	监督注册编号	
建设单位	××房地产开发有限公司	施工单位	××建设集团有限公司
设计单位	××建筑设计研究院有限公司	建筑面积/结构类型	3472.71 m²/框架结构
工程地址	×××××	事故类型	
事故发生时间及部位			
经济损失	1 万元以上	死亡人数	无
事故情况及主要原因	××××年××月××日,在三层梁板浇筑时,未严格执行施工工艺标准,致使①～④、Ⓐ～Ⓒ区间 L2、L3 出现三处露筋,长度分别为 200 mm、250 mm		
采取的措施及事故控制情况	措施:经研究决定,对上述部位进行返工处理,重新浇筑混凝土。 事故控制情况:对责任者进行质量意识教育,加强培训学习,考核合格后再持证上岗,并处以适当经济处罚。 结论:经返工处理后,达到施工规范要求		
备注	无		

施工企业(项目)负责人:_____　报告人:_____　报告日期:_____

备注:按照国家建设行政主管部门规定上报,各保存一份。

1. 建设工程质量事故调(勘)查记录填写要求

(1)应写明工程名称、时间、地点、参加人员及所在单位、姓名、职务、联系电话。其中时间应记载年、月、日、时、分。

(2)调(勘)查笔录栏填写工程质量事故发生的时间、具体部位,造成质量事故的原因,以及现场观察的现象,并初步估计造成的经济损失。

(3)当工程事故发生后,应采用影像的形式真实记录现场的情况,以作为事故原因分析的依据。当留有现场证物照片或事故证据资料时,应在"有""无"选择框处勾选,并标注数量。

2. 建设工程质量事故报告填写要求

(1)质量事故发生后,填写质量事故报告时,应写明质量事故发生后的时间、工程名称、工程地址、建设单位、设计单位及施工单位。

(2)经济损失指因质量事故导致的返工、加固等费用,包括人工费、材料费和管理费。

(3)事故情况包括倒塌情况(整体倒塌或局部倒塌的部位)、损失情况(伤亡人数、损失程度、倒塌面积等)。

(4)主要原因包括设计原因(计算错误、构造不合理等)、施工原因(施工粗制滥造,材料、构配件或设备质量低劣等)、设计施工的共同问题、不可抗力等。

(5)采取的措施及事故控制情况应写明对质量事故发生后采取的具体措施、对事故的控制情况及预防措施。

任务 2 施工准备技术资料

施工准备技术资料(见表 6-11)是施工准备阶段,由建设单位对施工单位交底的工程项目的有关技术资料,包括技术交底记录、设计变更文件等。

表 6-11 施工准备技术资料

序 号	归 档 文 件	提 供 单 位	备 注
1	技术交底记录	施工单位	鲁 jj—005
2	图纸会审记录	施工单位	鲁 jj—013
3	设计变更通知单	施工单位	鲁 jj—014
4	工程洽商记录	施工单位	鲁 jj—015

一、技术交底记录

技术交底是施工单位进行技术、质量管理的一项重要环节,技术交底是把设计要求、施工措施、安全生产贯彻到基层的一项管理办法,应形成技术交底记录(见表 6-12),并存档。

表 6-12 技术交底记录

工程名称	××科技园 S01 科研楼	施工单位	××建设集团有限公司
交底部位	基槽	工序名称	地基处理

交底内容:

结合工程地质勘查报告,由于本工程基底标高变化大,坑内的电梯基坑、集水井、独立基、后浇带、塔机基础数量较多,尺寸较大,基底均为强风化泥灰岩,清槽标高控制较难,因岩石松动,或者标高变化部位较难成型,会出现超挖现象。针对上述情况与设计单位共同研究,地基部分的具体施工做法如下:

1. 垫层混凝土标号由 C15 改为 C20。
2. 溶洞为揭开壳的采用筏板增强处理。
3. 超挖的部分采用 C20 混凝土找平。
4. 溶洞已揭开壳的位置下挖 1.5 m 换填 C20 混凝土

项目(专业)技术负责人		交底人		接受人	

技术交底分为三级交底:一级交底(公司级)为施工单位总工程师向施工队或项目经理进行施工方案实施技术交底;二级交底(项目部级)为施工队或项目经理向单位工程负责人、质量检查员、安全员及有关职能人员进行技术交底;三级交底(班组级)为单位工程负责人或技术主管工程师向各作业班组长和各工种工人进行技术交底。

1. 图纸交底

图纸交底包括工程的设计要求、地基基础、主体结构和建筑物的特点、构造做法与要求、抗震处理;设计图纸的轴线、标高、尺寸、预留孔洞、预埋件等具体事项;砂浆、混凝土、砖等材料质量和强度的要求,要做到掌握设计关键,认真按照图纸施工。

2. 施工组织设计交底

将施工组织设计的全部内容向施工人员交代,主要包括工程特点、施工部署、施工方法、操作规程、施工顺序及进度、任务划分、劳动力安排、施工现场平面布置、工序搭接、施工工期、质量标准及各项管理措施等。

3. 设计变更和工程洽商交底

在工程施工过程中,由于图纸本身差错或图纸与实际情况不符,或由于材料、施工条件发生变化等原因,会对图纸的部分内容做出修改。为避免在施工中发生差错,必须对设计变更、洽商记录或其他形式的图纸变动文件(如图纸会审、设计补充说明通知等)向管理和施工人员做统一说明,进行交底。

4. 分项工程技术交底

分项工程技术交底是各级技术交底的关键,应在各分项工程施工前进行。其主要内容为施工准备、操作工艺、技术安全措施、质量标准、新技术的特殊要求、劳动定额、材料消耗等。

5. 安全交底

必须实行逐级安全技术交底,纵向延伸到班组全体作业人员。安全交底主要包括工程项目的施工作业特点和危险点、针对危险点的具体预防措施、应注意的安全事项、相应的安全操作规程和标准、发生事故后应及时采取的避难和急救措施。

二、图纸会审记录

为了使监理工程师和施工单位了解工程的特点、熟悉设计图纸和设计意图并对关键工程部位的质量要求、及早纠正图面差错、将图纸中的质量隐患消灭于萌芽状态、做到准确按图施工、保证工程质量,所以,在工程正式开工前必须认真进行图纸会审。图纸会审记录(见表6-13)是对设计文件进行审查和会审,对提出的问题予以记录的技术文件。

1. 图纸会审的要求

(1)所有建筑工程均应按要求组织图纸会审,重点工程还应有设计单位对工程质量的技术交底记录,以及对重要部位的技术要求和施工程序要求等技术交底资料。

(2)会审的时间在工程正式施工前,由建设单位组织,设计单位、监理单位、施工单位的相关人员参加,共同进行图纸会审,将施工图中的问题提前予以解决。

（3）凡参与该工程建设的施工、监理各单位，在会审前均应对施工图设计进行学习；各工种先对施工图初审，然后各专业人员对施工图进行会审；总、分包单位之间要进行专业之间的协作、配合和洽商。

2. 图纸会审的目的

（1）事先认真地熟悉图纸，了解设计意图、工程质量标准，以及新结构、新技术、新材料、新工艺的技术要求，了解图纸之间的尺寸关系、相互要求与配合等内在的联系，以便采取正确的施工方法。

（2）在熟悉图纸的基础上，由设计、建设、监理、施工单位的土建、安装等专业人员参加的会审，将有关问题解决在施工之前，给施工创造良好的条件。

（3）在图纸会审时解决图纸中存在的土建、水、电、通风、空调、设备安装中各类管道敷设过程中出现的矛盾；对在图纸中发现的尺寸、坐标、标高、说明、索引等错误，加以改正。

表 6-13　图纸会审记录

工程名称	××科技园 S01 科研楼		时间	20××年××月××日	
地点	甲方办公室		专业名称	结施	
序号	图号	图纸问题	会审（设计交底）意见		
1	结施—02 结施—03	基础垫层混凝土有的地方是 C15 有的地方是 C20，究竟是 C15 还是 C20？	答：C15。		
2	结施—05 结施—06	结施 05 ⓖ/① 轴处柱子序号为 GAZ1，结施 06 ⓖ/① 轴处柱子为 YAZ1？	答：结施 06 ⓖ/① 轴处柱子为 GAZ1。		
3	……	……	答：……		
建设单位（公章）	设计单位（公章）		监理单位（公章）		施工单位（公章）
项目负责人： 参加人：	专业设计人员： 项目负责人： 参加人：		项目负责人： 参加人： 项目负责人： （总监理工程师）		专职质检员： 项目（专业）技术负责人： 项目负责人：

本表由施工单位整理汇总，一式五份，建设单位、设计单位、监理单位、施工单位、城建档案馆各保存一份。

3. 图纸会审的方法

（1）由建设单位组织，设计单位、施工单位、监理单位参加，以会议的形式进行。

（2）会审分两个阶段进行。第一阶段是进行内部预审，由施工单位的有关人员负责在一定期限内找出施工图纸中的问题，并进行整理归类，会审时一并提出；监理单位同时也应进行类似的工作，为正确开展监理工作奠定基础。第二阶段是会审，由建设单位组织，设计单位交底，施工、监理单位提出预审中的问题，设计单位逐一给予解决。

(3)对提出的问题进行处理。一般问题经设计单位同意的,可在图纸会审记录中注释、修改,并办理签字、盖章手续。较大的问题由建设、监理、设计、施工单位洽商,由设计单位修改,经监理单位同意后向施工单位签发设计变更图或设计变更通知单。

4. 图纸会审的主要内容

(1)建筑、结构、设备安装等设计图纸是否齐全,手续是否完备;设计是否符合国家有关的现行技术和经济政策、法律、法规、规范、标准的规定;如果有引用标准图集的,注意引用标准图集号是否明确。

(2)图纸总的做法说明(包括分项工程做法说明)是否齐全、清楚、明确;建筑、结构、安装图、装饰和节点大样图之间有无矛盾;设计图纸(平面、立面、剖面、构件布置、节点大样)之间相互配合的尺寸是否相符;分尺寸和总尺寸,大、小样图,建筑图与结构图,土建图与水、电安装图之间互相配合的尺寸是否一致,有无错误和遗漏;设计图纸本身、建筑构造与结构构造之间在立体与空间上有无矛盾;预留孔洞、预埋件、大样图或采用标准构配件图的型号、尺寸,有无错误与矛盾。

(3)总图的建筑物坐标位置与单位工程建筑平面图是否一致;建筑物的设计标高是否可行;地基与基础的设计是否与实际情况一致,是否符合该工程地质勘查报告结论要求;建筑物与地下构筑物及管线之间有无矛盾。

(4)主要结构的设计在承载力、刚度、稳定性等方面有无问题;主要部位的建筑构造是否合理;设计能否保证工程质量和安全施工。

(5)设计图纸的结构方案、建筑装饰与施工单位的施工能力、技术水平、技术装备有无矛盾;采用新工艺、新技术,施工单位有无困难;所需特殊建筑材料的品种、规格、数量能否解决;专业机械设备能否保证。

(6)安装专业的设备、管架、钢结构立柱、金属结构平台、电缆、电线支架及设备基础是否与工艺图、电气图、设备安装图和到货的设备一致;传动设备、随机到货图纸和出厂资料是否齐全、技术要求是否合理、是否与设计图纸及设计技术文件一致;底座同土建基础是否一致;管口相对位置、接管规格、材质、坐标、标高是否与设计图纸一致;管道、设备及管件须防腐处理,脱脂及特殊清洗时,设计结构是否合理,技术要求是否切实可行。

5. 填写要求

图纸会审记录由组织单位进行临时记录,当达成协议后,由施工单位整理汇总,形成正式会审记录。会审内容应按土建、水、电顺序分别整理。

(1)凡须经设计单位提出设计变更或会审确定下来的解决意见,均须在答复意见栏内填写清楚,并由设计单位签发设计变更通知单;凡在会议上设计单位未给出解决意见的问题,在答复意见栏内填写待定。

(2)参加会审的设计、建设、监理、施工单位的负责人必须在会审记录上签字。

(3)表中设计单位签字栏应为项目专业设计负责人签字,建设单位、监理单位、施工单位签字栏应为项目技术负责人或相关专业负责人签字。

三、设计变更通知单

设计变更通知单(见表 6-14)是在设计施工过程中,由于设计图纸本身的问题、设计图纸与实际情况不符,或施工条件变化,原材料的规格、品种、质量不符合设计要求,以及有关人员提出的合理化建议等原因,需要对设计图纸部分内容进行修改而办理的变更设计文件。

表 6-14　设计变更通知单

工程名称	××科技园 S01 科研楼		专业名称		建施		
设计单位名称	××设计集团有限公司		日　期		20××年××月××日		
序号	图号	变更内容					
1	建施-5	A-3、A′-3 户型入口北侧隔墙变为 180 轻质隔墙,墙体厚度朝南侧外延 300 mm					
施工单位	专职质检员: 项目(专业) 技术负责人: 项目负责人: (公章)	监理单位	专业技术人员: (监理工程师) 项目负责人: (总监理工程师) (公章)	建设单位	项目负责人: (公章)	设计单位	专业设计人员: 项目负责人: (公章)

1. 设计变更通知单的签发

当遇有下列情况之一时,必须由设计单位签发变更通知单:

(1)当决定对图纸进行较大修改时。

(2)施工前或施工过程中发现图纸有差错、做法或尺寸有矛盾、结构变更、图纸与实际情况不符。

(3)建设单位提出对建筑构造、细部做法、使用功能等方面进行修改,并征得了设计单位的同意。

(4)施工单位因为技术或材料等原因造成了设计修改,经设计单位同意,可请求设计变更。

2. 设计变更要求及说明

(1)建设单位、监理单位、设计单位、施工单位均应维护设计的完整性。施工单位应按图纸施工,不得随意更改设计,如需更改设计时,必须取得设计单位同意,并应有设计变更通知单或洽商记录。

(2)凡涉及主体结构及实践功能的设计变更,建设单位均应报原施工图审批机构批准。

(3)如果设计变更影响了建设规模和投资方向,应报请原批准初步设计的单位同意后方准修改;如果设计变更涉及结构问题,应报原设计图审查部门审查。

3. 填写要求

(1)设计变更通知单是经过设计、监理、建设单位审查同意后,发给施工和有关单位的重要文件,是建设、施工双方竣工结算的依据,是竣工图编制的依据之一,其文字记录应清楚,时间应准确,责任人签署意见应简单、明确。

(2)设计变更通知单的内容应明确、具体,办理及时,不得随意涂改和后补,必要时要附图说明。

四、工程洽商记录

建设单位、监理单位、施工单位在工程施工过程中,对涉及施工技术、工程造价、施工进度等方面问题提出合理化建议,须对施工图进行修改时,提出方和设计单位应与其他相关各方协商取得一致意见,对施工图按程序进行修改,并以工程洽商记录(见表6-15)的形式经各方签字后存档。

表6-15 工程洽商记录

工程名称	××科技园S01科研楼			专业名称		土建		
提出单位名称	××建设集团有限公司			日　期		20××年××月××日		
内容摘要								
序号	图号	洽商内容						
1	结施	(22—43)—(22—44)/(22—A)—(22—L)轴沿街框架柱、梁;(22—2/01)—(22—1)/(22—A)—(22—L)轴沿街框架柱、梁;(22—L)轴以北沿街框架柱、梁箍筋原设计为HPB235 8钢筋,现改为HRB400 8钢筋						
施工单位	专职质检员: 项目(专业) 技术负责人: 项目负责人: （公章）	监理单位	专业技术人员: (监理工程师) 项目负责人: (总监理工程师) （公章）	建设单位	项目负责人: （公章）	设计单位	专业设计人员: 项目负责人: （公章）	

发生修改时,应先有工程洽商记录,后施工。如果是特殊情况须先施工后办理手续者,必须先征得设计单位同意,须在一周内补上工程洽商记录。

工程洽商记录的填写要求如下:

(1)应分专业办理,内容翔实,必要时应附图,并逐条注明应修改图纸的图号。

(2)不可将不同专业的工程洽商办理在同一份工程洽商记录上。

(3)应由设计专业负责人及建设、监理和施工单位的相关负责人签认,签字要保证齐全。涉及技术洽商的,由建设单位、监理单位、施工单位、设计单位签字盖章;涉及造价和工期洽商的,只需由建设单位、监理单位、施工单位签字即可。

任务 3 施工测量资料

施工测量资料(见表6-16)是在施工过程中形成的,确保建筑工程定位尺寸、标高、垂直度、位置和沉降量等满足设计要求和规范规定的资料统称,内容包括工程定位测量放线记录汇总表,工程定位测量记录,基槽验线记录,楼层平面放线记录,楼层标高抄测记录,建筑物垂直度、标高测量记录等。

表 6-16 施工测量资料

序号	归档文件	提供单位	备注
1	工程定位测量放线记录汇总表	施工单位	鲁 JJ—017
2	工程定位测量记录	施工单位	鲁 JJ—018
3	基槽验线记录	施工单位	鲁 JJ—019
4	楼层平面放线记录	施工单位	鲁 JJ—020
5	楼层标高抄测记录	施工单位	鲁 JJ—021
6	建筑物垂直度、标高测量记录(一)	施工单位	鲁 JJ—071
7	建筑物垂直度、标高测量记录(二)	施工单位	鲁 JJ—072

一、工程定位测量放线记录汇总表

工程定位测量放线记录汇总表见表 6-17。

表 6-17 工程定位测量放线记录汇总表

工程名称		××住宅楼	
序号	内容	定位放线日期	备注
1	工程定位测量记录	20××年××月××日	
2	工程高程测量记录	20××年××月××日	
3	建设工程(用地)放验线记录	20××年××月××日	
4	基槽验线记录	20××年××月××日	
5	负二层楼层平面放线	20××年××月××日	
6	负一层楼层平面放线	20××年××月××日	
7	一层楼层平面放线	20××年××月××日	
8	二层楼层平面放线	20××年××月××日	
9	三层楼层平面放线	20××年××月××日	
10	四层楼层平面放线	20××年××月××日	
11	五层楼层平面放线	20××年××月××日	
12	六层楼层平面放线	20××年××月××日	
13	七层楼层平面放线	20××年××月××日	
14	八层楼层平面放线	20××年××月××日	
15	九层楼层平面放线	20××年××月××日	
16	十层楼层平面放线	20××年××月××日	
17	十一层楼层平面放线	20××年××月××日	
18	十二层楼层平面放线	20××年××月××日	
19	十三层楼层平面放线	20××年××月××日	

续表

工 程 名 称		××住宅楼	
序号	内容	定位放线日期	备注
20	十四层楼层平面放线	20××年××月××日	
21	十五层楼层平面放线	20××年××月××日	
22	十六层楼层平面放线	20××年××月××日	
23	十七层楼层平面放线	20××年××月××日	
24	十八层楼层平面放线	20××年××月××日	
25	机房层楼层平面放线	20××年××月××日	

注:定位、测量放线记录附后。

项目(专业)技术负责人: 　　　　　　　　　　　项目质检员:

二、工程定位测量记录

施工测量单位应依据测绘部门提供的放线成果、红线及场地控制网(或建筑物控制网),测定建筑物位置、主控轴线及尺寸和建筑物±0.000绝对高程,填写测量记录报监理单位审核。

工程定位测量完成后,应由建设单位报请规划部门验线。

工程定位测量记录见表6-18。说明如下:

(1)"工程名称"要与图纸标签栏内名称相一致。

(2)"委托单位"填写建设单位或总承包单位。

(3)"图纸编号"应填写施工蓝图编号。

(4)"平面坐标依据、高程依据"由测绘院或建设单位提供,应以市级规划委员会钉桩坐标为标准,在填写时应注明点位编号,且与交桩资料中的点位编号一致。

(5)"定位抄测示意图"要标注准确、具体。可另附图绘制。

(6)"复测结果"一栏必须填写具体数字,各坐标点的具体数值,不能只填写"合格"或"不合格"。应由施工测量单位填写。

表6-18　工程定位测量记录

工程名称	××科技园 S01 科研楼	委托单位	××信息科技有限公司
图纸编号	总平面图	施测日期	20××年××月××日
平面坐标依据	$X = 49\,009.196$　$Y = 59\,959.312$ $X = 49\,197.952$　$Y = 59\,952.952$ $X = 49\,007.725$　$Y = 59\,805.146$	复测日期	20××年××月××日
高程依据	建设单位提供的 122.630 m 高程	使用仪器	NTS－362R 全站仪,DT－02L 经纬仪,DS－32H 水准仪
允许误差	依据《工程测量规范》GB50026—2007,边长相对中误差≤1/30 000,测角中误差 $7''/\sqrt{n}$	仪器校验日期	全站仪:2012.04.09 经纬仪:2012.07.10

续表

定位抄测示意图：

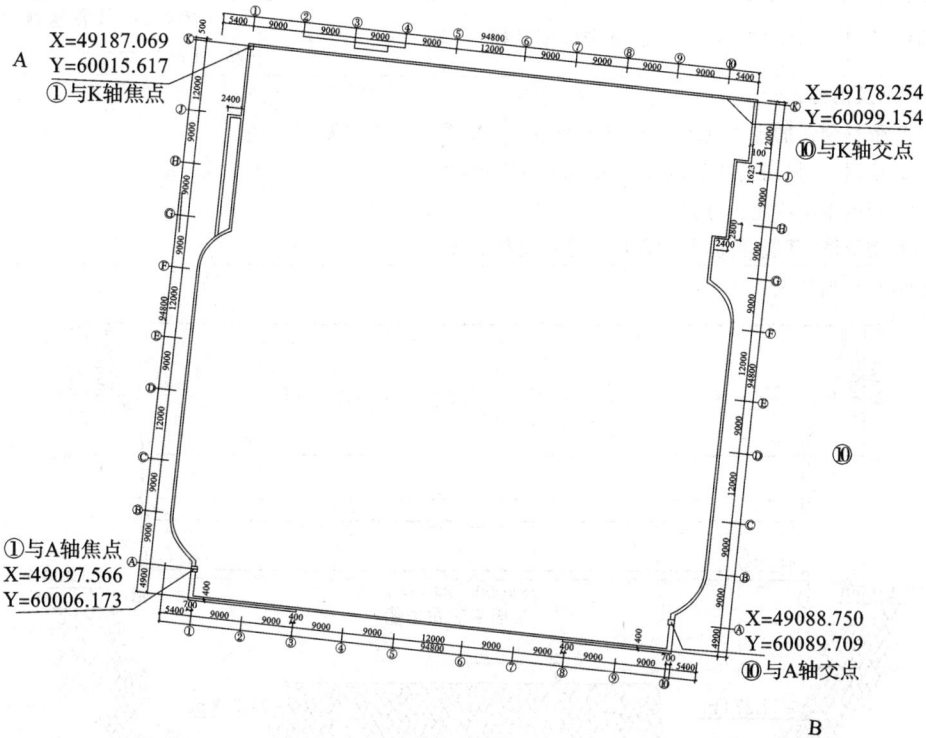

据建设单位提供的建筑红点 L1：X＝49009.196，Y＝59959.312。L2：X＝49197.952，Y＝59952.952。L3：X＝49007.725，Y＝59805.146。利用全站仪找测出①与Ⓚ轴交点：X＝49187.069，Y＝60015.617。同时测出①与Ⓐ轴交点：X＝49097.566，Y＝60006.173。同种方法测出⑩与Ⓐ轴交点：X＝49088.750，Y＝60089.709。⑩与Ⓚ轴交点：X＝49178.254，Y＝60099.154 点。然后分别向外 15 m 引设控制点，通过控制点对基坑进行定位测量

复测结果：

签字栏	建设（监理单位）	施工（测量）单位	××建设集团有限公司	测量人员岗位证书号	
		专业技术负责人	测量负责人	复测人	施测人

三、基槽验线记录

施工测量单位应根据主控轴线和基槽底平面图，检验建筑物基底外轮廓线、集水坑、电梯井坑、垫层底标高（高程）、基槽断面尺寸和坡度等，填写基槽验线记录（见表 6-19），并报监理单位审核。

表 6-19 基槽验线记录

工程名称	××科技园 S01 科研楼	验收日期	20××年××月××日
放线部位	①-⑩/Ⓐ-Ⓑ后浇带以南基槽	放线内容	主控轴线、外轮廓线、垫层标高、断面尺寸

验线依据及内容：

依据：1.依据测设的定位点①-Ⓐ、①-Ⓚ、⑩-Ⓐ、⑩-Ⓚ及基础平面图。

　　2.依据《工程测量规范(附条文说明)》(GB50026—2007)，允许偏差为±5 mm。

　　3.依据本工程施工方案。

内容：基槽宽度、基底标高、基槽断面尺寸和基槽深度

基槽平面、剖面简图：

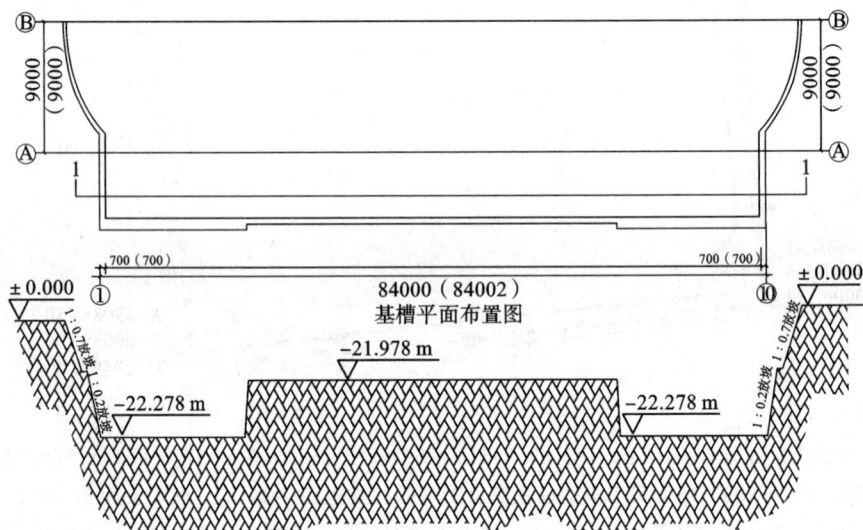

基槽平面布置图

检查意见：				
签字栏	建设(监理)单位	施工单位	××建设集团有限公司	
		专业技术负责人	专业质检员	施测人

　　重点工程或大型工业厂房应有测量原始记录，还应收集"普通测量成果"基础平面图等相应附件。

　　基槽验线记录填写说明如下：

　　(1)"验线依据及内容"，根据由建设单位或测绘院提供的坐标、高程控制点或工程测量定位控制桩、高程点等内容填写，填写内容要描述清楚。

　　(2)"基槽平面、剖面简图"一栏要画出基槽平面、剖面简图轮廓线，应标注主轴线尺寸，标注断面尺寸、高程。可另附图绘制。

　　(3)"检查意见"一栏将检查意见表达清楚，不得用"符合要求"一词代替检查意见(应有测量的具体数据误差)。

114

四、楼层平面放线记录

楼层平面放线是指每个施工部位完成到一个水平面时,如底板、顶板要在这个平面板(顶板)上投测向上一层的平面位置线。施工单位在完成楼层平面放线后填写楼层平面放线记录(见表 6-20),报监理单位审核。

表 6-20　楼层平面放线记录

工程名称	××科技园 S01 科研楼	日　期	20××年××月××日
放线部位	地下室-4 层①-⑥轴后浇带以西/Ⓐ-Ⓑ轴后浇带以北/Ⓔ-Ⓕ轴后浇带以南	放线内容	地下室-4 层①-⑥轴后浇带以西/Ⓐ-Ⓑ轴后浇带以北/Ⓔ-Ⓕ轴后浇带以南墙、柱边线、洞口位置线

放线依据及内容:

依据:1.依据设计图纸:结施 S2-001。

　　　2.依据《工程测量规范(附条文说明)》(GB50026—2007),允许误差为±3 mm。

　　　3.依据本工程施工方案。

内容:地下室-4 层①-⑥轴后浇带以西/Ⓐ-Ⓑ轴后浇带以北/Ⓔ-Ⓕ轴后浇带以南墙、柱边线、洞口位置线

放线简图:

说明:利用定位测量时引入的坐标控制点为基准,结合结施 S2-001,利用全站仪测出 4 轴线向东 1000 mm 处,7 轴线向西 1000 mm 设置通长控制线,利用这些控制线对墙、柱边线、门窗洞口位置进行定位。

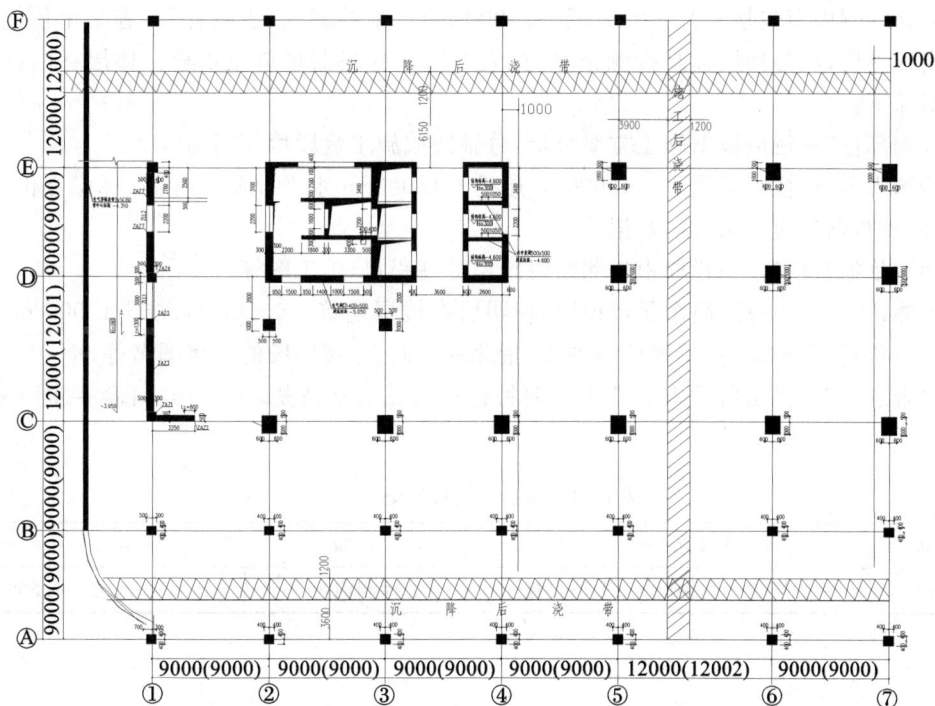

签字栏	检查意见：			
	建设（监理）单位	施工单位	××建设集团有限公司	
		项目（专业）技术负责人	专业质检员	施测人

楼层平面放线记录填写说明如下：

（1）"放线部位"一栏应注明楼层（分层、分轴线或施工流水段）。若是建筑面积小，没有划分施工流水段，就按轴线填写。

（2）"放线内容"一栏包括轴线竖向投测控制线、各层墙柱轴线、墙柱边线、门窗洞口位置线、垂直度偏差等。

（3）"放线依据及内容"应填写如下内容。

①定位控制桩。

②测绘院 BM1、BM2。

③地下/地上××层平面（图号××）。

（4）"放线简图"若是平面放线要标注轴线尺寸、放线尺寸，若是外墙、门窗洞口放线要画剖面简图，注明放线的标高尺寸。可另附图绘制。

（5）"检查意见"一栏应由监理人员填写，要表达清楚，不得用"符合要求"一词代替检查意见。

五、楼层标高抄测记录

楼层标高抄测内容包括+0.500 m（或+1.000 m）水平控制线、皮数杆等，施工单位应在完成楼层标高抄测后，填写楼层标高抄测记录（见表6-21），并报监理单位审核。楼层标高抄测记录填写说明如下：

（1）"抄测部位"一栏应根据施工方案分层，分轴线或施工流段填写明确。

（2）"抄测内容"一栏须写明是+0.500 m还是+1.000 m水平控制线标高、标志点位置、测量工具等，涉及数据的应注明具体数据。

（3）"抄测依据及内容"一栏要根据测绘院给出的高程点、施工图等。

（4）"抄测说明"一栏应画简图予以说明，标明所在楼层建筑+0.500 m（或+1.000 m）水平控制线标志点位置、相对标高、重要控制轴线、指北针方向、分楼层段的具体图名等。

（5）"检查意见"一栏由监理人员签署。要将检查意见表达清楚，不得用"符合要求"一词代替检查意见。

表 6-21　楼层标高抄测记录

工程名称	××科技园 S01 科研楼	日期	20××年××月××日
抄测部位	二层①—③轴/Ⓔ—①轴梁板	抄测内容	+14.150 m 层+0.500 m 线

续表

抄测依据及内容:

依据:1.依据设计图纸:结施 S2—029。

  2.依据《工程测量规范(附条文说明)》(GB50026—2007),高程中误差允许误差为:±3 mm。

  3.依据本工程施工方案。

内容:+14.150 m+0.500 m水平控制线

抄测说明:

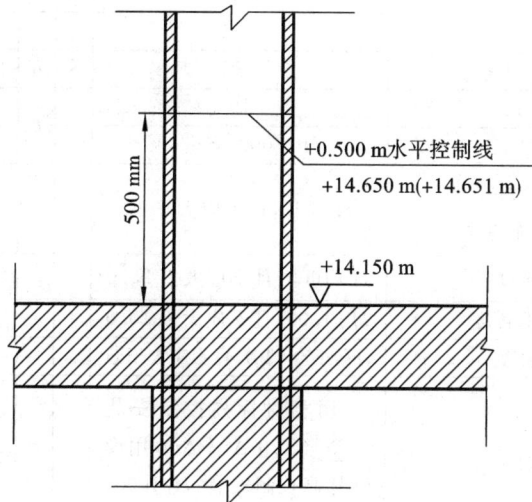

(1)根据设计要求该层顶标高为+14.150 m,用大钢尺从±0.000 m标高处垂直引测至本层标高+0.500 m处,然后用水准仪抄测在本层钢筋上,用以控制本层混凝土现浇面上表面标高。

(2)测量工具:自动安平水准仪,水准标尺等

检查意见:

签字栏	建设(监理)单位	施工单位	××建设集团有限公司	
		项目(专业)技术负责人	专业质检员	施测人

六、建筑物垂直度、标高测量记录

  施工单位应在结构工程完成和工程竣工时,对建筑物进行垂直度、层高和全高进行实测并控制记录,填写建筑物垂直度、标高测量记录(见表6-22),并报监理单位审核。超过允许偏差且影响结构性能的部位,应由施工单位提出技术处理方案,并经建设(监理)单位认可后进行处理。

表 6-22　建筑物垂直度、标高测量记录

工程名称				××科技园 S01 科研楼										
工程形象进度			一层完成（主楼）	观测日期	20××年××月××日									

序号	项目			允许偏差/mm	测量记录									
1	砌体结构	垂直度	楼面标高	±15										
			全高 ≤10 m	10										
			全高 >10 m	20										
2	混凝土结构	标高	层高	±10	6	△	−5	7	4	6	5	3	2	5
			全高	±30										
		垂直度	层高 ≤5 m	8	8	6	3	4	5	5	7	8	5	2
			层高 >5 m	10										
			全高（H）	$H/1000$，且≤30										
3	钢结构	单层钢结构	钢层（托）架、桁架、梁及受压杆件垂直度	$H/250$，且不应大于 30										
			整体垂直度	$H/1000$，且不应大于 25.0										
		多层及高层结构	单节柱的垂直度	$H/1000$，且不应大于 10.0										
			整体垂直度	$(H/2500+10)$，且不应大于 50										
			全高（H）	用相对标高控制安装 $\pm\sum(\Delta n+\Delta z+\Delta w)$ 用设计标高控制安装：$H/1000$，且不应大于 30.0										

观测说明（附观测示意图）：本工程主楼地上 35 层，建筑高度 152.55 m，全高垂直度及标高测点设置见下图。

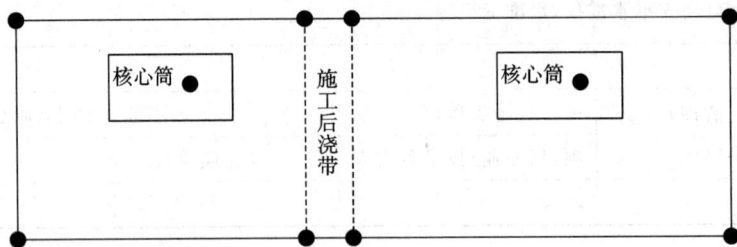

施工单位检查评定结果	项目技术负责人：　　　　　　　　　　　　年　　月　　日
监理（建设）单位验收结论	总监理工程师（建设单位项目专业技术负责人）　　　　年　　月　　日

注：1. 本表适用于主体结构施工完毕，对其全高及垂直度的测量记录。

　　2. Δn 为每节柱子长度的制造允许偏差；Δz 为每节柱子长度受荷载后的压缩值；Δw 为每节柱子接头焊缝的收缩值。

任务 4 施工物资资料

    工程物资主要包括建筑材料、成品、半成品、构配件、设备等。合格的物资是建筑工程施工质量得到保证的最基本条件。施工物资资料（见表 6-23）是反映工程所用物资质量和性能指标等的各种证明文件的统称。

    建筑工程所使用的工程物资均应有出厂质量证明文件，包括产品合格证、出厂检验报告、产品生产许可证和质量保证书等。质量证明文件应反映工程物资的品种、规格、数量、性能指标等，并与实际进场物资相符。实行生产许可证制度的还要有许可证编号。

    建设工程采用的物资应实行进厂验收，施工、供应、监理单位共同对其品种、规格、数量、外观质量及出厂质量文件进行检验，填写材料、构配件进场检查记录。进场经施工单位自检合格后填写"工程物资进场报验表"，报监理单位审核签字。涉及安全、功能的有关物资应按工程施工质量验收规范及相关规定进行复试和取样送检，填写"试样委托单"送检测单位试验，提供相应的复试报告。

表 6-23　施工物资资料

序号	归档文件	提供单位	备　注
1	钢材合格证和复试报告汇总表	施工单位	鲁 jj－025
2	水泥出厂合格证（含出厂试验报告）和复试报告汇总表	施工单位	鲁 jj－026
3	砖（砌块）出厂合格证、出厂检验报告、复试报告汇总表	施工单位	鲁 jj－027
4	混凝土外加剂（及其他材料）产品合格证、出厂检验报告和进场复验报告汇总表	施工单位	鲁 jj－029
5	防水保温材料合格证、复试报告汇总表	施工单位	鲁 jj－028
6	（其他）建筑材料合格证、复试报告汇总表	施工单位	鲁 jj－030
7	混凝土资料		
8	材料、构配件进场检验记录表	施工单位	鲁 jj－022
9	合格证贴条	施工单位	鲁 jj－023
10	复印件（抄件）贴条	施工单位	鲁 jj－024

    建筑工程常用的施工物资进场检验资料多由施工单位填写。填写之前，应先了解物资进场检验资料的组成，熟悉物资进场检验资料都由哪些单位提供，哪些资料需要填写，哪些资料只需收集。

一、钢材资料要求

    工程中使用的钢材有钢筋、型钢及连接材料，钢材进场时应有出厂质量证明文件并进行见证取样和送检。钢材是主要的建筑材料之一,关系到建筑结构的安全,在资料管理中数量较多,比较复杂。

钢材合格证和复试报告汇总表见表6-24。

表6-24 钢材合格证和复试报告汇总表

工程名称:××科技园S01科研楼

序号	钢材、规格、品种、级别	生产厂家	合格证编号	进场数量	进场日期	复试报告编号	报告日期	复试结果	主要使用部位及有关说明
1	HRB40012	莱钢	Y136-3545	40T	2013.4.27	GW201304-01205	2013.5.3	合格	基础主体
2	HRB40014	莱钢	Y132-3522	58T	2013.4.27	GW201304-01206	2013.5.3	合格	基础主体
3	HRB40020	莱钢	Y123－20117	44T	2013.4.27	GW201304-01207	2013.5.3	合格	基础主体
4	HRB40018	日钢	52122386	45T	2013.4.30	GW201305-01236	2013.5.6	合格	基础主体
5	HRB40025	日钢	53206491	55T	2013.4.30	GW201305-01237	2013.5.6	合格	基础主体
6	HRB40016	莱钢	52215077	43T	2013.5.6	GW201305-01252	2013.5.15	合格	基础主体
7	HRB40010	日钢	43200561	46T	2013.6.15	GW201306-01869	2013.6.21	合格	基础主体
8	HRB4008	日钢	43309215	48T	2013.6.15	GW201306-01870	2013.6.21	合格	基础主体
9	HRB4006	日钢	G12113673	48T	2013.6.29	GW201306-02078	2013.7.03	合格	基础主体

项目(专业)技术负责人: 　　　　　　　　　质量检查员:

日期:

(1)工程中采用的钢筋,必须有出厂质量证明文件和复试报告。

(2)钢材进场时,应同时附有合格证和出厂检测报告。产品的出厂合格证由其生产厂家质量检测部门提供给使用单位,用以证明其产品质量已达到各项规定的指标。各种规格、品种的钢筋,其出厂证明应有钢种、牌号、规格、数量、力学性能、化学成分、厂名、出厂日期、检测部门印章、合格证的编号等数据和结论。其中,化学成分和力学性能指标均符合设计要求和有关规范规定。

(3)钢筋进场时,应按现行国家标准的规定抽取试件做力学性能检验,其质量必须符合有关标准的规定。

(4)进口钢筋,除复试力学性能外,有焊接要求的还应有化学成分试验报告,对有特殊用途要求的,还应进行相应的专项试验。

(5)钢筋和型钢的必试项目有物理必试项目和化学分析。其中物理必试项目包括拉力试验,如屈服强度、抗拉强度、伸长率;冷弯试验,如冷拔低碳钢丝为反复弯曲试验。化学分析主要是分析材料中的碳(C)、硫(S)、磷(P)、锰(Mn)、硅(Si)等的含量。

(6)钢筋和型钢的实验报告单中的各个栏目,如委托单位、工程名称及部位、委托试样编号、试件种类、实验项目、时间代表数量、送样时间、试验委托人等,实验报告单中试验编号、各项试验的测算数据及结论、报告日期、实验人、计算人、审核人、负责人签字、试验单位公章等必须齐全。

(7)实验报告单中的指标如有一项不符合技术要求,应取双倍试件进行复试,复试合格则该批合格,如果复试不合格,则判定验收此批钢筋为不合格。对不合格的材料,不得使用,并应做出相应的处理报告。

二、水泥资料要求

水泥出厂合格证(含出厂试验报告)、复试报告汇总表见表6-25。

表 6-25 水泥出厂合格证(含出厂试验报告)、复试报告汇总表

工程名称:××科技园 S01 科研楼

序号	水泥品种及等级	生产厂家	合格证、出厂检验报告编号	进场数量	进场日期	复试报告编号	报告日期	复试结果	主要使用部位及有关说明
1	P.C42.5	中联	CEO4023	500T	2012.4.7	SN20120407	2012.6.4	合格	垫层、基础、主体
2	P.C42.5	中联	CEO4045	500T	2012.4.12	SN20120412	2012.6.4	合格	垫层、基础、主体
3	P.C42.5	中联	CEO4077	500T	2012.7.7	SN20120707	2012.8.9	合格	垫层、基础、主体
4	P.C42.5	中联	CEO4098	500T	2012.8.14	SN1208014	2012.9.31	合格	基础、主体
5	P.C42.5	中联	CEO4110	500T	2012.9.14	SN20120914	2012.10.31	合格	垫层、基础、主体
6	P.C42.5	中联	CEO4197	500T	2012.12.24	SN20121224	2013.1.26	合格	主体
7	P.C42.5	中联	CEO4199	500T	2012.12.27	SN20121227	2013.2.06	合格	主体

项目(专业)技术负责人: 质量检查员:

日期: 年 月 日

(1)工程中采用的水泥,必须有出厂质量证明文件和复试报告。

(2)水泥进场时,应同时附有合格证和出厂检测报告。合格证中应含有水泥的品种、强度等级、出厂日期、强度、安全性、试验编号等项内容和性能指标。其各项内容和性能指标应填写齐全。其合格证备注栏内应由施工单位填明使用工程的名称、使用的工程部位,并加盖水泥厂印章。

(3)水泥的质量必须符合有关标准的规定。水泥生产单位应在水泥出厂 7 d 内提供 3 d 或 7 d 各项试验结果的出厂质量证明,28 d 试验结果在水泥发出日起 32 d 内补报。水泥的强度应以标养 28 d 试件试验结果为准。

(4)水泥进场时,使用单位应对其包装或散装仓号、品种、强度等级、出厂日期等进行认真检查、核对、验收,按批量见证取样及送检。

(5)水泥复试的主要项目有抗折强度与抗压强度、凝结时间、安定性等。常用水泥的必试项目有水泥的抗压强度与抗折强度、水泥安定性、水泥初凝时间等。必要时的试验项目有细度、凝结时间等。

三、砖与砌块资料要求

(1)工程中采用的砖与砌块,必须有出厂质量证明文件和复试报告。

（2）砖与砌块进场时，应同时附有合格证和出厂检验报告。出厂合格证中应含有品种、强度等级、出厂日期、抗压强度、检测部门印章、合格证编号等内容。

（3）见证取样和送检应按照品种、规格、产地、批量的不同进行取样试验，并提供强度检测报告。砖的必试项目为抗压强度。对其材质有怀疑的、用于承重结构的，应进行复试。

（4）产品的外观检验、强度检验数据及结论均应满足设计要求，还要符合《烧结普通砖》（GB/T5101—2017）、《烧结多孔砖》（GB13544—2011）、《普通混凝土小型空心砌块》（GB/T8239—2014）等标准的要求。

砖（砌块）出厂合格证、出厂检验报告、复试报告汇总表见表6-26。

表6-26 砖（砌块）出厂合格证、出厂检验报告、复试报告汇总表

工程名称：××科技园S01科研楼

序号	品种、等级	生产厂家	合格证、出厂检验报告编号	进场数量	进场日期	复试报告编号	报告日期	复试结果	主要使用部位及有关说明
1	蒸压加气砼砌块	××新型建材有限公司	/	1万块		2009—ZSC—129	2009.12.5	合格	基础、主体填充墙见证
2	蒸压加气砼砌块	××新型建材有限公司		1万块		2009—QK—088	2010.1.2	合格	主体填充墙委托
3	蒸压加气砼砌块	××新型建材有限公司	/	1万块		2010—ZJC—019	2010.3.18	合格	主体填充墙见证

项目（专业）技术负责人：　　　　　　　　　　　　　　质量检查员：

日期：

四、外加剂与掺合料资料要求

（1）外加剂主要包括减水剂、早强剂、缓凝剂、泵送剂、防水剂、防冻剂、膨胀剂、速凝剂等。混凝土外加剂应符合《混凝土外加剂》（GB8076—2008）、《混凝土外加剂应用技术规范》（GB50119—2013）等标准的要求和有关环境保护的规定。

（2）在其进场时应有出厂质量证明文件，合格证和出厂检验报告等。合格证的内容包括厂家名称、产品名称、产品特性、主要成分与含量、适用范围、适宜掺量、使用方法与说明、注意事项、存储条件、出厂日期、有效期等。

（3）外加剂使用前应按照现行产品标准和检测方法标准进行取样复试，并提供复试报告。

（4）掺合料主要包括粉煤灰、粒化高炉矿渣粉、沸石粉和复合掺合料等。

（5）掺合料进场时应有出厂质量证明文件，并应按规定见证取样和送检，提供掺合料试验报告。用于结构工程的掺合料应按规定取样复试，应有复试报告。

混凝土外加剂（及其他材料）产品合格证、出厂检验报告和进场复试报告汇总表见表6-27。

表 6-27　混凝土外加剂（及其他材料）产品合格证、出厂检验报告和进场复验报告汇总表

工程名称：××科技园 S01 科研楼

序号	外加剂品种、名称	生产厂家	产品合格证及出厂检验报告编号	进场数量	进场日期	进场检验编号	复试报告编号	报告日期	复试结果	主要使用部位及有关说明
1	粉煤灰	日照京华			2013.5.20	YCLL－SL－008	RZZLLC－SL－008	2013.7.4	合格	垫层、基础、主体
2	粉煤灰	日照京华			2013.5.20	YCLL－SL－008	RZZLLC－FL－008	2013.7.4	合格	垫层、基础、主体
3	泵送剂	日照广信	合格证		2013.5.24	YCLLC－AD－2013012	RZZLC－AD－2013012	2013.7.4	合格	垫层、基础、主体
4	泵送剂	日照广信	检测报告		2013.5.20	YCLLC－AD－2013012	RZZLC－AD－2013012	2013.7.4	合格	基础、主体
5	泵送剂	日照广信	检测报告		2013.7.5	YCLLC－AD－2013012	RZZLC－AD－2013012	2013.8.21	合格	基础、主体
6	减水防渗剂	日照广信	合格证		2013.5.29	YCLLC－AD－2013012	FZ201307－00120	2013.7.4	合格	基础、主体
7	减水防渗剂	日照广信	检测报告		2013.5.20	YCLLC－AD－013	FZ201307－00120	2013.7.4	合格	基础、主体

项目（专业）技术负责人：　　　　　　　　　　　　　　　　　质量检查员：

日期：

五、防水材料资料要求

防水材料主要包括防水涂料、防水卷材、胶粘剂、止水带、膨胀胶条、密封膏、密封胶等。防水材料资料要求如下。

（1）进场时应有出厂质量证明文件，并应按规定见证取样和送检，有防水涂料试验报告及防水卷材试验报告。

（2）防水卷材的出厂合格证主要包括出厂日期、检测部门印章、合格证的编号、品种、规格、数量、各项技术指标、物理性能等。

（3）见证取样和送检频率应符合规范要求。

（4）防水卷材在使用前应进行试验，检验内容为不透水性、拉力、柔度和耐热度等。

（5）沥青在使用前应进行试验，检测内容为针入度、软化点和延度等。

防水和保温材料合格证、复试报告汇总表见表 6-28。

表 6-28 防水和保温材料合格证、复试报告汇总表

工程名称：××科技园 S01 科研楼

序号	材料品种牌号、标号	生产厂家	合格证、出厂试验报告编号	进场数量	进场日期	复试报告编号	报告日期	复试结果	主要使用部位及有关说明
1	SBS 改性沥青防水卷材 3 mm	潍坊市宏源防水卷材有限公司	2012W01044	1300 m²	2012.10.25	12GJ0436	2012.10.30	合格	基础
2	SBS 改性沥青防水卷材 4 mm	潍坊市宏源防水卷材有限公司	2012W01043	1300 m²	2012.10.25	12GJ0436	2012.10.30	合格	基础
3	止水带 300×8 mmJ 型	河北利丰橡塑制品有限公司	20121C00228	900 m	2012.11.15	F12124761	2012.12.19	合格	基础
4	止水条 20×30 mm	河北利丰橡塑制品有限公司	20121C00229	3000 m	2012.11.15	F12124762	2012.12.19	合格	基础
5	弹性体改性沥青防水卷材 4 mm	潍坊市宏源防水卷材有限公司	2013W01203	300 m²	2013.9.26	13GJ0272	2013.9.30	合格	裙楼屋面
6	弹性体改性沥青防水卷材 3 mm	潍坊市宏源防水卷材有限公司	2013W01201	1700 m²	2013.9.26	13GJ0272	2013.9.30	合格	裙楼屋面
7	聚氨酯防水涂料 I 型	潍坊市宏源防水卷材有限公司	2013W01267	2500 kg	2013.10.3	13GT0071	2013.10.24	合格	地下室

项目(专业)技术负责人： 　　　　　　　　　　　　　质量检查员：

　　　　　　　　　　　　　　　　　　　　　　　　　日期：

六、其他建筑材料资料要求

1. 砂石材料要求

(1)工程中应用的砂石材料主要有砂、碎石、卵石，砂石材料进场时应有出厂质量证明文件，并应按规定见证取样和送检。

(2)砂石产品的出厂合格证由其生产厂家提供给使用单位，其主要内容包括出厂日期、检验部门印章、合格证的编号、品种、规格、数量、颗粒级配、密度、含泥量等数据和结论。

(3)使用前应按照品种、规格、产地、批量的不同进行取样试验，取样频率应符合要求。砂的

必试项目有筛分析,含泥量,泥块含量,针、片状颗粒含量,压碎指标。对用来配置有特殊要求的混凝土的砂、石,还需要做相应的项目试验。对碱骨料有要求的工程或结构,供应单位还应提供砂石的碱活性检验报告。

(4)进口砂石、无出厂证明的砂石、对砂石质量有怀疑的、用于承重结构的砂石,必须进行复试。

(其他)建筑材料合格证、复试报告汇表见表 6-29。

表 6-29 (其他)建筑材料合格证、复试报告汇表

工程名称:××科技园 S01 科研楼

序号	产品名称及规格	生产厂家	合格证、试验报告编号	进场数量	进场日期	复试报告编号	报告日期	复试结果	主要使用部位及有关说明
1	混凝土瓦	日照市东港区励和建材厂	日质证字第100010号	3500页	2010.5.25	WA201006－00084	2010.7.19	合格	用于建筑屋面
2	塑料窗	日照市锦华建筑幕墙工程有限公司			2010.6.12	MCJY201006－00142	2010.7.29	合格	建筑外窗
3	天然花岗石	方正工艺石材装饰公司			2010.5.26	DL201007－00060	2010.8.10	合格	用于楼梯及平台
4	干压炻质砖	淄博博冠陶瓷有限公司	鲁川质检字第218号	897箱	2010.5.20	MZ201006－00265	2010.8.17	合格	用于储藏室至一层外墙
5	钢制进户门	日照市吉祥门业有限公司		84个	2010.7.1				进户门
6	上滑道车库门	日照市吉祥门业有限公司		24个	2010.7.1				车库门
7	耐碱网格布	宁波山泉玻纤网有限公司	CL2012-0020	4100 m²	2013.10.16	13BW007	2013.11.19	合格	内墙及地下室顶棚
8	镀锌电焊网	安平县安诺五金丝网制品有限公司	冀网检(安)字(2012)第SWW506号	5000 m²	2013.10.16	13BW009	2013.10.31	合格	内墙及地下室顶棚
9	黏结剂	济南金三角建材有限公司	QT1301617	15 T	2013.10.16	13BW005	2013.11.12	合格	内墙及地下室顶棚

项目(专业)技术负责人: 　　　　　　　　　　　　　质量检查员:

日期:

2. 装饰装修物资要求

装饰装修物资主要包括抹灰材料、地面材料、门窗材料、吊顶材料、轻质隔墙材料、饰面板(砖)、石材、涂料、软包材料和细部工程材料等。装饰装修物资要求如下。

(1)装饰装修工程所用的主要装饰装修物资进场时应有出厂质量证明文件,并应进行见证

取样和送检,有相应的试验报告。

(2)建筑外窗应有力学、物理和保温性能试验报告,抗风压性能、空气渗透性能和雨水渗透性能检测报告。

(3)有隔声、隔热、防火阻燃、防水防潮和防腐等特殊要求的物资应有相应的性能试验报告。

(4)须做污染物检测的材料,应有污染物含量试验报告,室内装饰装修用花岗岩石材应有放射性试验报告,人造木板及饰面人造板应有甲醛试验报告。

3. 建筑节能物资要求

建筑节能物资包括建筑砌块、板材、节能门窗、建筑密封胶、黏结苯板专用胶、耐碱玻璃纤维网格布、绝热用模板塑聚苯泡沫塑料及胶粉 EPS 颗粒浆料等。

建筑节能产品进场时应有出厂质量证明文件,并应按规定见证取样和送检,有试验报告。

七、混凝土资料要求

1. 商品混凝土

商品混凝土供应单位必须向施工单位提供以下资料:配合比通知单、商品混凝土运输单、商品混凝土出厂合格证(32 d 内提供)及混凝土氯化物和碱总量计算书。

商品混凝土单位应将以下资料整理存档,并具有可追溯性:混凝土试配记录、水泥出厂合格证和试验报告、砂石试验报告、轻集料试验报告、外加剂和掺和料产品合格证和试验报告、开盘鉴定、混凝土抗压强度报告(出厂检验混凝土强度值应填入预拌混凝土出厂合格证)、抗渗试验报告(实验结果应填入预拌混凝土出厂合格证)、混凝土坍落度测试记录(搅拌站测试记录)和原材料有害物质检测报告。

2. 现场搅拌混凝土

应有使用原材料的质量证明文件、混凝土配合比试验报告、混凝土开盘鉴定、混凝土抗压强度检测报告和混凝土抗渗性能检测报告。

混凝土一般涉及以下内容:混凝土浇灌申请书、混凝土抗压强度报告、抗渗试验报告、混凝土试块强度统计、评定记录、混凝土试块养护记录。

3. 预制构件

预制构件加工单位应向施工单位提供合格证。出厂合格证中的委托单位,工程名称,构件的名称、型号、数量及生产日期,合同证编号,混凝土设计强度的等级、配合比编号、出厂强度,主筋的种类、规格、力学性能、结构性能、生产许可证等项目,应填写齐全,不得错填和漏填。

施工单位使用预制构件时,预制构件建工单位应保存各种原材料,如钢材、木材、混凝土组成材料的质量合格证明、复试报告、性能试验报告和有害物质含量检测报告等资料,并应保证各种资料的可追溯性;施工单位必须保存加工单位提供的预制混凝土构件出厂合格证、钢构件出厂合格证以及其他构件出厂合格证和进场后的试验检测报告。

八、材料、构配件进场检验记录

材料、构配件进场检验记录由直接使用所检查的材料及配件的施工单位填写,作为工程物资进场报验资料,进入资料管理流程。材料、构配件进场后,施工单位应及时组织建设、监理单位相关人员进行检查验收,合格后填写材料、构配件进场检验记录,见表6-30。按规定应进场复试的工程材料、构配件,必须在进厂检查验收合格后取样复试。

表 6-30 材料、构配件进场检验记录表

工程名称			××科技园 S01 科研楼		检测日期		2013 年 4 月 27 日	
序号	名称	规格型号	进厂数量	生产厂家	检验项目	检验结果	备注	
				合格证号				
1	钢筋	HRB400 12	40T	莱钢	外观检验	合格	用于基础主体	
2	钢筋	HRB400 14	58T	莱钢	外观检验	合格	用于基础主体	
3	钢筋	HRB400 20	44T	莱钢	外观检验	合格	用于基础主体	

检查结论:

签字栏	建设单位	监理单位	施工单位	××建设集团有限公司	
			专业质检员	专业工长	检查员

1.材料、构配件进厂主要检验项目

(1)物资出厂质量证明文件及检测报告是否齐全。

(2)实际进场物资数量、规格和型号等是否满足设计和施工计划要求。

(3)物资外观质量是否满足设计要求或规范规定。

(4)按规定须抽检的材料、构配件是否及时抽检。

2.材料构配件进场检验记录填写说明

(1)工程名称填写应准确、统一,日期应准确。

(2)物资名称、规格、数量、检验项目和结果等填写应规范、准确。

(3)检验结论及相关人员签字应清晰可辨认,严禁其他人代签。

(4)按规定应进场复试的工程物资,必须在进场检查验收合格后取样复试。

(5)工程采用施工总承包管理模式的,签字人员应为施工总承包单位的相关人员。

九、合格证贴条

合格证贴条(见表6-31)或复印件(抄件)贴条(见表6-32)为整理不同厂家提供的规格不一的出厂合格证而设定的表式。填表说明如下。

(1)材料名称填全称。

（2）合格证编号如实填写。

（3）合格证代表数量可按合格证本身数量填写。

（4）进货数量按实填写。

（5）工程总需要量按计划填写。

（6）材料验收单编号按材料成品、半成品进场验收记录右上角编号填写。

（7）抽样试验委托单编号按委托单本身编号填写。

（8）抽样试验结论按试验报告结论填写。

（9）供货单位按实填写。

（10）到货日期以进场日期为准。

（11）查对标牌验收情况，检查供货实物与设计要求是否相符。

（12）合格证收到日期以实际收到日期为准。

（13）空白部分贴合格证，或另贴于 A4 纸上附后。

表 6-31 合格证贴条

材 料 名 称	蒸压加气混凝土砌块
合格证编号	/
合格证代表数量	10 000 块
进货数量	10 000 块
工程总需要量	/
材料验收单编号	
抽样试验委托单编号	/
抽样试验结论	合格
供货单位	山东天玉墙体材料有限公司
到货日期	2012 年 1 月 13 日
查对标牌验收情况	相符、一致
合格证收到日期	2012 年 1 月 13 日

十、复印件（抄件）贴条

合格证为抄件时，抄件除注明合格证上所有指标外，还应注明原件存放单位、原件编号、抄件单位（盖章）和抄件人（签字）。

表 6-32 复印件（或抄件）贴条

材 料 名 称	钢筋砼用热轧带肋钢筋 HRB 400 Φ22
合格证原件编号	52109906
合格证复印件代表数量	38.628 T

续表

材料名称	钢筋砼用热轧带肋钢筋 HRB 400 Φ22
进货数量	18 T
工程总需要量	/
材料验收单编号	鲁 JJ－022
抽样试验委托单编号	GW201207－01309
抽样试验结论	合格
供货单位	×××商贸有限公司
到货日期	2012 年 7 月 10 日
查对标牌验收情况	相符、一致
合格证复印件收到日期	2012 年 7 月 10 日
合格证原件存放单位	××商贸有限公司
复印(抄件)单位(盖章)	
复印(抄件)人签字	×××

任务 5 施工试验资料

在施工过程中,对某些施工部位或工序,施工单位应委托具有资质的试验检测单位对这些工序进行检验,由试验检测单位出具试验或检测报告。施工单位应将这些试验记录或检测报告整理归档。

施工试验记录及检测报告有通用表格和专用表格,其中通用表格有四种,设备单机试运转记录、系统试运转调试记录、接地电阻测试记录、绝缘电阻测试记录表格;专用表格分为建筑与结构工程、给排水及采暖工程、建筑电气工程、智能建筑工程、通风空调工程、电梯工程等表格。

建筑与结构工程的施工试验资料见表 6-33。

表 6-33　施工试验资料

序号	归档文件		提供单位	备　注
1	土壤试验	土壤试验记录汇总表	施工单位	鲁 jj－036
2	砂浆、混凝土配合比	申请单	施工单位	
		通知单	试验单位	
3	混凝土试块试验资料	混凝土试块试压报告汇总表	施工单位	鲁 jj－031
		混凝土试块抗压强度评定表	施工单位	鲁 jj－032
4	砂浆试块试验资料	砂浆试块试压报告汇总表	施工单位	鲁 jj－033
		砂浆试块抗压强度评定表	施工单位	鲁 jj－034

续表

序号	归档文件		提供单位	备 注
5	钢筋连接 试验资料	钢筋连接试验报告汇总表	施工单位	鲁jj—035
6	混凝土结构	结构实体混凝土强度检验记录	施工单位	鲁jj—065
7	工程实体检验	结构实体钢筋保护层厚度检验记录	施工单位	鲁jj—064
8	屋面淋水 (蓄水)试验	屋面淋水(蓄水)试验记录	施工单位	鲁jj—068

一、土壤试验

土壤试验主要指对回填土和人工地基土的密实度试验。土工击实试验是研究土压实性能的基本方法,也是建筑工程必须试验的项目之一。该试验采用击实仪法,即通过锤击使土密实,测定土样在一定击实功能的作用下达到最大密度时的含水量(最优含水量)和此时的干密度(最大干密度)。为有效控制回填质量,国家有关标准对不同工程部位的土方压实度指标都有明确规定,因此土方工程应测定土的最优含水量时的最大干密度,并由试验单位出具试验报告(收集资料)。施工单位应按规范要求绘制回填土取点平面图,分段、分层(步)取样,编制土壤试验记录汇总表(见表6-34)。

表6-34 土壤试验记录汇总表

工程名称:××科技园S01科研楼

序号	土的类别	厚度	取土部位	试验报告编号	报告日期	试验结果	设计要求及说明
1	2∶8灰土	/	地下室室外回填	2013—RJC—004	2013.5.30	合格	压实系数≥0.94
2	2∶8灰土	17.36 m	地下室南立面 1~10轴室外回填 (第一步至第五步)	2013—R—0446	2013.6.27	合格	压实系数≥0.94
3	2∶8灰土	17.36 m	地下室南立面 1~10轴室外回填 (第六步至第十步)	2013—R—0447	2013.6.28	合格	压实系数≥0.94
……	……	……	……	……	……	……	……

项目(专业)技术负责人:　　　　　　　　　　　　　　　　　　质量检查员:

日期:

二、砂浆、混凝土配合比

1. 混凝土配合比申请单、通知单

在混凝土工程施工前,施工单位应根据设计要求的混凝土强度等级,填写混凝土配合比申

请单,提请具有资质的试验单位进行混凝土试配,试验单位根据试配结果出具混凝土配合比通知单。

混凝土试配的要求如下。

(1)不论混凝土工程量大小、强度等级高低,均应进行试配,并按配合比通知单拌制混凝土,严禁使用经验配合比。

(2)申请试配应提供混凝土的技术要求、原材料的有关性能、混凝土的搅拌、施工方法及养护方法。设计有特殊要求的混凝土,还应特别予以详细说明。

(3)凡现浇框架结构、剪力墙结构、现场预制大型构件、重要混凝土基础以及构筑物、大体积混凝土及其他不同品种、不同强度等级、不同级别的混凝土均应事先送样申请试配,由试验室根据试配结果签发混凝土配合比通知单。

(4)施工中如材料与送样有变化时,应另行送样,申请修改配合比。

(5)混凝土配合比通知单中试验、审核、技术负责人签字应齐全,并加盖试验单位公章。

2. 砂浆配合比申请单、通知单

在砌体结构施工前,施工单位应根据设计要求的砂浆强度等级,填写砂浆配合比申请单,提请具有资质的试验单位进行砂浆试配,试验单位根据试配结果出具砂浆配合比通知单。

砂浆试配的要求如下。

(1)不论砂浆工程量大小、强度等级高低,均应进行试配,并按配合比通知单拌制砂浆,严禁使用经验配合比。

(2)申请试配应提供砂浆的技术要求、原材料的有关性能、砂浆的搅拌、施工方法及养护方法。设计有特殊要求的砂浆,还应特别予以详细说明。

(3)进行砂浆配合比设计时,砂浆黏稠度、分层度、强度为必检项目,实验室在进行砂浆试配中应进行此三项试验。

(4)砂浆配合比通知单中试验、审核、批准签字应齐全,并加盖试验单位公章。

三、混凝土试块试验资料

混凝土试块的留置、检验、评定可依据《混凝土结构工程施工质量验收规范》(GB50204—2015)、《混凝土强度检验评定标准》(GB/T50107—2010)的相关规定。

1. 混凝土试块取样原则

混凝土抗压强度试块应按规定留置龄期为 28 d 的标准试块和相应数量的同条件养护试块。承重结构的混凝土抗压强度试块,应按规定实行见证取样和送检。用于检查结构构件混凝土强度的试块,应在混凝土的浇筑地点随机抽取。

混凝土试块的留置方式和取样数量应符合下列规定。

(1)每拌制 100 盘且不超过 100 m^3 的同配合比的混凝土,取样不得少于 1 次。

(2)每工作班拌制的同一配合比的混凝土不足 100 盘时,取样不得少于 1 次。

(3)当一次连续浇筑超过 1000 m^3 时,同一配合比的混凝土每 200 m^3 取样不得少于 1 次。

（4）每一楼层、同一配合比的混凝土，取样不得少于 1 次。

（5）建筑地面工程混凝土强度试块每一层（或检验批），每 1000 m^2 取样不得少于 1 次，每增加 1000 m^2 应增取 1 次，不足 1000 m^2 的按 1000 m^2 计。当改变配合比时，亦应相应增加制作试块取样次数。

（6）基坑工程的地下连续墙，每 50 m^3 应取样 1 次，每幅槽段不得少于 1 次。

（7）混凝土配合比开盘鉴定时应至少置留一组标准养护试件，作为验证配合比的依据。

（8）每次取样应至少留置一组标准养护条件，同条件养护试件的留置组数应根据实际需要确定。

2. 混凝土试块强度的评定方法

（1）非统计方法：当用于评定的样本容量小于 10 组时，采用非统计方法评定混凝土强度，其强度应同时符合下列要求：

$$\overline{m}_{fcu} \geqslant \lambda_3 f_{cu,k} \tag{6-1}$$

$$f_{cu,min} \geqslant \lambda_4 f_{cu,k} \tag{6-2}$$

式中 λ_3、λ_4 为合格评定系数，按表 6-35 所示。

表 6-35　合格评定系数

混凝土强度等级	<C60	≥C60
λ_3	1.15	1.10
λ_4	0.95	

（2）统计方法：当样本容量不少于 10 组时，其强度应同时满足下列要求：

$$\overline{m}_{fcu} \geqslant f_{cu,k} + \lambda_1 \cdot S_{fcu} \tag{6-3}$$

$$f_{cu,min} \geqslant \lambda_2 f_{cu,k} \tag{6-4}$$

同一检验批混凝土立方体抗压强度的标准差应按下式计算：

$$S_{fcu} = \sqrt{\frac{\sum_{i=1}^{n} f_{cu,i}^2 - \overline{nm}_{fcu}^2}{n-1}} \tag{6-5}$$

式中 S_{fcu}——同一检验批混凝土立方体抗压强度的标准差（N/mm^2，精确到 0.01 N/mm^2；当检验批混凝土强度标准差 S_{fcu} 计算值小于 2.5 N/mm^2 时，应取 2.5 N/mm^2）

λ_1、λ_2——合格判定系数，按表 6-36 取用。

n——本检验期内的样本容量。

表 6-36　合格判定系数

试 件 组 数	10~14	15~19	≥20
λ_1	1.15	1.05	0.95
λ_2	0.90	0.85	

3. 混凝土试块强度汇总及评定

混凝土抗压强度评定采用 28 d 标准养护试件和同条件养护试件的抗压强度共同评定，以标准养护为准,同条件养护的为辅。

单位工程试块抗压强度汇总、评定应按分部分项工程的验收批进行(分为地基基础、主体结构完成后,如为预拌混凝土应按不同供应单位分开,分别进行统计评定)。混凝土汇总、统计评定验收批的划分:同一验收项目、同强度等级、同龄期(28 d标养)配合比基本相同(指施工配置强度相同,并能在原材料有变化时,及时调整配合比使其配置强度目标值不变)、生产工艺条件基本相同的混凝土为一验收批。混凝土试块抗压强度的汇总及评定要求如下。

(1)混凝土抗压强度试验报告要全部汇总,不得遗漏。

(2)汇总时,应按工程进度(即时间顺序)进行统计汇总。

(3)不同设计强度等级(如C20、C30等)、不同部位(如地基基础、主体工程等)、不同种类混凝土(如普通混凝土、抗渗混凝土等)应分别汇总、评定。

(4)评定时以标准养护的试件抗压强度为准,对掺矿物掺合料的混凝土进行强度评定时,可根据设计规定,可采用大于28 d龄期的混凝土强度。

(5)评定时,按混凝土试件组数的多少,选择不同的方法进行评定。

(6)混凝土立方体试件以3个为一组进行评定。

(7)当采用非标准尺寸试件时,应将其抗压强度乘以尺寸折算系数,折算成边长为100 mm的标准尺寸试件抗压强度。

混凝土试块试验报告汇总表见表6-37;混凝土试块强度统计、评定记录见表6-38。

表6-37　混凝土试块试验报告汇总表

工程名称:××科技园S01科研楼　　该验收批设计等级:C30

序号	$f_{cu,i}$ (MPa)	代 表 部 位	代表方量 /m³	取样日期	养护条件	报告日期	试验报告编号	试验结论	试件性质
1	40.6	十一层5~6轴间后浇带以西/C－E轴梁板梯	100 m³	2013.8.12	标养	2013.9.9	2013－H－09911	合格	委托
2	49.0	十一层5~6轴间后浇带以西/C－E轴梁板梯	32 m³	2013.8.12	标养	2013.9.9	2013－H－09911	合格	委托
3	44.1	十二层5~6轴间后浇带以东/C－E轴梁板梯	100 m³	2013.8.16	标养	2013.9.13	2013－H－10077	合格	委托
4	45.1	十二层5~6轴间后浇带以东/C－E轴梁板梯	39 m³	2013.8.16	标养	2013.9.13	2013－H－10077	合格	委托
5	47.2	十二层5~6轴间后浇带以西/C－E轴梁板梯	100 m³	2013.8.19	标养	2013.9.17	2013－H－10224	合格	委托
6	49.0	十二层5~6轴间后浇带以西/C－E轴梁板梯	36 m³	2013.8.19	标养	2013.9.17	2013－H－10224	合格	委托
7	35.1	十三层5~6轴间后浇带以东/C－E轴梁板梯	100 m³	2013.8.23	标养	2013.9.20	2013－H－10361	合格	委托

续表

序号	$f_{cu,i}$ (MPa)	代 表 部 位	代表方量 /m³	取样日期	养护条件	报告日期	试验报告编号	试验结论	试件性质
8	33.3	十三层 5～6 轴间后浇带以东/C－E 轴梁板梯	40 m³	2013.8.23	标养	2013.9.20	2013－H－10361	合格	委托
9	44.1	十三层 5～6 轴间后浇带以西/C－E 轴梁板梯	100 m³	2013.8.25	标养	2013.9.23	2013－H－10471	合格	委托
10	51.3	十三层 5～6 轴间后浇带以西/C－E 轴梁板梯	37 m³	2013.8.25	标养	2013.9.23	2013－H－10471	合格	委托

注:

1. $f_{cu,i}$——第 i 组混凝土试压强度代表值。

2. 不同验收批的混凝土、标准养护和与结构实体同条件养护的混凝土应分别汇总评定。

试验报告分别附本汇总表后。

项目(专业)技术负责人:　　　　　　　　　　　　　　　质量检查员:

日期:

表 6-38　混凝土试块强度统计、评定记录

工程名称	××科技园 S01 科研楼				强度等级		C30		
施工单位	××建设集团有限公司				养护方法		标准养护		
统计期	2013 年 8 月 12 日至 2013 年 8 月 25 日				结构部分		主体十一层至十三层梁板梯		
试块组数 n	强度标准值 $f_{cu,k}$/MPa		平均值 mf_{cu}/MPa		标准差 sf_{cu}/MPa		最小值 $f_{cu,min}$/MPa	合格判定系数	
								λ_1　　λ_2	λ_3　　λ_4
10	30		43.9		6.0		33.3	1.15　　0.9	
每组强度值/MPa	40.6	49.0	44.1	45.1	47.2	49.0	35.1	33.3　　44.1	51.3
评定界限	☑统计方法(二)					□非统计方法			
	$f_{cu,k}$		$f_{cu,k}+\lambda_1 \times S_{fcu}$		$\lambda_2 \times f_{cu,k}$		$\lambda_3 f_{cu,k}$		$\lambda_4 f_{cu,k}$
	30		36.9		27				
判定式	$mf_{cu} \geqslant \lambda_1 \times Sf_c + f_{cu,k}$			$f_{cu,min} \geqslant \lambda_2 \times f_{cu,k}$			$mf_{cu} \geqslant \lambda_3 f_{cu,k}$		$f_{cu,min} \geqslant \lambda_4 f_{cu,k}$
结果	43.9＞36.9			33.3＞27					

结论:

经评定该批混凝土试块强度合格

批准		审核		统计	
报告日期			年　　月　　日		

4.混凝土抗压强度试验报告整理

(1)检查报告单上各项目是否齐全,所有子项必须填写清楚、具体,不空项。

(2)应按照施工图纸要求,检查混凝土配合比及混凝土强度报告中强度等级与使用的原材料种类、试验编号以及原材料试验报告、混凝土配合比通知单及混凝土强度报告中相应项目是否相吻合,试件成型日期、实际龄期、养护方法、组数、试验结果及结论是否符合设计要求和施工规范规定,所报内容是否准确、真实,无未了项,试验室签字盖章是否齐全;检查试验编号、委托编号是否填写。

(3)试验数据是否达到规范规定标准值;若发现问题应及时取双倍试样做复试或报有关部门处理,并将复试合格单或处理结论附于此单后一并存档。

5.混凝土抗渗试验

有抗渗要求的混凝土应留置检验抗渗性能的试块,留置原则可依据《地下防水工程质量验收规范》(GB 50208—2011)。抗渗性能试验应符合现行《普通混凝土长期性能和耐久性能试验方法标准》(GB/T 50082—2009)的要求。

连续浇筑混凝土每 500 m³ 应留置一组抗渗试块(1组 6 块抗渗试块),且每项工程不得少于 2 组。采用预拌混凝土的抗渗试块,留置组数应视结构的规模和要求而定。预拌混凝土当连续浇筑混凝土每 500 m³ 应留置不少于 2 组试块,且每部位(底板、侧墙)的试块不少于 2 组;每增加 250~500 m³ 混凝土,应增加留置 2 组(12 块)抗渗试块,且每项工程不得少于 2 组。其中一组作为标样,一组作为同条件养护。混凝土抗渗性能,应采用标准条件下养护混凝土抗渗试件的试验结果评定。

四、砂浆试块试验资料

承重结构的砌筑砂浆试块,应按规定实行见证取样和送检。砌筑砂浆抗压强度评定按 28 d 标准养护试件的抗压强度为依据。

1.砂浆试件取样原则

(1)每一检验批且不超过 250 m³ 砌体的各种类型及强度等级的砌筑砂浆,每台搅拌机应至少取样 1 次。

(2)建筑地面工程水泥砂浆强度试件,每一层(或检验批)不应小于 1 组,当每一层(或检验批)面积大于 1000 m² 时,每增加 1000 m² 应增做 1 组试件,剩余不足 1000 m² 的按 1000 m² 计。当配合比不同时,应相应制作不同试件。

(3)同盘砂浆只制作一组试件。

2.砂浆试件评定方法

(1)如果只有 1 组或 2 组试件时,则只需满足式(6-6)即为合格,否则此单位工程砌筑砂浆的强度不合格。

$$f \geqslant 1.1 f_{m,k} \tag{6-6}$$

(2)如果有 3 组及 3 组以上试件时,要同时满足下列要求才能合格。

$$f_m \geqslant 1.1 f_{m,k} \tag{6-7}$$

$$f_{min} \geqslant 0.75 f_{m,k} \tag{6-8}$$

3. 砂浆试块强度汇总及评定

单位工程试块抗压强度评定应按砌筑砂浆的验收批进行(分为地基基础、主体结构完成后,工程所用各种品种、各强度等级的砂浆都应分别进行统计评定)。配合比和原材料基本相同的同品种、同强度等级砂浆划分为同一批。砂浆试块试压报告汇总表见表 6-39,砌筑砂浆试块强度统计评定记录见表 6-40。

表 6-39 砂浆试块试压报告汇总表

工程名称:××科技园 S01 科研楼　　　　该验收批设计等级:M5.0 混合砂浆

序号	各组代表值/MPa	代表部位	代表方量/m³	取样日期	养护条件	报告日期	试验报告编号	试验结论	试件性质
1	8.6	负一层 23～42/A—L 轴填充墙		2012.7.2	标养	2012.8.6	SY201207-01566	合格	见证取样
2	8.7	负一层 1～22/A—L 轴填充墙		2012.7.18	标养	2012.8.20	SY201208-01741	合格	见证取样
3	8.0	一层 23～42/A—L 轴填充墙		2012.4.8	标养	2012.5.16	SY201205-00856	合格	见证取样
4	7.8	一层 1～22/A—L 轴填充墙		2012.4.5	标养	2012.5.7	SY201208-00804	合格	见证取样
5	6.9	二层 23～42/A—L 轴填充墙		2012.3.31	标养	2012.5.4	SY201204-00748	合格	见证取样
6	6.8	二层 1～22/A—L 轴填充墙		2012.4.2	标养	2012.5.4	SY201205-00763	合格	见证取样
7	7.3	三层 23～42/A—L 轴填充墙		2012.2.22	标养	2012.3.23	SY201203-00366	合格	见证取样
8	8.3	三层 1～22/A—L 轴填充墙		2012.2.24	标养	2012.3.28	SY201203-00393	合格	见证取样
9	6.7	四层 23～42/A—L 轴填充墙		2012.3.9	标养	2012.4.10	SY201204-00507	合格	见证取样
10	8.5	四层 1～22/A—L 轴填充墙		2012.3.7	标养	2012.4.10	SY201204-00490	合格	见证取样

注:不同验收批砂浆、标准养护和与结构实体同条件养护的砂浆应分别汇总评定试验报告,分别附本汇总表后。

项目(专业)技术负责人:　　　　　　　　　　　　　　　质量检查员:

日期:

表 6-40　砌筑砂浆试块强度统计评定记录

工程名称	御景东方四期 16♯住宅楼				强度等级		M5.0 混合砂浆		
施工单位	××建设集团有限公司				养护方法		标养养护		
统计期	2012 年 3 月 7 日至 2012 年 8 月 20 日				结构部分		主体		
试块组数 n	强度标准值 f_2/MPa		平均值 $f_{2\mathrm{m.}}$/MPa		最小值 $f_{2,\mathrm{min}}$/MPa		0.75f_2		
10	5		7.76		6.7		3.75		
每组强度值（MPa）	8.6	8.7	8.0	7.8	6.9	6.8	7.3	8.3	6.7　8.5
判定式	$f_{2,\mathrm{m}} \geqslant f_2$				$f_{2,\mathrm{min}} \geqslant 0.75 f_2$				
结果	7.76≥5				6.7≥3.75				
结论：依据《砌体结构工程施工质量验收规范》(GB 50203—2011)第 4.0.12 条标准评定合格									
批准		审核				统计			
报告日期				年　　月　　日					

4.砂浆抗压强度试验报告整理

(1)检查报告单上各项目是否齐全,所有子项必须填写清楚、具体,不空项。

(2)应按照施工图纸要求,检查砂浆配合比及砂浆强度报告中砂浆种类、强度等级与使用的原材料种类、试验编号对应其原材料试验报告、配合比通知单及砂浆强度报告中相应项目是否相吻合,试件成型日期、实际龄期、养护方法、组数、试验结果及结论是否符合设计要求和施工规范规定,准确、真实、无未了项,试验室签字盖章是否齐全;检查试验编号、委托编号是否填写。

(3)试验数据是否达到规范规定标准值;若发现问题应及时报有关部门处理,并将处理结论附于此单后一并存档。

五、钢筋连接试验资料

(1)用于焊接、机械连接的钢筋接头的力学性能和工艺性能应符合现行国家标准。

(2)在工程开工正式焊(连)接之前及施工过程中,应对每批进场的钢筋,在现场条件下进行焊接工艺试验(可焊性),机械连接应进行工艺检验。可焊性试验、工艺检验合格后方可进行焊接或机械连接的施工。

(3)钢筋焊接,机械连接的工艺检验、现场检验、型式检验验收批的划分、取样数量及必试项目按国家现行有关标准、规范的规定执行。

(4)承重结构工程中的钢筋连接接头按规定实行有见证取样和送检的管理。

(5)焊(连)接工人必须具有有效的岗位证书。

钢筋连接试验报告汇总表见表 6-41。

表 6-41　钢筋连接试验报告汇总表

工程名称：××科技园 S01 科研楼

序号	钢筋型号规格	连接方式	代表部位	代表连接数量	取样日期	试验报告编号	报告日期	试验结论	试件性质
1	16	钢筋直螺纹连接	基础、主体	/	2012.11.16	12JX1026	2012.11.19	合格	见证试连接
2	18	钢筋直螺纹连接	基础、主体	/	2012.11.16	12JX1026	2012.11.19	合格	见证试连接
3	20	钢筋直螺纹连接	基础、主体	/	2012.11.16	12JX1026	2012.11.19	合格	见证试连接
4	22	钢筋直螺纹连接	基础、主体	/	2012.11.16	12JX1026	2012.11.19	合格	见证试连接
5	25	钢筋直螺纹连接	基础、主体	/	2012.11.16	12JX1026	2012.11.19	合格	见证试连接
6	28	钢筋直螺纹连接	基础、主体	/	2012.11.16	12JX1026	2012.11.19	合格	见证试连接
7	32	钢筋直螺纹连接	基础、主体	/	2012.11.16	12JX1026	2012.11.19	合格	见证试连接

注：机械连接接头、焊接接头应按规范要求进行工艺检验和施工检验。

项目（专业）技术负责人：　　　　　　　　　　　　　　　　质量检验员：

日期：

六、混凝土结构子分部工程结构实体检验

对涉及混凝土结构安全的重要部位应进行结构实体检验，检验内容包括混凝土强度、钢筋保护层、合同约定的其他项目。这些项目应该在混凝土结构子分部工程验收之前完成检验工作。

1. 混凝土结构子分部工程结构实体混凝土强度检验记录

对结构实体混凝土强度的检验，应以在混凝土浇筑地点制备并与结构实体同条件养护的试件强度为依据，如果同条件养护试件强度被判为不合格，应委托具有相应资质等级的检测机构按国家有关标准进行检测。检验完成后，应填写结构实体混凝土强度检验记录并存档。

同条件养护试件的取样部位应由监理单位（或建设单位）与施工单位共同选定，即实行见证取样和送检，并应有相应的文字记录。如果采用温度·时间累计（600 ℃·d）确定同条件养护试件等效养护龄期的，应有相应的温度测量记录。等效养护龄期不应小于 14 d，也不宜大于 60 d。同条件养护试件应有相应的混凝土抗压强度报告。

结构实体混凝土强度检验记录中某一强度等级对应的"试件强度代表值"：上一行填写按《混凝土强度检验评定标准》（GB/T 50107—2010）确定的同条件养护试件的强度；下一行填写

乘以折算系数后的强度。折算系数宜取 1.10，也可根据当地的试验统计结果做适当调整。

混凝土结构子分部工程结构实体混凝土强度检验记录见表 6-42。

表 6-42　混凝土结构子分部工程结构实体混凝土强度检验记录

工程名称	××科技园 S01 科研楼									结构类型	主楼:框架－剪力墙 裙楼:框架结构		强度等级数量	C20
施工单位	××建设集团有限公司									项目经理	×××		项目技术负责人	胡美辉
强度等级	试件强度代表值/MPa										强度判定式		监理(建设)单位验收结果	
C20	25.2	26.4	25.1	25.4	25.2	25.2	25.4	25.7	26.2	26.2	(一)标准差未知统计方法 $n \geqslant$ 10 组 $\lambda_1 = 0.95$　$\lambda_2 = 0.85$ $mf_{cu} = 25.6$　$sf_{cu} = 0.475$ ① $mf_{cu} - \lambda_1 sf_{cu} = 25.15$ $0.9 f_{cu,k} = 18$ ∴ $mf_{cu} - \lambda_1 sf_{cu} \geqslant 0.9 f_{cu,k}$ ② $f_{cu,min} = 24.7$　$\lambda_2 f_{cu,k} = 17$ $f_{cu,min} \geqslant \lambda_2 f_{cu,k}$ (二)非统计法 $n = 2 \sim 9$ 组 ① $mf_{cu} =$ $1.15 f_{cu,k} =$ ∴ $mf_{cu} \geqslant 1.15 f_{cu,k}$ ② $f_{cu,min} =$ $0.95 f_{cu,k} =$ $f_{cu,min} \geqslant 0.95 f_{cu,k}$			
	27.7	29.04	27.6	27.9	27.7	27.7	27.9	28.3	28.8	28.8				
C20	25.6	26.1	25.0	25.7	25.6	25.9	24.8	25.9	25.4	26.3				
	28.2	28.7	27.5	28.3	28.2	28.5	27.3	25.8	27.9	28.9				
C20	25.2	25.8	26.1	24.7										
	27.7	28.4	28.7	27.2										
强度判定结果(列算式)	$\lambda_1 = 0.95$　　$\lambda_2 = 0.85$　　$mf_{cu} = 25.6$　　$Sf_{cu} = 0.475$ ① $mf_{cu} - \lambda_1 sf_{cu} = 25.15$　　　　　$0.9 f_{cu,k} = 18$ ∴ $mf_{cu} - \lambda_1 sf_{cu} \geqslant 0.9 f_{cu,k}$　　　　∴ $25.15 \geqslant 18$													
检查结论	项目(专业)技术负责人: 　　　　　　年　　月　　日									验收结论	监理工程师: (建设单位项目专业技术负责人) 　　　　　　年　　月　　日			

注:

1. 本表中强度等级数量应根据实际情况确定;

2. 同条件养护试件的取样、留置、养护和强度代表值的确定应符合相关规范;

3. 表中与某一强度等级对应的试件强度代表值,上一行填写根据 GB/T 50107—2010 确定的数值,下一行填写乘以折算系数后的数值;

4. 表中对每一强度等级可填写 10 组试件的强度代表值,试件的具体组数应根据实际情况确定;

5. 同条件养护试件的留置组数、取样部位、放置位置、等效养护龄期、实际养护龄期和相应的温度测量等记录和资料应作为本表的附件。

2. 混凝土结构子分部工程结构实体钢筋保护层厚度检验记录

施工单位应在混凝土结构施工以前根据设计图纸的结构情况,制定结构实体钢筋保护层厚度检验方案。

结构实体钢筋保护层厚度的检验,可采用非破损或局部破损的方法,也可采用非破损方法,并用局部破损方法进行修正。非破损检验方法,一般适用于大量结构构件及大面积检测的工程(如应用于悬挑构件上)。

施工单位不具备非破损检测条件的,可以委托具有相应资质等级的检测单位进行检测,并应签订委托检测合同,检测单位检测应按结构实体钢筋保护层厚度检验方案进行。

钢筋保护层厚度检验的结构部位,应由监理(建设)、施工等各方根据结构构件的重要性共同选定,即结构实体钢筋保护层厚度的检验必须实行见证取样检测。被委托的检测单位必须出具钢筋保护层厚度检测报告,并对检测数据负责;施工单位根据钢筋保护层厚度检测报告填写结构实体钢筋保护层厚度检验记录并存档。

(1)取样原则:取样时,对梁类、板类构件,应各抽取构件数量的2%且不少于5个构件进行检验;当有悬挑构件时,抽取的构件中悬挑梁类、板类构件所占比例均不宜小于50%。对选定的梁类构件,应对全部纵向受力钢筋的保护层厚度进行检验;对选定的板类构件,应抽取不少于6根纵向受力钢筋的保护层厚度进行检验。对每根钢筋,应在有代表性的部位测量1点。

混凝土结构子分部工程结构实体钢筋保护层厚度检验记录如表6-43所示。

表6-43 混凝土结构子分部工程结构实体钢筋保护层厚度检验记录

工程名称	××科技园S01科研楼			结构类型		框架	检测钢筋型号、规格				
施工单位	××建设工程有限公司			项目经理			项目技术负责人				
构件类别	构件部位		厚度允许偏差	钢筋保护层厚度/mm		超差点数	合格点率	评定结果	监理(建设)单位验收结果		
				设计值	实测值						
梁(板)	1	1	+10 mm −7 mm	30	9 1 0 2 1 0		90%	合格	符合设计及施工质量验收规范的要求		
	2	2	…	…							
	3										
	4										

附图	

检查结论	主检 项目(专业)技术负责人 年 月 日	审核 验收结论	监理工程师 (建设单位项目专业负责人) 年 月 日

备注	仪器设备:	使用前状态: 使用后状态:

注:

1.本表中梁类、板类构件数量应根据实际情况确定;

2.表中对每一构件可填写6根钢筋的保护层厚度实测值,钢筋的具体数量应根据实际情况确定;

3.钢筋保护层检验的结构部位、构件数量、检验方法和验收符合相关规范的规定;

4.钢筋保护层厚度的检验部位、构件数量、检测钢筋数量和位置等记录和资料应作为本表的附件。

（2）检验要求：对梁类、板类构件纵向受力钢筋的保护层厚度应分别进行检验。当采用非破损方法检验时，所使用的检测仪器应经过计量检验，检测操作应符合相应规程的规定，检测误差不应大于 1 mm。钢筋保护层厚度检验时，纵向受力钢筋保护层厚度的允许偏差，对梁类构件为 +10 mm，-7 mm；对板类构件为 +8 mm，-5 mm。

（3）检验结论：当全部钢筋保护层厚度检验的合格点率为 90% 及以上时，钢筋保护层厚度的检验结果应评定为合格。当全部钢筋保护层厚度检验的合格点率小于 90%，但不小于 80%，可再抽取相同数量的构件进行检验；当按两次抽样总和计算的合格点率为 90% 及以上时，钢筋保护层厚度的检验结果应评定为合格。每次抽样检验结果中不合格点的最大偏差均不应大于允许偏差的 1.5 倍。

七、屋面淋水（蓄水）试验检查记录

屋面在未做防水层前，宜进行改造泼水检验。屋面防水工程完成后，应对细部构造（屋面天沟、檐沟檐口、泛水、水落口、变形缝、伸出屋面管道等）、接缝处和保护层进行雨期观察或淋水、蓄水试验。淋水试验持续时间不得少于 2 h；蓄水检查的屋面，蓄水时间不得少于 24 h，蓄水高度应符合设计要求。

屋面淋（蓄）水试验应进行监理旁站，并做好旁站记录。无监理的工程项目，旁站应由建设单位负责。试验记录应由项目专业质检员及监理工程师签证认可，手续应齐全。

屋面淋水、蓄水试验检查记录见表6-44。

表6-44　屋面淋水、蓄水试验检查记录

工程名称	××科技园 S01 科研楼		试验日期	20××年 ××月 22 日	
试水方式	□第一次试水 □第二次试水		试水日期	从20××年 ××月21 日 8 时____分 至20××年 ××月22 日 8 时____分	
检查方法及内容	做蓄水检查，蓄水深度为 100 mm，蓄水时间不得少于 24 h，每 6 h 检查 1 次，无渗无漏为合格。检查内容：排水设计坡度、蓄水时间、管道周围渗水情况、排水后积水情况				
检查结果	经检查蓄水时间满足 24 h，排水坡度符合设计要求，管道周围无渗漏，排水后屋面无积水，屋面满足使用要求				
复查意见	复查人：　　　　　　　　　复查日期：				
施工单位	试验人员： 项目专业质量检查员： 项目（专业）技术负责人： 　　　　年　月　日	监理（建设）单位		监理工程师： 建设单位项目技术负责人： 　　　　年　月　日	

任务 6 施工过程资料

施工过程记录以资料形式全面反映、记录工程具体的实施过程,是竣工后追溯工程实际情况的必查资料。根据相关规定,在施工过程中形成的资料,应该按照报验、审批程序,通过施工单位的有关部门审核后,再报送建设单位或监理单位进行审核认定,报审有时限性要求,与工程有关的各单位宜在合同中约定清楚报验、报审的时间及应该承担的责任。如果没有约定,施工资料的申报、审批应遵守国家和当地建设行政主管部门的有关规定,不得影响正常施工。

常用建筑工程施工记录多由施工单位填写。施工过程资料见表6-45。

一、隐蔽工程验收记录

隐蔽工程是指在施工过程中,完成上一道工序后,将被下一道工序掩盖,全部完工后无法进行检查的部位。由于隐蔽工程在隐蔽后,若发生质量问题,还得重新覆盖和掩盖,会造成返工等非常大的损失,为了避免资源的浪费和当事人双方的损失,保证工程的质量和工程顺利完成,在隐蔽工程隐蔽前,应当进行隐蔽工程验收。凡未经隐蔽工程验收或验收不合格的工程,不得进行下道工序的施工。

表 6-45 施工过程资料

序　号	归档文件	提供单位	备　注
1	隐蔽工程验收记录	施工单位	鲁 jj—037
2	钢筋隐蔽验收记录表	施工单位	鲁 jj—038
3	预检记录	施工单位	鲁 jj—040
4	班组自检记录	施工单位	鲁 jj—041
5	工序交接检查记录	施工单位	鲁 jj—042
6	地基钎探记录	施工单位	鲁 jj—043
7	地基验槽检查记录	施工单位	鲁 jj—044
8	地基处理记录	施工单位	鲁 jj—045
9	混凝土开盘鉴定	供应单位	鲁 jj—008
10	预拌混凝土运输单	施工单位	鲁 jj—009
11	混凝土浇灌申请书	施工单位	鲁 jj—010
12	混凝土拆模申请单	施工单位	鲁 jj—011

续表

序　号	归　档　文　件	提供单位	备　注
13	混凝土工程施工记录	施工单位	鲁 jj－047
14	地下工程防水效果检查记录	施工单位	鲁 jj－069
15	建筑物沉降观测记录	施工单位	鲁 jj－074

1. 土建工程主要隐蔽检查项目

隐蔽检查项目见表 6-46。

表 6-46　隐蔽检查项目

工程名称	主要隐检项目及内容
土方工程	土方基槽、房心回填前检查基底清理、基底标高情况等
支护工程	锚杆、土钉的品种、规格、数量、位置、插入长度、钻孔直径、深度和角度等；地下连续墙的成槽宽度、深度、倾斜度、垂直度，钢筋笼规格、位置、槽底清理、沉渣厚度等
桩基工程	检查钢筋笼规格、尺寸、沉渣厚度、清孔情况等
地下防水工程	混凝土变形缝、施工缝、后浇带、穿墙套管、埋设件等设置的形式和构造；人防出口止水做法、防水层基层、防水材料规格、厚度、铺设方式、阴阳角处理、搭接密封处理等
钢筋工程（基础主体）	用于绑扎钢筋的品种、规格、数量、位置、锚固和接头位置、搭接长度、保护层厚度和除锈情况、钢筋代用变更等；钢筋焊接形式、焊接种类、接头位置、数量及焊条、焊剂、焊口形式、焊缝长度、厚度及表面清渣和连接质量等
预应力工程	预留孔道的规格、数量、位置、形状、端部预埋垫板；预应力筋下料长度、切断方法、竖向位置偏差、固定、护套的完整性；锚具、夹具、连接点组装等
钢结构工程	地脚螺栓规格、位置、埋设方法、紧固等
砌体工程	外墙内外保温构造节点做法等
地面工程	各基层（垫层、找平层、隔离层、防水层、填充层、地龙骨）材料品种、规格、铺设厚度、方式、坡度、标高、地面情况、密封处理、黏结情况等
抹灰工程	具有加强措施的抹灰应检查其加强结构的材料规格、铺设、固定、搭接等
门窗工程	预埋件和锚固件、螺栓等的规格、数量、位置、间距、埋设方式、与框的连接方式、防腐处理、缝隙的镶嵌、密封材料的黏结等
吊顶工程	吊顶龙骨及吊件材质、规格、间距、连接方式、固定方法、表面防火、防腐处理、处理情况、接缝和边缝情况、填充和吸声材料的品种、规格、铺设、固定情况等

续表

工程名称	主要隐检项目及内容
轻质隔墙工程	预埋件、连接件、拉结筋的规格、位置、数量、连接方式、与周边墙体及顶棚的链接、龙骨连接、间距、防火、防腐处理、填充材料设置等
饰面板（砖）工程	预埋件、后置埋件、连接件的规格、数量、位置、连接方式、防腐处理等。有防水构造的部位应检查找平层、防水层的构造做法，同地面工程检查
幕墙工程	构件之间以及构件与主体结构的连接节点的安装及防腐处理；幕墙四周、幕墙与主体结构之间间隙节点的处理、封口的安装；幕墙伸缩缝、沉降缝、防震缝及墙面转角节点的安装；幕墙防雷接地节点的安装等
细部工程	预埋件或后置埋件和连接件的数量、位置、连接方式、防腐处理等
建筑屋面工程	基层、找平层；保温层、防水层、隔离层材料的品种、规格、厚度、铺贴方式、搭接宽度、接缝处理、黏结情况；附加层、天沟、檐沟、泛水和变形缝伸出屋面的管道防水细部做法，隔离层设置、密封处理部位等

2. 隐蔽验收的要求

（1）隐蔽工程验收由施工单位项目部的技术负责人提出，由质量员提前向监理单位报请。验收时，由专业技术负责人组织专业工长、质量员共同参加。验收后，各参验人员在检查验收记录上签字盖章，并由监理单位专业监理工程师（或建设单位项目专业技术负责人）签署验收意见及验收结论。

（2）隐蔽工程检查验收需要按相应专业规范、规定执行，隐蔽内容应符合设计图纸及规范要求。

隐蔽工程验收记录见表 6-47。

表 6-47 隐蔽工程验收记录

工程名称	××科技园 S01 科研楼		
隐检项目	基槽	隐检日期	20××年××月 ××日
隐检部位	①－⑤/Ⓔ－Ⓚ轴基槽	层　／	轴线：①－⑤/Ⓔ－Ⓚ轴 标高：－20.875 m/－21.071 m/ －21.411 m/－21.787 m

　　隐检依据：施工图图号 ___结施 S1－001、人防结施－03___ ，设计变更/洽商（编号_____／_____）及有关国家现行标准等。

　　主要材料名称及规格、型号：中风化石灰岩、中风化破碎石灰岩。

续表

隐检内容:

1.基槽开挖至勘探报告第九层,持力层为中风化石灰岩层。土质情况主要为(9)层中风化石灰岩和(9)—1层中风化破碎泥灰岩。基槽土性符合设计要求;

2.基坑标高偏差 −50 mm;

3.基坑长度、宽度允许偏差 200 mm,−50 mm;

4.基坑表面平整度 20 mm

```
                100 mm厚C20混凝土垫层                        100 mm厚C20混凝土垫层
                C20混凝土地基处理                            C20混凝土地基处理
                基槽                                        基槽
                                 −21.787 m                                 −21.411 m

        柱墩基底平均标高                          600 mm厚筏板基础处平均基底标高


                100 mm厚C20混凝土垫层                        100 mm厚C20混凝土垫层
                C20混凝土地基处理                            C20混凝土地基处理
                基槽                                        基槽
                                 −21.071 m                                 −20.875 m

        500 mm厚筏板基础处平均基底标高                    其他部分基底平均标高
```

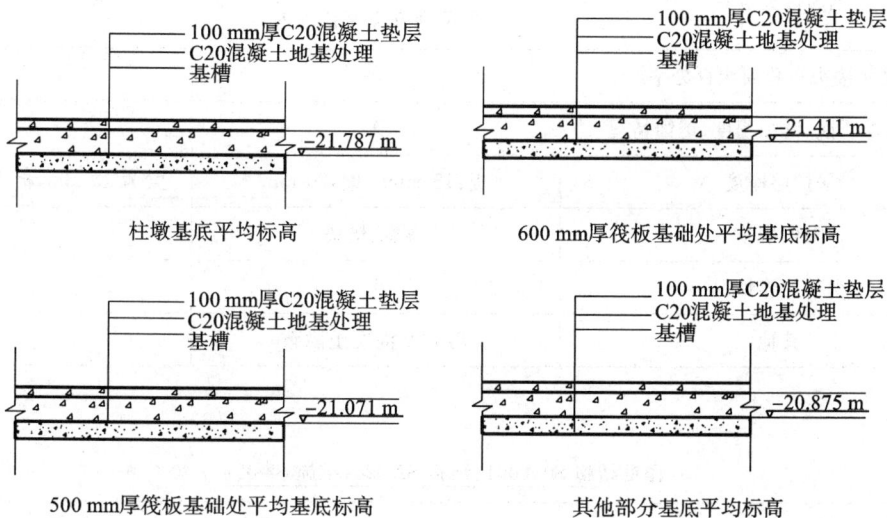

检查验收意见:

施工单位项目 (专业)技术负责人		监理工程师 (建设单位项目专业负责人)	

本表由施工单位填写。

钢筋隐蔽工程验收记录见表6-48。

表 6-48　钢筋隐蔽工程验收记录

工程名称		××科技园 S01 科研楼		
隐检项目	钢筋工程		隐检日期	20××年××月××日
隐检部位	一层⑤—⑥轴间后浇带以东/ⓒ—Ⓔ轴梁板梯	层	/	轴线:⑤—⑥轴间后浇带以东/ⓒ—Ⓔ轴 标高:8.300 m

隐检依据:施工图图号结施 S0—001、结施 S2—024、结施 S2—026　　　　　　,设计变更/洽商(编号　　　　
　　　　　　　　)及有关国家现行标准等。

主要受力钢筋规格、型号:HRB400 10、HRB400 12、HRB400 14、HRB400 18、RB400 20、HRB400 25、HRB400 28、HRB400 32。

续表

隐检内容	质量状况	备注
各种直径钢筋接头方法	≥16 采用直螺纹机械连接 <16 采用绑扎搭接	
各种直径钢筋搭接长度	1.4×40 d	
钢筋接头位置	梁板：上部筋在跨中 1/3 处附近； 下部筋在支座范围内	
同一截面接头占总面积百分率/%	≤50%	
钢筋是否锈蚀、锈蚀程度、锈蚀情况	无	
保护层厚度	板：15 mm 梁：20 mm	梁为 25 mm,板为 15 mm
限位措施	马凳、垫块	
钢筋代换情况	无	
其他	用 C30 混凝土隐蔽	

图示：

详见结施 S0—001、结施 S2-024、结施 S2-026

检查验收意见	
施工单位项目 （专业）技术负责人	监理工程师 （建设单位项目技术负责人）

（3）隐蔽工程验收时,施工单位必须附有关分项工程质量验收及测试资料,包括原材料试（化）验单、质量验收记录、出厂合格证等,以备查验。

（4）隐蔽工程检查验收后,有需要进行处理的,处理后必须进行复查,并办理复查手续,填写复查日期,并做出复查结论。

3. 填表要求

隐蔽工程验收记录是通用表格,适用于各隐蔽工程项目,所有隐蔽工程项目,均应在隐蔽前进行检查验收并填写此表。

（1）隐蔽工程验收记录应分专业、分楼层、分施工段、分部位按施工程序进行填写,宜按分项工程检验批填写。

（2）"隐蔽项目"应按实际项目填写,写明分部工程名称和施工工序主要内容。

（3）"隐检部位"填写隐蔽项目的检查部位或检验批所在部位。如填写地下或地上×层;填写横起轴至横止轴/纵起轴至纵止轴,轴线数字码、英文码标注应带圆圈;填写墙柱梁板等的起止标高或顶标高。

（4）"隐检日期"填写验收日期。

（5）"主要材料名称及规格、型号"填写本隐蔽工程所需主要材料的情况。

（6）"隐检依据"：施工图纸、设计变更、工程洽商及相关的施工质量验收规范、标准、规程；本工程的施工组织设计、施工方案、设计交底等。特殊的隐蔽项目如新材料、新工艺、新设备要标注具体的执行标准文号或企业标准文号。

（7）"隐检内容"应将隐检验收项目的具体内容描述清楚，内容不应遗漏，记录要齐全。包括位置、标高、材质、品种、规格、数量、焊接接头、防腐、管盒固定、管口处理等，必要时要附图说明。

（8）"检查验收意见"由监理单位填写，验收意见要明确并下结论。针对第一次验收未通过的，要注明质量问题，并提出复查要求。

（9）隐蔽工程验收记录上签字、盖章要齐全，参加验收人员需要本人签字。

二、预检记录

施工单位应根据现行规范要求对施工重要工序进行的预先质量控制检查记录，该预检记录为通用施工记录，适用于各专业。预检记录见表6-49。

1. 预检项目及内容

（1）模板：检查集合尺寸、轴线、标高、预埋件及预留孔位置、模板牢固性、接缝严密性、起拱情况、清扫口留置、膜内清理、脱模剂涂刷、止水要求等，节点做法，放样检查。

（2）预制构件安装：预制构件包括阳台栏板、过梁、预制楼梯、沟盖板、楼板等。应依据图纸要求检查构件的规格型号、几何尺寸、数量；根据有关质量标准检查构件的外观质量；应依据图纸要求和技术交底检查构件的搁置长度以及锚固情况、标高等；检查楼板的堵孔和清理情况。

（3）地上混凝土结构施工缝：检查留置的方法、位置、接槎处理等。

（4）管道预留孔洞：检查预留孔洞的尺寸、位置、标高等。

（5）管道预埋套管（预埋件）：检查预埋套管（预埋件）的规格、型式、尺寸、位置、标高等。

（6）设备基础：依据图纸检查设备基础位置、混凝土强度、标高、几何尺寸、预留孔、预埋件等。

表 6-49 预检记录

工 程 名 称	××科技园 S01 科研楼	预 检 项 目	模 板 安 装
预检部位	①－⑩/Ⓐ－Ⓑ轴后浇带以南地基处理及基础垫层	检查日期	2012.10.28

检查依据：施工图纸（施工图号＿＿＿＿＿＿结施 S1－001＿＿＿＿＿＿）、设计变更/洽商（编号＿＿＿＿＿＿＿＿）和有关规范、规程。

主要材料或设备：覆膜板、木楞、钢架杆、扣件、各种规格的钉子、线坠等。

规格型号：15 mm 厚的覆膜板，50 mm×80 mm×400 mm 的木楞，3.25 mm 钢架杆等。

隐检内容如下。

1.模板及其支架具有足够的承载能力、刚度和稳定性,能可靠的承受浇筑混凝土的重量、侧压力以及施工荷载。

2.模板清理干净并且脱模剂涂刷均匀。

3.模板内杂物清理干净。

4.模板接缝处严密,节点处模板安装牢固。

5.梁板模板按设计要求起拱。

6.预埋件、预留洞、预留孔不得遗漏,且安装牢固。

7.模板安装允许偏差如下。

轴线位置:5 mm　截面内部尺寸:基础±10;

层高垂直度:不大于5 m　相邻两板表面高低差:2 mm　表面平整度:5 mm

检查意见:		
复查意见:		
复查人:　　　　　　　　　复查日期:		
施工单位	××建设集团有限公司	
项目(专业)技术负责人	项目专业质检员	项目专业工长(施工员)

本表由施工单位填写并保存。

2. 填写要点

预检记录所反映的施工检查部位、检查时间、施工检查内容等应与施工日志、模板安装检验批质量验收记录、施工方案和交底反映的内容或要求相一致。

(1)"工程名称":与施工图纸中图签一致。

(2)"预检项目":按实际检查项目填写,如模板安装、混凝土施工缝(无防水构造的)、设备基础等。

(3)"预检部位":按实际检查部位填写,应写明楼层、轴线和构件名称(墙、柱、板、梁)。

(4)"检查日期":按实际检查日期填写。

(5)"检查依据":施工图纸、设计变更、工程洽商及相关的施工质量验收规范、标准、规程、本工程的施工组织设计、施工方案、技术交底等。

(6)"检查意见":应由专业质检员填写。所有施工检查内容是否全部符合要求应明确。施工检查中第一次验收未通过的,应注明质量问题和复查要求。

(7)"复查意见":应由专业质检员填写,主要是针对第一次检查存在的问题进行复查,描述对质量问题的整改情况。

(8)签字栏:应本着"谁施工谁签认"的原则,对专业分包工程的应体现专业分包单位的名称,分包单位的各级责任人签认后再报请总包单位签认。各方签字齐全后生效。

三、班组自检记录

施工班组每道工序皆应进行班组自检,并填写班组自检记录(见表 6-50)。

表 6-50　班组自检记录

工 程 名 称	××科技园 S01 科研楼		
自检部位	①－⑩/Ⓐ－Ⓑ轴后浇带以南基础垫层及地基处理	自检项目	混凝土施工
操作日期	2012 年 10 月 28 日	完成日期	2012 年 10 月 28 日

班组自检内容如下。

1.商品混凝土的强度等级符合设计要求,混凝土试块取样和留置数量符合要求。

2.混凝土运输、浇筑,及间歇的全部时间不应超过混凝土的初凝时间。

3.混凝土浇筑符合要求。

4.混凝土表面平整,压实抹光,无裂缝、空鼓、起砂等缺陷。

5.混凝土的养护:在浇筑完毕后的 12 h 以内对混凝土用塑料薄膜覆盖浇水保湿养护。

　混凝土浇水养护时间不少于 14 d,浇水次数应保持混凝土处于湿润状态。

6.混凝土强度达到 1.2 N/mm² 前,不得在其上踩踏

班组自检意见:

复查意见:
复查人:　　　　　　　　　　　　　复查日期:

自检人	班组长

本表由施工企业保存。

四、工序交接检查记录

不同工种之间的工序交接、不同施工单位之间的工程交接,应进行交接检查,填写工序交接检查记录,如钢筋分项与模板分项交接、钢筋分项与混凝土分项交接、土建专业与防水交接、土建与装饰装修交接、土建与安装交接等。移交单位、接受单位和见证单位共同对移交工程进行验收,并对质量情况、遗留问题、工序要求、注意事项和成品保护等进行记录。工序交接检查记录见表 6-51。

表 6-51　工序交接检查记录

工 程 名 称	××技园 S01 科研楼		
移交单位名称	钢筋班	接受单位名称	混凝土班
交接部位	四号塔机基础	检查日期	2013 年 2 月 26 日

交接内容如下。

1.钢筋接头宜设在受力较小处,同一纵向受力钢筋不宜设两个或两个以上接头。

2.在梁构件的纵向受力钢筋搭接长度范围内的箍筋配置符合要求。

3.受力钢筋的品种、级别、规格和数量符合设计要求。

4.安装位置允许偏差(mm)。

　绑扎钢筋网:长、宽±10;网眼尺寸±20。

　绑扎钢筋骨架:长±10 ;宽高±5。

　受力钢筋:间距±10;排距±5;保护层基础±10。

　绑扎箍筋、横向钢筋间距:±20

检查结果:

复查意见:

复查人:　　　　　　　　　　　　　复查日期:

见证单位意见:

见证单位名称	山东建院工程监理咨询有限公司		
签字栏	移交单位	接收单位	见证单位

注:

1.本表由移交、接收和见证单位各存一份。

2.见证单位应根据实际检查结果,并汇总移交和接收单位形成见证单位意见。

五、地基钎探记录

基坑挖到基底设计标高后,应进行地基钎探,并编写地基钎探记录(见表 6-52),上报监理单位审核,经专业监理工程师签字认可后存档。

地基钎探是指将标志刻度的标准直径钢钎,采用机械或人工的方式,使用标定重量的击锤,垂直击打进入地基土层,根据钢钎进入待探测地基土层所需的击锤数,探测土层内隐蔽构造情况或粗略估算土层的容许承载力。

表 6-52　地基钎探记录

工程名称	××科技园 S01 科研楼					钎探日期		
套锤重	10 kg		自由落距		50 cm	钎径	25 mm	
顺序号	各步锤击数							备注
	0~30 cm	30~60 cm	60~90 cm	90~120 cm	120~150 cm	150~180 cm	180~210 cm	
001	23	25	31	32	34	35	38	无异常
002	23	25	31	32	34	35	38	无异常
003	23	25	31	32	34	35	38	无异常
004	23	25	31	32	34	35	38	无异常
005	23	25	31	32	34	35	38	无异常
006	23	25	31	32	34	35	38	无异常
007	23	25	31	32	34	35	38	无异常
008	23	25	31	32	34	35	38	无异常
009	23	25	31	32	34	35	38	无异常
010	23	25	31	32	34	35	38	无异常
施工单位								
项目(专业)技术负责人:		专业质检员:			打钎人:		记录人:	

1. 钎探要求

(1)基土已挖至设计基坑底标高,表面应平整,轴线及坑宽符合设计图纸要求。

(2)根据设计图纸绘制钎探孔位平面布置图。

(3)要求钎探前,将所有轴线及基础的定位尺寸线放出,放出后再进行钎孔布置放线。

(4)对筏板基础部位要全部钎探,其他无基础部位无须钎探。

(5)钎探必须在基土干燥的情况下进行,雨后不得钎探。

2. 资料要求

(1)按钎探孔的顺序编号,将锤击数填入地基钎探记录表里。

(2)如打钎进行不下去时,应请示有关负责人,适当移位打钎,不得不打钎而任意填写锤击数。

(3)记录和平面布置图的整理:在记录表上用有色铅笔或用符号将不同的锤击数孔位分别开来。

(4)在钎孔平面布置图上,应注明过硬或过软孔号的位置,以便设计勘察人员进行分析处理。

六、地基验槽检查记录

地基土是建筑物的基石,应认真细致地进行地基验槽检查,及时发现并慎重处理好地基施工中出现的有关问题。

地基验槽检查记录见表6-53。

表6-53　地基验槽检查记录

工程名称	××科技园S01科研楼	验槽日期	2012.10.17
验槽部位	①~⑩/Ⓐ~Ⓒ轴过4.25 m处		

检查依据:施工图纸(施工图号＿＿＿＿＿结总1＿＿＿＿＿)、设计变更、洽商及地基勘察报告(编号＿＿＿＿G2011-121＿＿＿＿)及有关规范、规程

验槽内容如下。

1.基坑位置、平面尺寸。

2.基槽开挖至勘探报告第＿七＿层,持力层为＿强风化泥灰岩＿层。

3.基底绝对标高和相对标高　①600厚和800厚筏板:绝对标高109.467 m,相对标高-21.783 m　。
　②后浇带:绝对标高109.184 m,相对标高-22.066 m　。

4.土质情况:＿为风化岩石,以(5)层强风化闪长岩和(7)~(8)层强、中风化泥灰岩为持力层＿。
(附:筏板基础雷达探测成果报告)

5.地下水位情况:＿无＿。

6.桩位置＿/＿、桩类型＿/＿、数量＿/＿,承载力满足设计要求。

7.其他:设计地基承载力特征值FK=984 Kpa

注:若建筑工程无桩基或人工支护,则相应在第6条填写处划"/"。

申报人:

检查意见:

检查结论:□无异常,可进行下道工序　☑需要地基处理

施工单位	质量检查员: 项目技术(专业)负责人: 项目经理: 年　月　日	监理(建设)单位	总监理工程师: (建设单位项目专业负责人) 年　月　日	设计单位	项目(专业)负责人: 年　月　日	勘察单位	项目负责人: 年　月　日

1. 地基验槽的要求

(1)地基验槽记录的填写内容要齐全,签字盖章要齐全。

(2)地基需要处理时,须有设计部门的处理方案;处理后应经过复验并注明复验意见。

(3)地基验槽除设计有规定外,均应提供地基纤探记录资料。

(4)地基验收必须在当地质量监督部门监督的情况下进行地基验槽检查,由建设、勘察、设计、施工、监理各方签证。

(5)基底持力层、地基允许承载力不满足设计要求的,为地基验槽不合格。

2. 地基验槽的范围

所有建筑物及构筑物均应进行地基验槽,当遇到下列情况之一时,应进行专门的施工勘察。

(1)工程地质条件复杂,详勘阶段难以查清时。

(2)开挖基槽发现土质结构与地质勘查报告不符合时。

(3)施工中边坡失稳,需要查明原因,进行观察处理时。

(4)施工中地基土受扰动,需要查明其性状及工程性质时。

(5)为地基处理需要进一步提供勘察资料时。

(6)建筑物有特殊要求,或在施工时出现新的岩土工程地质问题时。

3. 验槽内容

(1)观察土质情况、槽壁的走向、分布、基土的特征;地基土的颜色是否均匀一致,是否为老土;表层土的坚硬程度。

(2)地基土质是否与地质勘查报告记载相符,是否已挖到原土层,有否扰动。

(3)是否有局部土质坚硬或松软及含水量异常的现象,是否需要下挖或处理。

(4)基槽实际开挖尺寸、标高、排水、护壁、不良基土(流沙、橡皮土)处理情况。

(5)遇有坟、井、坑、塘、树根、旧有电缆、管道、房屋基础等地下障碍物的数量、位置及其处理情况。

(6)当必须进行基槽土质处理时,应将处理结果认证后如实填写在记录中。

七、地基处理记录

地基处理记录内容包括地基处理依据、方式、处理部位、深度及处理结果等,当地基处理范围较大,内容较多,用文字描述较困难时,应附简图示意。地基处理完成,应由勘察、设计单位复查(填写在"检查意见"栏),如勘察、设计单位委托监理单位进行复查,应有书面的委托记录。

地基处理记录见表 6-54。

(1)"处理依据及方式"栏:依据施工图纸(图纸号)、设计变更/洽商(编号);有关国家现行标准、规范,如《建筑地基基础工程施工质量验收规范》(GB50202)、《建筑地基处理技术规程》(JGJ79)及相关方案、技术交底等。

(2)"处理部位及深度"栏:绘制拟处理基槽(坑)平面图、竖向简图,含处理范围位置、重要控制轴线、尺寸、标高、放坡边线、基槽断面尺寸、深度及指北针方向、具体的图名。

（3）"处理过程及处理结果"栏：按地基处理方案/洽商采取的施工处理过程、措施及具体做法。

（4）"检查意见"栏：由勘察、设计单位复查后填写，符合设计要求和规范规定。

表 6-54　地基处理记录

工程名称	××科技园 S01 科研楼		日期	2012.10.17

处理依据及方式如下。

依据：依据《建筑地基基础设计规范》(JGJ79)、《建筑地基基础工程施工质量验收规范》(GB50202)。

方式：地基处理部分采用 C20 混凝土浇筑至标高－21.217 m

处理部位及深度（或用简图表示）如下。

部位：基槽

深度：见附图

☑有/□无　　　　附页（图）.

处理过程及处理结果：

地基超挖部分采用 C20 混凝土浇筑至标高－21.217 m

检查意见：

检查日期：

签字栏	建设（监理）单位	施工单位	××建设集团有限公司	
		项目专业技术负责人	专业质检员	专业工长（施工员）
	设计单位	××建筑设计研究院	勘察单位	××工程勘察院

本表由施工单位填写。

八、混凝土开盘鉴定

采用商品混凝土的，应在混凝土出厂前，由混凝土供应单位自行组织相关人员对首次使用的混凝土配合比进行开盘鉴定。

采用现场搅拌混凝土的，首次使用的混凝土配合比应进行开盘鉴定，开盘鉴定应由施工单位组织监理单位、搅拌机组、混凝土试配单位进行开盘鉴定工作，共同认定试验时签发的混凝土配合比确定的组成材料是否与现场施工所用材料相符，以及混凝土拌合物性能是否满足设计要求和施工需要。开始生产时，至少留置一组标准养护试件作为验证配合比的依据。

混凝土开盘鉴定见表 6-55。

表 6-55　混凝土开盘鉴定

工程名称及部位	××科技园 S01 科研楼			鉴定编号			
施工单位	××建设工程有限公司			搅拌方式	集中搅拌		
强度等级	C20			要求坍落度	160±20 mm		
配合比编号	HP 201004—00298			试配单位	××建设工程质量监测站		
水灰比	0.60			砂率/（%）	44%		
材料名称	水泥	砂	石	水	外加剂（　）	掺合料（　）	
设计每立方米用料/kg	267	835	1060	187	9.36	/	47
调整后每盘用料/kg		砂含水率　%			石含水率　%		
	265	832	1060	187	9.36	/	47

鉴定结果	鉴定项目	混凝土拌合物性能			混凝土试块抗压强度/Mpa	原材料与申请单是否相符	
		坍落度	保水性	粘聚性			
	设计	160±20 mm	良	良	/	相符	
	实测	160 mm	优良	优良			

鉴定结论：

监理工程师（建设单位项目技术负责人）	混凝土试配单位负责人	施工单位项目（专业）技术负责人	搅拌机组负责人
鉴定日期			

九、预拌混凝土运输单

预拌混凝土运输单是指对浇筑部位、混凝土的运输前坍落度、配合比、温度、车号、车次、司机和运输后坍落度、浇筑时间温度等情况进行全面真实的记录。预拌混凝土砂、石、水泥放射性检测报告要求混凝土搅拌站提供。

预拌混凝土运输单包括正本（见表 6-56）和副本（见表 6-57），正本由供应单位保存，副本由施工单位保存。

表 6-56　预拌混凝土运输单（正本）

合同编号	×××××		任务单号	××××	
供应单位	××商品混凝土供应站		生产日期		
工程名称及施工部位	××科技园 S01 科研楼/垫层				
委托单位	××房产	混凝土强度等级	C15	抗渗等级	
混凝土运输方式		其他技术要求			

本车供应方量/m³		要求坍落度/mm	80	出厂检验坍落度/mm	
设计配合比编号	××××××	设计配合比比例		C∶W∶S∶G=	
运距/km	5	车号	××××	车次 ×××	司机
出站时间	10时20分	到场时间	10时40分	现场出罐温度/℃	
开始浇筑时间		完成浇筑时间		交货检验坍落度/mm	
签字栏	现场验收人		混凝土供应单位质检员		混凝土供应单位签发人

表 6-57　预拌混凝土运输单（副本）

合同编号	××××		任务单号		××××
供应单位	××商品混凝土供应站		生产日期		
工程名称及施工部位		××科技园 S01 科研楼/垫层			
委托单位	××房产	混凝土强度等级	C15	抗渗等级	
混凝土运输方式		其他技术要求			
本车供应方量/m³		要求坍落度/mm	80	出厂检验坍落度/mm	
设计配合比编号	××××××	设计配合比比例		C∶W∶S∶G=	
运距/km	5	车号 ×××	车次 ×××	司机	
出站时间	10时20分	到场时间	10时40分	现场出罐温度/℃	
开始浇筑时间		完成浇筑时间		交货检验坍落度/mm	
签字栏	现场验收人		混凝土供应单位质检员		混凝土供应单位签发人

十、混凝土浇灌申请书

正式浇筑混凝土前，施工单位应检查各项准备工作（如钢筋、模板工程检查；水电预埋检查；材料、设备及其他准备等），当准备工作全部完成后，填写混凝土浇灌申请书，报请监理单位（或建设单位项目技术负责人）检查申请浇灌，经监理单位审批签字后，方可浇筑混凝土。混凝土浇灌申请书见表6-58。

表 6-58　混凝土浇灌申请书

工程名称	××科技园 S01 科研楼	申请浇灌日期	2013 年 5 月 4 日
申请浇灌部位	一层⑤－⑥轴间后浇带以西/ⓒ－ⓔ轴墙柱梁板梯	申请方量/m³	C60:623 m³　C30:125 m³
技术要求	C30:坍落度 180±30 mm C60:坍落度 220~250 mm	强度等级	内墙及内墙柱、独立柱:C60 梁板梯:C30
搅拌方式 (搅拌站名称)	商砼 (××混凝土有限责任公司)	申请人	

依据:施工图纸(施工图纸号　　结施 S2—022　　)

设计变更/洽商(编号　　　　　　)和有关规范、规程

施工准备检查	专业工长 (质检员)签字	备注
1.隐检情况:☑已　□未完成隐检		
2.预检情况:☑已　□未完成预检		
3.水电预埋情况:☑已　□未完成并未经检查		
4.施工组织情况:☑已　□未完备		
5.机械设备准备情况:☑已　□未准备		
6.保温及有关准备:□已　□未完备	/	

施工单位意见:

□同意浇筑　　□整改后自行浇筑　　□不同意,整改后重新申请

项目(专业)技术负责人:　　　　　　　　　　　　　核准日期:　　年　　月　　日

施工单位名称:××建设集团有限公司

监理单位(建设单位)审批意见:

审批结论:□同意浇筑　　□整改后自行浇筑　　□不同意,整改后重新申请

项目监理工程师(建设单位项目技术负责人):

监理单位名称(建设单位名称):××工程监理咨询有限公司　　审批日期:　　年　　月　　日

注:

1.本表由施工单位填写并负责审核,由项目监理工程师审批;

2."技术要求"栏应依据混凝土合同的具体要求填写。

十一、混凝土拆模申请单

在拆除现浇混凝土结构板、梁、悬臂构件等底膜和柱墙侧模前,应填写混凝土拆模申请单并附同条件混凝土试块强度检测报告,报项目专业技术负责人审核后,经监理人员(或建设单位项目技术负责人)审批许可后方可拆模。

拆模时混凝土的强度要求,当有设计要求时,应按设计要求;当无设计要求时,应按现行规范要求。混凝土拆模申请单见表 6-59。

表 6-59　混凝土拆模申请单

工程名称	××科技园 S01 科研楼			
申请拆模部位	一层梁板梯拆模		申请人	×××
混凝土强度等级	C30　混凝土浇筑完成时间	2013 年 9 月 1 日	申请拆模日期	2013 年 9 月 24 日

构件类型(注:在所选择构件类型的□内划"√")

□墙	□柱	板: □跨度≤2 m □2 m＜跨度≤8 m □跨度＞8 m	梁: □跨度≤2 m □2 m＜跨度≤8 m □跨度＞8 m	□悬臂构件
拆模时混凝土 强度要求	龄期/d	同条件混凝土 抗压强度/MPa	达到设计强度等级 /(%)	强度报告编号
应达到设计强度 的__%(或__MPa)	17	29.9 MPa	100%	HY201309－ 21504

施工单位意见:

项目(专业)技术负责人:

施工单位名称:××建设集团有限公司　　　　　　　　核准拆模日期:　2013 年 9 月 24 日

监理单位审批意见:

专业监理工程师:

监理单位名称:××监理咨询有限公司　　　　　　　批准拆模日期:　年　　月　　日

建设单位审批意见:

建设单位项目技术负责人:

建设单位名称:××置业有限公司　　　　　　　　　批准拆模日期:　年　　月　　日

注:

1.本表由施工单位填写并负责审核,由项目监理人员(建设单位项目技术负责人)审批。

2.拆模时混凝土强度规定:当设计有要求时,应按设计要求;当设计无要求时,应按现行规范要求。

3.如结构类型复杂(结构跨度比较大)或平面不规则,应附拆模平面示意图。

十二、混凝土工程施工记录

　　本记录由施工单位负责填写,是指不论混凝土浇筑工程量大小,对环境条件、混凝土配合比、浇筑部位、坍落度、试块结果等进行全面真实的记录。混凝土施工过程中应抽查粗细骨料的含水率,混凝土施工配合比及坍落度;并应重点检查施工缝的留置及处理情况、混凝土的养护方法及养护时间、混凝土试块的留置组数等,形成混凝土施工记录。

　　混凝土的施工记录见表 6-60。

表 6-60　混凝土工程施工记录

2013 年 5 月 28 日 18：59 时至 5 月 29 日 05：40 时，气温 14～22℃ 天气晴风力 4～5 级

建设单位名称　　×× 有限公司　　单位工程名称　　×× 科技园 S01 科研楼

结构名称及浇筑部位（标明轴线和标高）　　一层⑤－⑥轴间后浇带以西/Ⓔ－Ⓚ轴框架柱

混凝土数量　　　173　　（ m³）当班完成数量　　　173　　（ m³）

混凝土设计等级　　C30　　配合比报告编号　　　　　　　　

混凝土配合比检查情况：

材料	水泥		水		外加剂名称及用量		砂		石	
	第一次	第二次	第一次	第二次	第一次	第二次	第一次	第二次	第一次	第二次
骨料含水率/（%）										
（每立方米混凝土）骨料含水量/kg										
（每盘混凝土）骨料含水量/kg										
每立方米混凝土湿料实用量/kg										
每盘混凝土湿料实用量/kg										
每立方米混凝土材料设计用量/kg（施工调整后配合比）										
每立方米混凝土材料实验室配合比用量	商			混						

坍落度（mm）：要求　180±30　第一次测试结果　170　第二次测试结果　175

水泥品种生产厂及等级　硅酸盐水泥 P.O42.5　搅拌机型号　　／

混凝土捣实方法　插入式振捣器　混凝土养护方法　　浇水养护

试块数量编号及试压结果：

试件	留置组数	试块编号及试压结果			
同条件养护	2	报告编号龄期			
		强度			
标准养护	2	报告编号龄期			
		强度			

注：

1. 试块试压结果栏中应注明试压报告编号和试压龄期。

2. 附浇筑示意图。示意图应标明浇筑方向、浇筑方量、浇筑日期、施工缝设置部位、试块留置数量及位置。拆模时间　　　　　。

项目（专业）技术负责人：　　　　　　　项目专业质量检查员：

十三、地下工程防水效果检查记录

地下防水工程应按设计规定的防水等级，制订防水施工技术方案，进行防水施工及质量控

制。防水施工完成后,应进行防水效果检查,以确保防水工程的安全及使用功能。

地下防水工程验收时应检查裂缝、渗漏部位及大小、渗漏情况、处理意见等,并应制作背水内表面结构工程展开图。施工单位应填写地下工程防水效果检查记录,报监理单位审核,经监理工程师签字认可后,与背水内表面结构工程展开图一并存档。地下工程防水效果检查记录见表 6-61。

表 6-61 地下工程防水效果检查记录

工程名称:××科技园 S01 科研楼

试水方法	干手触墨湿斑,吸墨纸贴附	试验日期	2013 年 5 月 5 日

<table>
<tr>
<td rowspan="2">工程试验部位及情况</td>
<td colspan="3">
1.试验部位:①—⑩轴/Ⓔ—Ⓚ轴基础底板。
2.依据:《地下室防水工程质量验收规范》(GB 50208—2011)第 9.0.8 条、附录 C 及施工方案。
3.检查方法及内容:检查人员用干手触摸湿斑,无水分浸润感觉。用吸墨纸或报纸贴附,纸不变颜色。检查时,要用粉笔勾画出湿渍范围,然后用钢尺测量高度和宽度,计算面积,标示在"展开图"上
</td>
</tr>
<tr>
<td colspan="3" align="center">

背水内表面的结构工程展开图
</td>
</tr>
</table>

试验结果	经检查地下室底板不存在渗、漏现象,施工工艺及观感质量合格,符合《地下防水工程质量验收规范》(GB 50208—2011)的规定			
复查意见	复查人:		复查日期:	
施工单位	试验人员: 项目专业质量检查员: 项目(专业)技术负责人: 年　月　日		监理单位(建设)	监理工程师(建设单位项目负责人) 年　月　日

十四、建筑物沉降观测记录

在工业与民用建筑中,为了掌握建筑物的沉降情况,及时发现对建筑物不利的下沉现象,以便采取措施,保证建筑物安全使用,同时也为今后合理设计提供资料,因此,在建筑物施工过程中和投产使用后,必须进行沉降观测。

根据设计要求和规范规定,凡需要进行沉降观测的工程,应由建设单位委托有资质的测量单位进行施工过程中及竣工后的沉降观测工作。应进行沉降观测的工程项目,必须按设计和规范要求设置沉降观测点,并做沉降观测记录。沉降点的设置及观测方法应符合《工程测量规范》(GB 50026—2007)及有关设计的要求。

测量单位应按设计要求和规范规定及监理单位批准的观测方案,设置沉降观测点,绘制沉降观测点布置图,定期进行沉降观测记录,并应附沉降观测点的沉降量与时间、荷载关系曲线图和沉降观测技术报告。

沉降观测记录可同时作为建筑物地基基础工程质量检查的依据,以考核地基变形特征,保证建筑物沉降量、沉降差、倾斜、局部倾斜值在允许范围之内。

建筑物沉降观测记录见表 6-62。

表 6-62　建筑物沉降观测记录

工程名称	××科技园 S01 科研楼	水准点编号	BM1 至 BM3	测量仪器及型号	水准仪 S3E
水准点所在位置	建筑物四周	水准点高程	−3.950 m	仪器检定日期	2012 年 11 月 1 日
观测日期	自 2013 年 6 月 5 日				

观测点布置简图

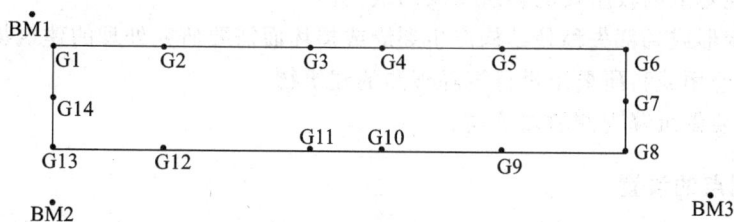

观测点编号	观测日期	荷载累加情况描述	实测标高/m	本期沉降量/mm	总沉降量/mm	备注
G1	2013.6.5	地下室−1 层结构完成	−6.350	0	0	设点
G2	2013.6.5	地下室−1 层结构完成	−6.350	0	0	设点
G3	2013.6.5	地下室−1 层结构完成	−6.350	0	0	设点
G4	2013.6.5	地下室−1 层结构完成	−6.350	0	0	设点
G5	2013.6.5	地下室−1 层结构完成	−6.350	0	0	设点
G6	2013.6.5	地下室−1 层结构完成	−6.350	0	0	设点

续表

G7	2013.6.5	地下室－1 层结构完成	－6.350	0	0	设点
G8	2013.6.5	地下室－1 层结构完成	－6.350	0	0	设点
G9	2013.6.5	地下室－1 层结构完成	－6.350	0	0	设点
G10	2013.6.5	地下室－1 层结构完成	－6.350	0	0	设点
G11	2013.6.5	地下室－1 层结构完成	－6.350	0	0	设点
G12	2013.6.5	地下室－1 层结构完成	－6.350	0	0	设点
G13	2013.6.5	地下室－1 层结构完成	－6.350	0	0	设点
G14	2013.6.5	地下室－1 层结构完成	－6.350	0	0	设点
观测单位名称	××建设集团有限公司			观测单位印章		
项目(专业)技术负责人	审核人		施测人			

本表由测量单位提供。

1. 应做沉降观测的工程

属于下列情况之一的工程应进行沉降观测。

(1)重要的工业与民用建筑。

(2)高层建筑物和高耸构筑物。

(3)湿陷性黄土地基上建筑物及构筑物。

(4)对地基变形有特殊要求的建筑物。

(5)地下水位较高处的建筑物、构筑物。

(6)不允许沉降的特殊设备基础。

(7)三类土地基上的较重要的建筑物及构筑物。

(8)因地基变形或局部失稳使结构产生裂缝或损坏而需要研究处理的建筑物。

(9)因施工、使用或科研要求进行沉降观测的建筑物。

(10)其他需要做沉降观测的建筑物。

2. 沉降观测点的设置

进行沉降观测时,观测点的布置、测量精度要求及观测方法应依据《工程测量规范》(GB 50026—2007)的有关规定执行,主要由设计单位确定,施工单位埋设。

在设置沉降观测点前,应在一个观测区内,先设置 2~3 个水准基点,其位置靠近观测对象,但要设在变形影响范围以外;水准基点距离建筑物、构筑物一般不宜小于 25 m 和大于 100 m;水准基点要结实牢固、便于观测。

沉降观测点的设置应能全面反映建筑物地基变形特征,并结合岩土情况及建筑结构特点,布置在变形明显又有代表性的部位。沉降观测点可布置在下列部位。

(1)建筑物的四角、大转角处及沿外墙每 10~15 m 或每隔 2~3 根柱基上。

(2)高低层建筑、新旧建筑物、纵横墙等交接处的两侧。

(3)建筑物裂缝和沉降缝两侧;基础埋深相差悬殊处;人工地基与天然地基接壤处;不同结

构的分界处及填挖方分界处。

(4)宽度大于等于 15 m 或小于 15 m 且地质复杂的建筑物,在承重柱或内墙上设观测点。

(5)邻近堆置重物处、受震动有显著影响的部位。

(6)框架结构建筑物的每个或部分柱基上或沿纵、横轴线设点。

(7)筏形基础、箱形基础底板或邻近基础的结构部分之四周处及其中部位置。

(8)重型设备基础和动力设备基础的四角、基础形式或埋深改变处及地质条件变化处两侧。

(9)高耸建筑物沿周边在与基础轴线相交的对称位置上布点,点数不少于 4 个。

3. 沉降观测方法

观测方法应依据《工程测量规范》(GB 50026—2007)有关规定执行,宜采用闭合法,即根据水准点测量得出的每个观测点的高程,计算其逐次沉降量。

4. 观测时间及次数

观测时间及次数应符合设计要求,当设计无明确规定时,一般建筑物可在基础完成后开始观测;大型、高层建筑,可在基础垫层或基础底部完成后开始观测。具体次数及时间如下。

(1)施工期间,民用建筑每增加 1~2 层观测 1 次;电视塔、烟囱等构筑物每增加 10~15 m 应观测 1 次;工业建筑应在不同施工阶段(如回填基坑、安装构件、砌筑墙体、设备安装等)分别进行观测;整个施工期间的观测不应少于 5 次。

(2)在施工期间内,雨期和冬期过去后,应补充观测;如暂时停工,在停工及复工时各应加测 1 次;停工期间,可每隔 2~3 个月观测一次。

(3)基础混凝土浇筑、回填土及结构安装等增加较大荷载前后应进行观测。

(4)基础周围大量积水、挖方、降水及暴雨后应观测。

(5)地基出现不均匀沉降时,根据情况应增加观测次数。

(6)如果建筑物开始均匀沉降且连续 3 个月内平均沉降量不超过 1 mm 时,每 3 个月观测 1 次。

(7)连续 2 次每 3 个月平均沉降量不超过 2 mm 时,每 6 个月观测 1 次。

(8)交工前观测 1 次。

(9)交工后,建设单位应每 6 个月观测 1 次,第 1 年 4 次,第 2 年 2 次,第 3 年以后每年 1 次,直至基本稳定(1 mm/100 d)为止。

(10)对砂土地基,观测期限至少 2 年;黏性土地基 5 年;软土地基 10 年。

5. 填表要求

(1)填写时,应注明观测日期,绘制出观测点布置图。

(2)"每次观测工程进度状态"栏,应填写观测期间的工程形象进度和天气状态。

(3)进行建筑物沉降观测,除填写观测记录外,还应绘制出各观测点的观测时间、沉降量曲线表,计算出被测建筑的平均沉降量。

(4)当观测次数较多时,沉降观测记录可向右接长(即换页使用)。

任务 7 施工质量验收资料

一、建筑工程施工质量验收基本规定

1. 施工现场质量管理规定

施工现场质量管理应有相应的施工技术标准、健全的质量管理体系、施工质量检验制度和综合施工质量水平评定考核制度。

施工单位应推行生产控制、合格控制的全过程质量控制,应有健全的生产控制和合格控制的质量管理体系。其中,不仅包括原材料控制、工艺流程控制、施工操作控制、每道工序质量检查、各道相关工序间的交接检验以及专业工种间等中间交接环节的质量管理和控制要求,而且包括满足施工图设计和功能要求的抽样检验制度等。

施工单位还应重视综合质量控制水平,应从施工技术、管理制度、工程质量控制和工程质量等方面制定施工企业综合质量控制水平的指标,以达到提高整体素质和经济效益的目的。

2. 建筑工程应按下列规定进行施工质量控制

(1)建筑工程采用的主要材料、半成品、成品、建筑构配件、器具和设备应进行现场验收。凡涉及安全、功能的有关产品,应按各专业工程质量验收规范规定进行复验,并应经监理工程师(建设单位技术负责人)检查认可。

(2)各工序应按施工技术标准进行质量控制,每道工序完成后,应按企业标准进行检查。企业标准的控制指标应严于行业和国家标准指标。

(3)相关各专业工种之间应进行交接检验,并形成记录。未经监理工程师(建设单位技术负责人)检查认可,不得进行下道工序施工。

3. 建筑工程施工质量应按下列要求进行验收

(1)建筑工程质量应符合《建筑工程施工质量验收统一标准》(GB 50300—2013)和相关专业验收规范的规定。

(2)建筑工程施工应符合工程勘察、设计文件的要求。

(3)参加工程施工质量验收的各方人员应具备规定的资格。

(4)工程质量的验收均应在施工单位自行检查评定的基础上进行。

(5)隐蔽工程在隐蔽前应由施工单位通知有关单位进行验收,并应形成验收文件。

(6)涉及结构安全的试块、试件以及有关材料,应按规定进行见证取样检测。

(7)检验批的质量应按主控项目和一般项目验收。

(8)对涉及结构安全和使用功能的重要分部工程应进行抽样检测。

(9)承担见证取样检测及有关结构安全检测的单位应具有相应资质。

(10)工程的观感质量应由验收人员通过现场检查,并应共同确认。

4. 检验批的质量检验,应根据检验项目的特点在下列抽样方案中进行选择

(1)计量、计数或计量—计数等抽样方案。

(2)一次、两次或多次抽样方案。

(3)根据生产连续性和生产控制稳定性情况,尚可采用调整型抽样方案。

(4)对重要的检验项目,可采用简易快速的检验方法时,可选用全数检验方案。

(5)经实践检验有效的抽样方案。

二、施工质量验收层次的划分

依据《建筑工程施工质量验收统一标准》(GB 50300—2013)及有关专业规范,建筑工程施工质量验收应划分为单位(子单位)工程、分部(子分部)工程、分项工程和检验批。

1. 单位工程的划分

具备独立施工条件并能形成独立使用功能的建筑物构筑物,为一个单位工程。建筑规模较大的单位工程,可将其能形成独立使用功能的部分划为 1 个子单位工程。

2. 分部工程的划分

分部工程的划分,应按专业性质、建筑部位确定。《建筑工程施工质量验收统一标准》(GB 50300—2013)将单位工程划分为地基与基础、主体结构、建筑装饰装修、建筑屋面、建筑给水排水及采暖、建筑电气、智能建筑、通风与空调、电梯和建筑节能十个分部工程。

当分部工程较大或较复杂时,可按材料种类、施工特点、施工程序、专业系统及类别等划分为若干个子分部工程。

3. 分项工程的划分

分项工程应按主要工种、材料、施工工艺、设备类别等进行划分。如混凝土结构工程中按主要工种分为模板工程、钢筋工程、混凝土工程等分项工程;按施工工艺又分为预应力、现浇结构、装配式结构等分项工程。分项工程的名称和划分详见附录 C。

4. 检验批的划分

分项工程可由一个或若干检验批组成。检验批可根据施工及质量控制和专业验收需要,按楼层、施工段、变形缝等进行划分。

关于检验批的具体划分规范中没有具体给出,实际施工前可以根据工程的具体情况进行确定。一般情况下,分项工程检验批的划分,可按如下原则确定。

(1)土方开挖、土方回填和换填地基分项工程一般情况下可划分为 1 个检验批;工程量较大时,应按材料、工艺和施工部位划分,相同材料、工艺和施工部位每 500 m² 划分为 1 个检验批。

（2）降水、排水分项工程一般划分为 1 个检验批。

（3）复合地基的分项工程一般划分为 1 个检验批。工程量较大时,应按桩的类型、工艺和施工部位划分,相同类型、工艺和施工部位每 200 根桩为 1 个检验批。

（4）桩基分项工程一般划分为 1 个检验批,工程量较大时,应按桩的类型、工艺和施工部位划分,相同类型、工艺和施工部位每 100 根桩为 1 个检验批。

（5）基坑支护分项工程根据支护结构类型按照复合地基桩和桩基分项工程划分。

（6）基础工程可按不同地下层或变形缝来划分检验批。

（7）地下防水工程不得按不同地下层或变形缝、沉降缝和施工段划分检验批,1 个单位工程地下防水工程只有 1 个检验批。

（8）砌体工程应按楼层、变形缝、施工段划分检验批,且不超过 250 m² 砌体为 1 个检验批。

（9）混凝土结构工程可根据工艺相同,便于控制质量的原则按结构类型、构件类型、工作班、楼层、施工段和变形缝来划分检验批。其中钢筋工程（接头）可按国家现行的产品标准和相关规范执行。

（10）屋面工程可按不同楼层屋面划分不同的检验批,对同一楼层屋面不得按变形缝和施工段划分检验批。

（11）建筑地面工程应按楼层、施工段、变形缝来划分检验批,高层建筑标准层可按每 3 层作为 1 个检验批。单层面积较大时可按 500 m² 为 1 个检验批。

（12）相同材料、工艺和施工条件的室外抹灰工程、室外饰面砖工程、室外涂饰工程每 500～1000 m² 划分 1 个检验批。同样的室内抹灰工程、室内饰面砖工程、室内涂饰工程每 50 个自然间（大面积房间和走廊按抹灰、饰面砖和涂饰面积按 30 m² 为 1 间）应划分为 1 个检验批。

（13）同一品种、类型和规格的木、金属、塑料门窗及门窗玻璃工程每 100 樘划分为 1 个检验批,同样的特种门工程每 50 樘应划分为 1 个检验批。量大的可按楼层划分检验批。

（14）同一品种的吊顶工程、轻质隔墙工程、裱糊和软包工程每 50 间（大面积房间和走廊按吊顶、隔墙和裱糊面积 30 m² 为 1 间）应划分为 1 个检验批。

（15）相同设计、材料、工艺和施工条件的幕墙工程每 500～1000 m² 划分为 1 个检验批。同一单位工程的不连续幕墙应单独划分检验批。对异型及有特殊要求的幕墙,检验批的划分应由监理（建设）单位和施工单位协商确定。

（16）细部工程按同类制品每 50 间（处）划分 1 个检验批。每部楼梯应划分为 1 个检验批。

（17）按层、单元来划分检验批。

（18）室外工程统一划分为 1 个检验批。散水、台阶、明沟等含在地面检验批中。

三、施工质量验收的程序

建筑工程的施工质量验收是按施工顺序进行的,先验收检验批的质量,然后验收分项工程的质量,再验收分部工程的质量,最后验收单位工程的质量。

1. 检验批的验收程序

检验批施工完成后,由施工单位的项目专业质量检查员、项目专业技术负责人组织对检验批的施工质量进行自检,符合设计要求和验收规范的合格标准后,填写检查记录提交监理工程师或建设单位项目技术负责人进行验收。

监理工程师或建设单位项目技术负责人应及时(一般不超过 24 h)对检验批进行验收。验收过程是对检验批的现场施工项目对照设计文件进行检查,依据验收规范的质量标准进行验收。由于实行旁站监理,监理单位对施工项目的过程和工序质量已很了解,检验批验收时可采取取点抽样检查的方式,宏观检查的方式,对关键部位、重点部位检查的方式,对质量怀疑点检查的方式验收。对检查的部位和点位的施工质量达到验收规范标准时,验收各方和验收人员应签字确认。检验批未通过验收,施工单位不得进行下道工序或隐蔽。

2. 分项工程的验收程序

分项工程施工完成后,由施工单位的项目专业质量检查员、项目专业技术负责人组织对构成分项工程的各检验批的验收资料文件进行自检。上述验收文件完整,并且均已验收合格后,填写检查记录,提交监理工程师或建设单位项目技术负责人进行分项工程验收。

3. 分部工程的验收程序

施工单位完成分部工程施工项目后,施工单位项目负责人应组织自检。评定合格后,向监理单位或建设单位提出分部工程验收报告,总监理工程师或建设单位项目负责人应及时组织有关人员对分部工程进行验收。

4. 单位工程的验收程序

单位工程完成后,施工单位应首先预验收,即依据质量标准、设计图纸等组织有关人员进行自检,并对检查结果进行评定。符合要求后,向监理单位提交工程竣工验收报告和完整的质量资料,由总监(总监理工程师)组织相关单位对工程进行初验。在施工单位根据相关单位意见完成对工程质量的整改后,由建设单位组织进行工程的竣工验收。

施工单位的自检过程是施工单位质量管理的重要内容,是按照施工操作工艺的要求对施工过程边操作边检查,将质量控制在工序中,保证每道工序质量达到合格后再进行下道工序施工。自查评定自检不合格的项目应进行整改,达到合格后才能交付验收。

四、施工质量验收的组织

委托有监理单位的工程质量验收,检验批、分项工程、分部(子分部)工程验收由监理单位组织,单位工程验收由建设单位组织;未实行监理的工程,工程施工各阶段、检验批、分项工程、分部(子分部)工程和单位工程竣工验收均由建设单位组织进行。

1. 检验批的验收组织

所有检验批均应由监理工程师或建设单位项目技术负责人组织验收。验收前,施工单位先填好"检验批的质量验收记录"(有关监理记录和结论不填),并由项目专业质量检验员和项目专业技术负责人分别在检验批验收记录的相关栏目签字,然后由监理工程师组织、严格按规定程序验收并签字。

2. 分项工程的验收组织

所有分项工程均应由监理工程师或建设单位项目技术负责人组织验收。验收前,施工单位先填好"分项工程质量验收记录"(有关监理记录和结论不填),并由项目专业质量检验员和项目专业技术负责人分别在分项工程验收记录中相关栏目签字,然后由监理工程师组织,严格按规定程序验收并签字。

3. 分部工程的验收组织

实行监理的工程,分部(子分部)工程质量验收由监理单位组织;未实行监理的工程,分部(子分部)工程验收应由建设单位项目技术负责人组织验收。参加验收的单位和人员为施工单位的项目负责人和项目技术及质量负责人、分包单位的负责人、分包技术负责人、建设单位项目和技术负责人与有关人员。因地基基础、主体结构、幕墙子分部的主要技术资料和质量问题归技术部门和质量部门掌握,所以施工单位的技术、质量部门负责人应参加验收。由于地基基础、主体结构技术性能要求严格,技术性强,关系到整个工程的安全,所以这些分部工程的勘察、设计单位项目负责人和专业设计人员也应参加相关分部工程的验收。

4. 单位工程的验收组织

建设单位收到工程竣工报告后,应和监理单位一起组织地勘、设计、施工等单位和其他有关方面的专家组成验收组并通知工程质量监督机构参加,共同对工程竣工条件进行检查,确认工程是否符合验收要求;建设单位、施工单位将审查合格的工程竣工技术资料呈送城建档案馆归档,获取归档证明文件;建设单位或施工单位应申请消防、规划、环境保护、人民防空专项验收,取得证明文件。

按照《建设工程质量管理条例》及中华人民共和国住房和城乡建设部的有关规定,工程竣工验收应通知工程质量监督机构参加,对工程竣工验收的组织形式、验收程序、执行技术标准和实体质量的状况进行现场监督,发现有违反建设工程质量管理规定的行为或将不合格的工程按合格验收的,应责令改正。

工程竣工验收参加单位及人员包括:建设单位的项目负责人和技术负责人、工程地质勘查单位项目勘察负责人、工程设计单位项目设计负责人和专业设计人员、工程监理单位的总监理工程师和专业监理工程师、施工单位负责人和技术负责人、施工项目负责人和技术负责人及专职质量检查员、公安消防管理部门及验收人员、规划管理部门及验收人员、环境保护部门及验收人员等。

在一个单位工程中,对满足生产要求或具备使用条件,施工单位已预验,监理工程师已初验通过的子单位工程,建设单位可组织进行验收。由几个施工单位负责施工的单位工程,当其中的施工单位所负责的子单位工程已按设计完成,并经自行检验,也可组织正式验收,办理交工手续。在整个单位工程进行全部验收时,已验收的子单位工程验收资料应作为单位工程验收的附件。

单位工程有分包单位施工时,分包单位对所承包的工程项目应按标准规定的程序检查评定,总包单位应派人参加。分包工程完成后,应将工程资料交总包单位。

当参加工程验收各方对工程质量验收意见不一致时,可请当地建设行政主管部门或工程质量监督机构协调处理。建设工程质量验收意见不一致的情况时有发生,组织协调的部门应是建设行政主管部门或工程质量监督机构,也可以是当地建设行政主管部门委托的其他部门(单位),或是各方认可的咨询单位或组织的专家组,亦可以委托具有相应资格的工程质量鉴定机构进行鉴定。无论由谁协调,一般应以协调意见为仲裁意见,各方应遵守。

五、施工质量验收的标准

1. 检验批质量验收标准

检验批是建筑工程施工质量验收的最小单元,是分项工程、分部工程和单位工程施工质量验收的基础。

检验批质量验收合格应符合下列规定。

(1)主控项目和一般项目的质量经抽样检验合格。

(2)具有完整的施工操作依据、质量检验记录。

检验批质量合格的条件有两个方面:一是资料方面,通过检查应具有完整的质量控制资料,质量控制资料反映了检验批从原材料到最终验收的各施工工序的操作依据、检查情况以及保证质量所必需的管理制度等,对其完整性的检查,实际上是对控制过程的确认,这是检验批合格的前提;二是工程实体方面,通过抽样检查,其主控项目和一般项目都必须合格。

主控项目是对检验批的基本质量起决定性作用和影响的检验项目,是确保工程安全和使用功能的重要检验项目,是对安全、卫生、环境保护和公众利益起关键作用的检验项目,因此,主控项目检查的内容必须全部合格。对主控项目不合格的检验批,应严格按规定整改或返工处理,直到验收合格为止。

一般项目是指除主控项目以外的检验项目,其要求也是应该达到的,只不过对部分质量指标可以适当放宽,并不影响工程安全和使用功能,但其质量高低对工程的美观性有较大的影响。因此,施工过程中和验收时同样应严格控制,使过程质量水平达到无缺陷和满意的程度。

用数据规定的允许偏差项目,可以存在一定范围的偏差。检验批验收时,抽样检查的数量中有80%的检查点、位置、项目的结果符合设计要求或偏差在验收规范允许范围内,可评价此检验批质量合格,即允许有20%的检查点的偏差值超出验收规范允许偏差值,但其允许程度也是有限的,通常不得超过验收规范规定值的150%。

检验批验收时,一些无法定量的项目采取定性验收。如碎拼大理石地面的颜色协调、油漆施工中的光亮和光滑度都是定性验收的。对不能确定偏差值的项目,允许有一定的缺陷,一般以缺陷数量区分。如砖砌体预埋拉结筋的留置间距偏差、钢筋混凝土中钢筋的漏筋长度、饰面砖空鼓限制都是以允许缺陷数量或面积不超过某一范围来评价质量。对检查中发现的这些缺陷,能整改的应整改,不能整改的如缺陷不超过限制范围,检验批可以通过验收。

2. 分项工程质量验收标准

分项工程质量验收的合格标准如下。

（1）分项工程所含检验批均应符合合格质量的规定。

（2）分项工程所含检验批的质量验收记录应完整。

分项工程的验收是在检验批验收的基础上进行的，分项工程和检验批具有相同或相近的性质，只是批量的大小不同而已。分项工程由若干个检验批组成，由于检验批已进行了严格的验收，因此，只要构成分项工程的各检验批的验收资料文件完整，并且均已验收合格，则分项工程验收合格。

分项工程验收时，应检查检验批的部位、区段是否全部覆盖分项工程的范围，不能有漏项、缺项或不合格的检验批；还应检查检验批验收记录的内容与签字是否齐全、正确。

3. 分部（子分部）工程质量验收标准

分部（子分部）工程质量验收的合格标准如下。

（1）分部（子分部）工程所含分项工程的质量均应验收合格。分部工程所含分项工程的质量均应已按程序验收合格，分项工程验收应覆盖分部工程的全部内容，不应有缺项、漏项，分项工程验收记录内容、签字齐全、准确。

（2）质量控制资料收集应完整。

各种质量控制资料文件必须完整，这是验收的基本条件。应按"单位（子单位）工程质量控制资料核查记录"（见表 6-68）来核查所验收的分部（子分部）工程的质量控制资料项目。

对质量控制资料应完整地检查，这项内容实际也是统计、归纳、核查，重点是对三个方面资料的核查。一是检查和核对各检验批的验收记录资料是否完整。二是在检验批验收时，应具备的资料准确完整。在分部、子分部工程验收时，检查和归纳各检验批的施工操作依据、质量检查记录，核对其是否配套、完整，包括有关施工工艺（企业标准）、原材料、构配件出厂合格证及按规定进行的进场复验检测报告的完整程度。三是注意核对各种资料的内容、数据及验收人员的签字是否规范、准确等。

（3）地基与基础、主体结构和设备安装等分部工程有关安全及功能的检验和抽样结果应符合有关规定。

安全和功能检验是指规定需要在竣工时抽样检测的项目，这些项目能在分部（子分部）工程中检测的，尽量放在分部（子分部）工程中检测。具体检测项目可按"单位（子单位）工程安全和功能检验资料核查及主要功能抽查记录"中相关内容，在开工前确定核查和抽查项目。

要求抽测的与安全和使用功能有关的检测项目，在各专业验收规范中已做出明确规定。在验收时应做好三个方面的工作：一是检查各规范中规定的检测项目是否都进行了检测；二是如果规范规定的检测项目都进行了检测，就要进一步检查各项检测报告的格式、内容、程序、方法、参数、数据、结果是否符合相关标准要求；三是检查资料的检测程序是否符合要求，要求实行见证取样送检的项目是否按规定取样送检，检测人员、审核人员是否签字，检测报告用章是否规范、符合要求。

（4）观感质量验收应符合要求。

观感质量验收应符合要求。这类检查往往难以定量，只能以观察、触摸或简单量测的方式进行，并由个人主观印象判断，观感质量等级分为"好""一般""差"三档。"好""一般"均为合格，"差"为不合格，需要修理或返工。

观感质量验收项目基本上是各检验批的一般性验收项目，由参加分部工程验收的人员宏观掌握,只要不是明显达不到标准,就可以评为"一般";如果某些部位质量较好,细部处理到位,就可以评为"好";如果有的部位达不到要求或有明显缺陷,但不影响安全或使用功能,则评为"差";如果有影响安全和使用功能的项目,必须修理后再评价。

4. 单位(子平位)工程质量验收标准

单位工程质量验收也称为单位工程竣工验收,是建筑工程投入使用前的最后一次验收,是工程质量控制的最后一道把关。单位工程质量验收对工程质量整体进行综合评价,也对施工单位成果进行综合检验。

单位工程质量验收合格的标准如下。

(1)单位(子单位)工程所含分部(子分部)工程的质量验收合格。

单位(子单位)工程质量验收合格,需要工程所含分部(子分部)工程质量验收必须都合格,这是基本条件。单位(子单位)工程所含分部(子分部)中有一个不合格单位工程就不能进行验收,必须对不合格的分部(子分部)进行返修,重新验收合格后才能进入单位(子单位)工程的验收。

单位(子单位)工程验收前施工单位应对分部(子分部)的验收资料进行收集整理,保证分部、子分部的验收记录和质量评价资料完善,地基基础、主体结构分部安全与使用功能的检测和抽测项目资料及分部、子分部质量观感评价齐全,单位工程所含分部工程、子分部工程无遗漏,各项资料、验收记录的验收人员具有规定资格和签认手续齐全。

(2)质量控制资料应完整。

质量控制资料是反映工程施工过程中各环节过程质量状况的基本数据和原始记录,反应竣工项目的检测结果和记录,是工程质量的客观见证,是评价工程质量的依据。工程质量控制资料是工程的"合格证"和技术证明书,对工程质量验收十分重要。工程施工中形成的质量控制资料,应真实记录工程施工的全过程和工程施工的各阶段、各工序、检验批、分项、分部工程质量的状况。

在验收分部(子分部)工程质量时,虽然已对分项工程提供的质量控制资料或技术资料进行了核查,但单位工程竣工验收时仍有必要全面复核质量控制资料,只是不必像验收检验批、分项工程那样进行微观检查,而是从整体上核查质量控制资料或技术资料来评价分部(子分部)和单位工程的结构安全、使用功能及质量状况,主要看其是否可以反映工程结构安全和使用功能完善,是否达到设计要求,是否符合强制性标准要求和质量标准。

(3)单位(子单位)工程所含分部工程有关安全和功能的检测资料应完整。

单位(子单位)工程安全和使用功能的检验资料核查及主要功能抽查记录(表 6-69)涉及 7 大项多个分项,要求提供这些资料的目的是确保工程安全和使用功能。在分部(子分部)工程验收时,应对这些测试项目中能够实施的部分进行检测,这些检测是为了验证工程综合质量和最终质量,检测由施工单位完成,监理单位或建设单位有关人员参加并监督进行,达到要求后形成检测记录,各方签字认可。

(4)主要功能项目的抽查结果应符合相关专业质量验收规范的规定。

主要功能项目抽查的目的是综合检验工程质量能否保证工程的功能、满足使用要求。这种抽查检测一般是复验和验证性的。具体抽测项目有的在分部、子分部工程施工中或完成后进行检测,有的只能在单位工程全部完成后才能进行检测。这些检测项目,应该在单位工程完工后,施工单位向建设单位提交工程验收报告前,按照单位(子单位)工程安全和使用功能的检验资料核查及主要功能抽查记录表的内容全部检测完毕,并将检测报告写好。至于在建设单位组织单位工程验收时抽测什么项目,可由验收委员会确定,但其项目应局限在单位(子单位)工程安全和使用功能的检验资料核查及主要功能抽查记录表中所列项目内。

主要功能项目抽测多数情况是施工单位检测时,监理、建设单位都参加,不再重复检测,防止造成不必要的重复浪费和对工程的损坏。通常,主要功能抽测项目应为有关项目最终的综合性使用项目。如室内环境检测、屋面淋水试验、照明全负荷检测、智能建筑系统运行等。只有最终抽测项目效果不佳时才进行中间过程有关项目的检测,但要与有关单位共同制订检测方案,并要制定成品保护措施。总之,主要功能项目抽查不能损坏建筑成品。

(5)观感质量验收应符合要求。

观感质量检查主要是全面评价一个分部、子分部、单位工程的外观及使用功能质量,是促进施工过程管理、成品保护,以及提高社会效益和环境效益的手段。观感质量检查绝不是单纯的外观质量检查,而是实地对工程的一个全面检查,核实质量控制资料,核查分项、分部工程验收的正确性,及对在分项工程中不能检查的项目进行检查等。如工程完工,绝大部分的安全可靠性能和使用功能已达到要求,若出现不应出现的裂缝和严重影响使用功能的情况,应该首先弄清楚原因,然后再评价。如地面严重空鼓、起砂,墙面空鼓、粗糙,门窗开关不灵等项目的质量缺陷很多,就说明在分项、分部工程验收时,掌握标准不严。分项、分部无法测定和不便测定的项目,在单位工程观感评价中应给予检查,如建筑物的全高、垂直度、上下窗口位置偏移及一些线角顺直等项目,只有在单位工程质量最终检查时,才能了解得更确切。观感质量验收方法和内容与分项、分部工程观感验收方法相同,只存在范围上的差异。

5. 不合格项目的处理办法

在实际施工中,难免会出现一些不合格的项目。一般情况下,不合格项目通常在检验批验收时,就应及时发现、及时处理。对不合格项目的处理办法如下。

(1)经返工重做或更换器具、设备的检验批,应重新进行验收。

(2)经有资质的检测单位检测鉴定能够达到设计要求的检验批,应予以验收。

(3)经有资质的检测单位检测鉴定达不到设计要求,但经原设计单位核算认可,能修满足结构安全和使用功能的检验批,可予以验收。

(4)经返修或加固处理的分项、分部工程,虽然改变外形尺寸但仍能满足安全使用要求,可按技术处理方案和协商文件进行二次验收。

(5)通过返修和加固处理仍不能满足安全使用要求的分部工程、单位(子单位)工程,严禁验收。

六、施工质量验收记录

1. 检验批质量验收记录

检验批的质量分别按主控项目和一般项目验收,验收应形成记录。检验批的合格指标在各专业工程质量验收规范中分别列出,对特定的检验批应按主控项目、一般项目规定的指标逐项检查验收。

检验批质量验收记录表,见表 6-63。

表 6-63　检验批质量验收记录表

单位(子单位)工程名称	××科技园 S01科研楼	分部(子分部)工程名称	地基与基础分部土方子分部	分项工程名称	土方开挖分项
施工单位	××××××	项目负责人	×××	检验批容量	500 m²
分包单位	/	分包单位项目负责人	/	检验批部位	①~⑩/Ⓐ~Ⓔ轴基础土方开挖
施工依据	《建筑地基处理技术规范》(JGJ 79—2012)		验收依据	《建筑地基基础工程施工质量验收规范》(GB 50202—2013)	

		验收项目	设计要求及规范规定		最小/实际抽	检查记录	检查结果
主控项目	1	标高	桩基基坑基槽		−50	10/10	抽查 10 处,全部合格	√
			场地平整	人工	±			
				机械	±			
			管沟		−50			
			地(路)面基础层		−50			
	2	长度、宽度(由设计中心线向两边量)	桩基基坑基槽		200	25/25	抽查 25 处,全部合格	√
			场地平整	人工	300			
				机械	500			
			管沟		100			
	3	边坡	设计要求			25/25	抽查 25 处,全部合格	√
一般项目	1	表面平整度	桩基基坑基槽		20	10/10	抽查 10 处,合格 9 处	90%
			场地平整	人工	20			
				机械	50			
			管沟		20			
			地(路)面基础层		20			
	2	基地土性	设计要求			10/10	抽查 10 处,全部合格	√
施工单位检查结果				专业工长: 项目专业质量检查员:			
监理单位验收结论				专业监理工程师: 　　　　年　月　日			

(1)检验批质量验收记录表的编号。

检验批质量验收记录表的编号,按全部施工质量验收规范系列的分部工程、子分部工程统一为 8 位数的数码编号。其编号规则具体说明如下。

①前边两个数字是分部工程的代码,01~10。地基与基础为 01,主体结构 02,装饰装修为 03,屋面为 04,给排水及采暖为 05,通风空调为 06,建筑电气为 07,智能建筑为 08,建筑节能为

09,电梯为10。

②第3、4位数字是子分部工程的代码。

③第5、6位数字是分项工程的代码。

④第7、8位数字是各分项工程检验批验收的顺序号。

顺序号详见附录C,建筑工程分部分项工程划分表。

如地基与基础分部工程、土方子分部工程、土方开挖分项工程,其检验批表的编号为010501□□,第一检验批为01050101。

还需要说明的是,有些子分部工程中有些项目可能在两个分部工程中出现。这就要在同一个表上编2个分部工程及相应子分部工程的编号。有些分项工程可能在几个子分部工程中出现,这就应在同一个检验批表上编几个子分部工程及子分部工程的编号。如主体结构中混凝土结构子分部的混凝土分项,在地基与基础中基础子分部的钢筋混凝土扩展基础、筏型与箱型基础分项工程中都有,编号为:010202□□、010203□□、020103□□。

(2)表头填写。

①"单位(子单位)工程名称"按合同文件上的单位工程名称填写,子单位工程标出该部分的位置。

②"分部(子分部)工程名称"按规范划定的分部(子分部)名称填写。

③"检验批部位"是指一个分项工程中验收的那个检验批的抽样范围,要按实际情况标注清楚。

④"检验批容量"就是检验批中主要验收项目的工程量。对具体验收项目来说,检验批容量是按质量验收规范规定的计量单位计算的验收实体的数量。一个检验批,验收实体对象可能有多种,检验批容量要分别计算。

⑤检验批质量验收记录表中,施工依据应填写施工所执行的工艺标准的名称及编号,例如,可以填写采用的企业标准、地方标准、行业标准或国家标准;如果未采用上述标准,也可填写实际采用的施工技术方案等依据,填写时要将标准名称及编号填写齐全,此栏不应填写验收标准。

⑥表格中工程参数等应按实填写,施工单位、分包单位名称应写全称,与合同上的公章名称一致,并应注意各表格填写的名称应相互一致;项目经理应填写合同中指定的项目负责人,分包单位的项目经理也应是合同中指定的项目负责人,表头签字处不需要本人签字,由填表人填写即可,只是标明具体的负责人。

(3)施工质量验收规范的规定栏制表时按四种情况印制。

①直接写入:将规范主控项目、一般项目的要求写入。

②简化描述:将质量要求简化描述,作为检查提示。

③写入条文号:当文字较多时,只将条文号写入。

④写入允许偏差:对定量要求,将允许偏差直接写入。

(4)填写"施工单位检查结果"栏,应遵守下列要求。

①对定量检查项目,当检查点少时,可直接在表中填写检查数据;当检查点数较多、填写不下时,可以在表中填写综合结论,如"共检查20处,平均4 mm,最大7 mm""共检查36处,全部合格"等字样,此时应将原始检查记录附在表后。

②对定性检查项目,可填写"符合要求"或用符号表示,打"√"或打"×"。

③对既有定性又有定量的项目,当各个子项目质量均符合规范规定时,可填写"符合要求"

或打"√",不符合要求时打"×"。

④无此项内容时,画"/"来标注。

⑤在一般项目中,规范对合格点百分率有要求的项目,也可填写达到要求的检查点百分率。

(5)"施工单位检查结果"栏应由质量检查员填写。填写内容:可为"合格"或"符合要求",也可为"检查工程主控项目、一般项目均符合规范要求,评定合格"等,质量检查员代表企业逐项检查评定合格后,应如实填表并签字,然后交监理工程师或建设单位项目专业技术负责人验收。

(6)"监理单位验收结论"栏,应由专业监理工程师或建设单位项目专业技术负责人填写。通常在验收前,监理人员应采用平行、旁站或巡回等方法进行监理,对施工质量抽查,对重要项目做见证检测,对新开工程、首件产品或样板间等进行全面检查。以全面了解所监理工程的质量水平、质量控制措施是否有效及实际执行情况,做到心中有数。在检验批验收时,监理工程师应与施工单位质量检查员共同检查验收。监理人员应对主控项目、一般项目按照施工质量验收规范的规定逐项抽查验收。应注意:监理工程师应该独立得出是否符合要求的结论,并对得出的验收结论承担责任。对不符合施工质量验收规范规定的项目,暂不填写,待处理后再验收,但应做出标记。

2. 分项工程质量验收记录

分项工程质量验收记录见表6-64。

表 6-64　土方开挖(1－10 轴/A－E 轴)分项工程质量验收记录

单位(子单位)工程名称	××科技园 S01 科研楼		分部(子分部)工程名称		地基基础分部土方子分部	
分项工程数量	2000 m²		检验批数量		4	
施工单位	××建设集团有限公司		项目负责人	×××	项目技术负责人	×××
分包单位	/		分包单位负责人	/	分包内容	/
序号	检验批名称	检验批容量	部位/区段	施工单位检查结果	监理单位验收结论	
1	土方开挖	500	1－10 轴/A－B 轴后浇带以南基槽	主控项目符合要求一般项目全部合格	符合要求	
2	土方开挖	500	1－10 轴/A－B 轴后浇带以北基槽	主控项目符合要求一般项目全部合格	符合要求	
3	土方开挖	500	1－5/B－E 轴基槽	主控项目符合要求一般项目全部合格	符合要求	
4	土方开挖	500	5-10/B－E 轴基槽	主控项目符合要求一般项目全部合格	符合要求	

说明:

施工单位 检查结果		项目专业技术负责人： 年　月　日
监理单位 验收结论		专业监理工程师： 年　月　日

分项工程质量验收是在检验批验收合格的基础上进行，通常起一个归纳整理的作用，是个统计表，没有实质性验收内容。需要注意三点：一是检查验收批是否覆盖了整个工程，有没有漏掉的部位；二是检查有混凝土、砂浆强度要求的检验批，到龄期后期能否达到规范规定；三是将检验批的资料统一，依次进行登记整理，方便管理。

"分项工程质量验收记录"具体填写要求如下。

（1）表头及检验批的名称、部位、区段等由施工单位项目专业质量检查员填写，注意填写齐全。

（2）表中"施工单位检查结果"栏，由施工单位质量检查员填写，可以画"√"或填写"符合要求，验收合格"。

（3）"施工单位检查结果"栏由施工单位项目技术负责人检查后给出评价，可填"合格"，并签字，交给监理单位或建设单位验收。

（4）"监理单位验收结论"栏，专业监理工程师应逐项审查，同意项填写"合格"或"符合要求"；不同意项应做标记，但暂不填写，等待处理后再验收；对不同意验收项，监理工程师应指出问题，明确处理意见和完成时间。

（5）"综合验收结论"栏，由监理工程师填写，再确认各项验收合格后，填入"验收合格"。

3. 分部（子分部）工程质量验收记录

分部、子分部工程质量验收的内容、程序都是一样的，在一个分部工程中只有一个子分部工程时，子分部工程就是分部工程。当不只有一个子分部工程时，可逐个进行验收，然后应对各子分部工程质量控制资料进行检查；对地基与基础、主体结构、设备安装等分部工程中的子分部工程，其有关安全及功能的检验和抽样检测结果的资料应进行检查；观感质量评价结果进行综合评价。分部工程验收时，验收人员应对分部工程覆盖的各个部位进行检查，能打开的尽量开启检查，设备能启动的应启动检查，不能只检查外观，重心在实物质量。

分部工程质量验收记录见表6-65，填写要求如下。

（1）分部（子分部）工程的名称填写要具体，写在分部（子分部）工程的前边，并分别划掉分部或子分部。

（2）"单位（子单位）工程名称""施工单位"名称要填写全称，并与检验批、分项工程验收表的工程名称一致。

（3）结构类型填写设计文件提供的结构类型，层数应分别注明地下和地上的层数。

（4）"子分部工程名称"栏先由施工单位按顺序将分项工程名称填入，将各分项工程检验批的实际数量填入，注意应与各分项工程验收记录上的检验批数量相同，并要将各分项工程验收表附后。

（5）"综合验收结果"栏填写施工单位对各分项工程自行检查评定的结果，可按照各分项工程验收表填写，合格的分项工程划"√"或填写"符合要求"。填写前，应检查各分项工程是否全部都通过了验收，有无遗漏。

（6）"质量控制资料"栏应按"单位（子单位）工程质量控制资料核查记录"来核查所验收的分部（子分部）工程的质量控制资料项目，不需要全部检查表内所列内容，也未要求在分部工程验收时填写该表。

当确认能基本反应工程质量情况，达到保证结构安全和使用功能的要求，该项即可通过验收。全部项目都通过验收，即可在"施工单位检查结果"栏内画"√"或标注"质量合格"。然后报送监理单位或建设单位验收，监理单位组织审查，如认为符合要求，则在"监理单位验收结论"栏内签注"验收合格"。

（7）"安全和功能检验结果"栏，应根据工程实际情况填写。

在核查时，要检查开工前确定的检测项目是否全部进行了检测。要逐一对每份检测报告进行核查，如果每个检测项目都通过审查，施工单位即可在"施工单位检查结果"栏内画"√"或标注"质量合格"。由项目经理送监理单位或建设单位验收，监理单位组织审查，如认为符合要求，则在"监理单位验收结论"栏内签注"验收合格"。

表 6-65　地基与基础（1－10 轴/A－E 轴）分部工程质量验收记录

单位（子单位）工程名称		××科技园 S01 科研楼	子分部工程数量	框剪结构	分项工程数量	地下 4 层、地上 34 层
施工单位		××建设集团有限公司	项目负责人	＊＊＊	技术（质量）负责人	＊＊＊
分包单位		/	分包单位负责人	/	分包内容	/
序号	子分部工程名称	分项工程名称	检验批数	施工单位检查结果	监理单位验收结论	
1		土方开挖	4	质量合格		
2		卷材防水	22	质量合格		
3		细部构造	22	质量合格		
4		模板	88	质量合格		
5		钢筋	102	质量合格		
6		混凝土	37	质量合格		
		防水混凝土	32	质量合格		
		现浇结构	54	质量合格		
		土方回填	16	质量合格		
质量控制资料				完整齐全		
安全和功能检验结果				符合要求		
观感质量检验结果				好		

续表

综合验收结论	

施工单位 项目负责人： 年　　月　　日	勘察单位 项目负责人： 年　　月　　日	设计单位 项目负责人： 年　　月　　日	监理单位 总监理工程师： 年　　月　　日

(8)"观感质量检验结果"栏的填写应符合工程的实际情况。由施工单位项目经理组织进行现场检查，以监理单位的总监理工程师或建设单位的项目专业技术负责人为主导，共同确定质量评价（好、一般、差）。将检验评价结论填写在"观感质量检验结果"栏内。另附分部工程观感质量检查记录，见表6-66。

(9)分部工程质量验收记录中，制表时已经列出了需要签字的参与工程建设的有关单位。应由各方参加验收的有关人员亲自签字确认，并加盖单位公章以示负责。

表 6-66　主体(21 层至屋面结构)分部工程观感检查记录

单位工程名称			××科技园 S01 科研楼					
包括的子分部(分项)工程名称			混凝土结构、砌体结构					
施工单位			××建设集团有限公司		项目技术负责人	×××		

序号	项目	施工单位自评			验收检查记录		验收质量评价		
		好	一般	差			好	一般	差
1	混凝土结构								
2	砌体结构								
	观感质量综合评价								

检查结论	施工单位项目经理： 施工单位质量部门负责人： 年　　月　　日	验收结论	总监理工程师： (建设单位项目专业负责人) 年　　月　　日

4. 单位(子单位)工程质量竣工验收记录

"单位(子单位)工程质量竣工验收记录"是一个建筑工程项目最后的一份验收资料,应由施工单位填写。

进行单位(子单位)工程质量竣工验收时,施工单位应同时填报"单位(子单位)工程质量控制资料检查记录"(见表 6-68)、"单位(子单位)工程安全和功能检验资料核查及主要功能抽查记录"(见表 6-69)、"单位(子单位)工程观感质量检查记录"(见表 6-70),作为"单位(子单位)工程质量竣工验收记录"的附表。

"单位(子单位)工程质量竣工验收记录"见表 6-67。编写要求如下。

(1)"分部工程"栏根据各分部工程质量验收记录填写。应对所含各分部工程,由竣工验收组成员共同逐项核查。对表中内容如有异议,应对工程实体进行检查或测试。

核查并确认合格后,由监理单位在"验收记录"栏注明共验收了几个分部,符合标准及设计要求的有几个分部,并在右侧的"验收结论"栏内,填入具体的验收结论。

(2)"质量控制资料核查"栏根据"单位(子单位)工程质量控制资料核查记录"的核查结论填写。建设单位组织由各方代表组成的验收组成员,或委托总监理工程师,按照"单位(子单位)工程质量控制资料核查记录"的内容,对资料进行逐项核查。确认符合要求后,在"单位(子单位)工程质量竣工验收记录"右侧的"验收结论"栏内,填写具体验收结论。

(3)"安全和主要使用功能核查及抽查结果"栏根据"单位(子单位)工程安全和功能检验资料核查及主要功能抽查记录"的核查结论填写。

表 6-67 单位(子单位)工程质量竣工验收记录

工程名称	××科技园 S01 科研楼	结构类型	框剪	层数/建筑面积	三层/7497 m²
施工单位	××建设工程公司	技术负责人	×××	开工日期	20××年×× 月××日
项目负责人	×××	项目技术负责人	×××	竣工日期	20××年×× 月××日

序号	项目	验收记录	验收结论
1	分部工程	共 9 分部,经查 9 分部 符合标准及设计要求 9 分部	同意验收
2	质量控制 资料核查	共 125 项,经审查符合要求 125 项	同意验收
3	安全和主要使用功能 核查及抽查结果	共核查 8 项,符合要求 8 项 共抽查 6 项,符合要求 6 项 经返工处理符合要求 0 项	同意验收
4	观感质量验收	共抽查 25 项,达到"好"和一般 的 25 项,经返修处理的 0 项	好
综合验收结论		同意验收	

参加验收单位	建设单位	监理单位	施工单位	设计单位	勘察单位
	（公章）项目 负责人： 年 月 日	（公章）总监理 工程师： 年 月 日	（公章）项目 负责人： 年 月 日	（公章）项目 负责人： 年 月 日	（公章）项目 负责人： 年 月 日

注：单位工程验收时，验收签字人员应由相应单位的法人代表书面授权。

本表由施工单位填写，一式五份，建设单位、监理单位、施工单位、设计单位、城建档案馆各保存一份。

对分部工程验收时已经进行了安全和功能检测的项目，单位工程验收时不再重复检测，但要核查以下内容。

（1）单位工程验收时按规定、约定或设计要求，需要进行的安全功能抽测项目是否都进行了检测；具体检测项目有无遗漏。

（2）抽测的程序、方法是否符合规定。

（3）抽测结论是否达到设计及规范规定。

经核查认为符合要求的，在"单位（子单位）工程质量竣工验收记录"中的"验收结论"栏填入符合要求的结论。如果发现某些抽测项目不全或抽测结果达不到设计要求，可进行返工处理，使之达到要求。

（4）"观感质量验收"栏根据"单位（子单位）工程观感质量检查记录"的检查结论填写。参加验收的各方代表，在建设单位主持下对观感质量抽查，共同做出评价。如确认没有影响结构安全和使用功能的项目，符合或基本符合规范要求，应评价为"好"或"一般"。如果某项观感质量被评价为"差"，应进行修理。如果确难修理，只要不影响结构安全和使用功能的，可采用协商解决的方法进行验收，并在验收表上注明。

（5）"综合验收结论"栏应由参加验收各方共同商定，并由建设单位填写，主要对工程质量是否符合设计和规范要求及总体质量水平做出评价。综合验收是在前四项内容均验收符合要求后进行的验收，经审查符合要求后，在"验收结论"栏内填写"同意验收"。

（6）勘察单位、设计单位、施工单位、监理单位、建设单位都同意验收时，各单位的项目负责人要亲自签字，以示对工程质量负责，并加盖单位公章，注明签字验收的年、月、日。

5. 单位（子单位）工程质量控制资料核查记录

"单位（子单位）工程质量控制资料核查记录"见表6-68，填写要求如下。

（1）本记录由施工单位按照所列质量控制资料的种类名称进行检查，并填写份数，然后提交给监理单位验收。

表 6-68　单位(子单位)工程质量控制资料核查记录

工程名称		××科技园 S01 科研楼		施工单位		××建设工程有限公司	
序号	项目	资料名称	份数	施工单位		监理单位	
				核查意见	核查人	核查意见	核查人
1	建筑与结构	图纸会审记录、设计变更通知单、工程洽商记录	××	符合要求		符合要求	
2		工程定位测量、放线记录	××	符合要求		符合要求	
3		原材料出厂合格证书及进场检验、试验报告			×××		×××
4		施工试验报告及见证检测报告					
5		隐蔽工程验收记录					
6		施工记录					
7		地基、基础、主体结构检验及抽样检测资料					
8		分项、分部工程质量验收记录					
9		工程质量事故调查处理资料					
10		新技术论证、备案及施工记录					
1	给水排水与供暖	图纸会审记录、设计变更通知单、工程洽商记录					
2		原材料出厂合格证书及进场检验、试验报告					
3		管道、设备强度试验、严密性试验记录					
4		隐蔽工程验收记录					
5		系统清洗、灌水、通水、通球试验记录					
6		施工记录					
7		分项、分部工程质量验收记录					
8		新技术论证、备案及施工记录					
1	通风与空调	图纸会审记录、设计变更通知单、工程洽商记录					
2		原材料出厂合格证书及进场检验、试验报告					
3		制冷、空调、水管道强度试验、严密性试验记录					
4		隐蔽工程验收记录					
5		制冷设备运行调试记录					
6		通风、空调系统调试记录					
7		施工记录					
8		分项、分部工程质量验收记录					
9		新技术论证、备案及施工记录					

1	建筑电气	图纸会审记录、设计变更通知单、工程洽商记录				
2		原材料出厂合格证书及进场检验、试验报告				
3		设备调试记录				
4		接地、绝缘电阻测试记录				
5		隐蔽工程验收记录				
6		施工记录				
7		分项、分部工程质量验收记录				
8		新技术论证、备案及施工记录				
9						
1	建筑智能化	图纸会审记录、设计变更通知单、工程洽商记录				
2		原材料出厂合格证书及进场检验、试验报告				
3		隐蔽工程验收记录				
4		施工记录				
5		系统功能测定及设备调试记录				
6		系统技术、操作和维护手册				
7		系统管理、操作人员培训记录				
8		系统检测报告				
9		分项、分部工程质量验收记录				
10		新技术论证、备案及施工记录				
1	建筑节能	图纸会审记录、设计变更通知单、工程洽商记录				
2		原材料出厂合格证书及进场检验、试验报告				
3		隐蔽工程验收记录				
4		施工记录				
5		外墙、外窗节能检验报告				
6		设备系统节能检测报告				
7		分项、分部工程质量验收记录				
8		新技术论证、备案及施工记录				

续表

1	电梯	图纸会审记录、设计变更通知单、工程洽商记录			
2		设备出厂合格证书及开箱检验记录			
3		隐蔽工程验收记录			
4		施工记录			
5		接地、绝缘电阻试验记录			
6		负荷试验、安全装置检查记录			
7		分项、分部工程质量验收记录			
8		新技术论证、备案及施工记录			

结论：

施工单位项目负责人：　　　　　　　　　　总监理工程师：

　　　　　年　月　日　　　　　　　　　　　　　　　年　月　日

（2）本记录其他各栏内容均由监理单位进行核查和填写。监理单位应按分部（子分部）工程逐项核查，独立得出核查结论。监理单位核查合格后，在"核查意见"栏填写对资料核查后的具体意见，如"齐全""符合要求"，具体核查人员在"核查人"栏签字。

（3）总监理工程师或施工单位项目负责人确认符合要求后在下部"结论"栏内，填写对资料核查后的综合性结论。

6. 单位（子单位）工程安全和功能检验资料核查及主要功能抽查记录

"单位（子单位）工程安全和功能检验资料核查及主要功能抽查记录"见表6-69。

表6-69　单位（子单位）工程安全和功能检验资料核查及主要功能抽查记录

工程名称			施工单位			
序号	项目	安全和功能检查项目	份数	核查意见	抽查结果	核查（抽查）人
1	建筑与结构	地基承载力检验报告				
2		桩基承载力检验报告				
3		混凝土强度试验报告				
4		砂浆强度试验报告				
5		主体结构尺寸、位置抽查记录				
6		建筑物垂直度、标高、全高测量记录				
7		屋面淋水或蓄水试验记录				
8		地下室渗漏水检测记录				
9		有防水要求的地面蓄水试验记录				
10		抽气（风）道检查记录				
11		外窗气密性、水密性、耐风压检测报告				
12		幕墙气密性、水密性、耐风压检测报告				
13		建筑物沉降观测测量记录				
14		节能、保温测试记录				
15		室内环境检测报告				
16		土壤氡气浓度检测报告				

续表

工程名称			施工单位				
序号	项目	安全和功能检查项目	份数	核查意见	抽查结果	核查(抽查)人	
1	给排水与供暖	给水管道通水试验记录					
2		暖气管道、散热器压力试验记录					
3		卫生器具满水试验记录					
4		消防管道、燃气管道压力试验记录					
5		排水干管通球试验记录					
1	通风与空调	通风、空调系统试运行记录					
2		风量、温度测试记录					
3		空气能量回收装置测试记录					
4		洁净室洁净度测试记录					
5		制冷机组试运行调试记录					
1	建筑电气	照明全负荷试验记录					
2		大型灯具牢固性试验记录					
3		避雷接地电阻测试记录					
4		线路、插座、开关接地检验记录					
1	智能建筑	系统试运行记录					
2		系统电源及接地检测报告					
1	建筑节能	外墙节能构造检查记录或热工性能检验报告					
2		设备系统节能性能检查记录					
1	电梯	运行记录					
2		安全装置检测报告					

结论：

施工单位项目负责人：　　　　　　总监理工程师：

　　　　　　年　　月　　日　　　　　　　　　　　　年　　月　　日

(1)建筑工程投入使用，最为重要的是确保安全和满足功能性要求。涉及安全和使用功能的分部工程应有检验资料，施工验收对能否满足安全和使用功能的项目进行强化验收，对主要项目进行抽查记录。

(2)抽查项目是在核查资料文件的基础上，由参加验收的各方人员确定，然后按有关专业工程施工质量验收标准进行检查。

(3)安全和功能的各项主要检测项目表中已经列明。如果设计或合同有其他要求，经监理认可后可以补充。

安全和功能的检测，如果条件具备，应在分部工程验收时进行。分部工程验收时凡已经做过的安全和功能检测项目，单位工程竣工验收时不再重复检测。只核查检测报告是否符合有关规定。例如：核查检测项目是否有遗漏；抽测的程序、方法是否符合规定；检测结论是否达到设计及规范规定。(如果某个项目抽测结果达不到设计要求，应允许进行返工处理，使之达到要求再填表)。

(4)本记录表由施工单位按所列内容检查并填写份数后，提交给监理单位。

（5）本记录表其他栏目由总监理工程师或建设单位项目负责人组织核查、抽查，并由监理单位填写。

（6）监理单位经核查和抽查，如果认为符合要求，由总监理工程师在表中的"结论"栏填入综合性验收结论，并由施工单位项目经理签字确认。

7. 单位（子单位）工程观感质量检查记录

单位（子单位）工程观感质量检查，是在工程全部竣工后进行的一项重要验收工作，这是全面评价一个单位工程的外观及使用功能质量，促进施工过程的管理；成品保护，以提高社会效益和环境效益的途径。观感质量检查绝不是单纯的外观检查，而是实地对工程的一个全面检查。

"单位（子单位）工程观感质量检查记录"见表 6-70，填写要求如下。

（1）单位工程的观感质量验收，分为"好""一般"和"差"三个等级。观感质量检查的方法、程序、评判标准等，均与分部工程相同，不同的是检查项目较多，属于综合性验收。

（2）本记录表由总监理工程师组织参加验收的各方代表，按照表中所列内容，根据共同实际检查、协商得出质量评价、综合评价和验收结论意见。

（3）参加验收的各方代表，经共同实际检查，如果确认没有影响结构安全和使用功能等问题，可共同商定评价意见。评价为"好"和"一般"的项目，由总监理工程师在"观感质量综合评价"栏填写"好"或"一般"，并在"检查结论"栏内填写"工程观感质量综合评价为好（或一般），验收合格"。

（4）如有评价为"差"的项目，属于不合格项，应予以返工修理。这样的观感检查项目修理后，需要重新检查验收。

（5）"抽查质量状况"栏，可填写具体检查数据。当数据少时，可直接将检查数据填在表格内；当数据多时，可简要描述抽查的质量状况，但应将检查原始记录附在本记录表后面。

表 6-70　单位（子单位）工程观感质量检查记录

工程名称		××科技园 S01 科研楼	施工单位		
序 号		项　目	抽查质量状况		质量评价
1	建筑与结构	主体结构外观	共检查　点，好　点，一般　点，差　点		
2		室外墙面	共检查　点，好　点，一般　点，差　点		
3		变形缝、雨水管	共检查　点，好　点，一般　点，差　点		
4		屋面	共检查　点，好　点，一般　点，差　点		
5		室内墙面	共检查　点，好　点，一般　点，差　点		
6		室内顶棚	共检查　点，好　点，一般　点，差　点		
7		室内地面	共检查　点，好　点，一般　点，差　点		
8		楼梯、踏步、护栏	共检查　点，好　点，一般　点，差　点		
9		门窗	共检查　点，好　点，一般　点，差　点		
10		雨罩、台阶、坡道、散水	共检查　点，好　点，一般　点，差　点		
1	给排水与供暖	管道接口、坡度、支架	共检查　点，好　点，一般　点，差　点		
2		卫生器具、支架、阀门	共检查　点，好　点，一般　点，差　点		
3		检查口、扫除口、地漏	共检查　点，好　点，一般　点，差　点		
4		散热器、支架	共检查　点，好　点，一般　点，差　点		

工程名称		××科技园 S01 科研楼	施工单位	
序 号		项　目	抽查质量状况	质量评价
1	通风 与 空调	风管、支架	共检查　点，好　点，一般　点，差　点	
2		风口、风阀	共检查　点，好　点，一般　点，差　点	
3		风机、空调设备	共检查　点，好　点，一般　点，差　点	
4		阀门、支架	共检查　点，好　点，一般　点，差　点	
5		水泵、冷却塔	共检查　点，好　点，一般　点，差　点	
6		绝热	共检查　点，好　点，一般　点，差　点	
1	建筑 电气	配电箱、盘、板、接线盒	共检查　点，好　点，一般　点，差　点	
2		设备器具、开关、插座	共检查　点，好　点，一般　点，差　点	
3		防雷、接地、防火	共检查　点，好　点，一般　点，差　点	
1	智能 建筑	机房设备安装及布局	共检查　点，好　点，一般　点，差　点	
2		现场设备安装	共检查　点，好　点，一般　点，差　点	
1	电梯	运行、平层、开关门	共检查　点，好　点，一般　点，差　点	
2		层门、信号系统	共检查　点，好　点，一般　点，差　点	
3		机房	共检查　点，好　点，一般　点，差　点	
观感质量综合评价				

结论：

施工单位项目负责人：　　　　　　　总监理工程师：

　　　　　　　　　　年　月　日　　　　　　　　　　　　　　年　月　日

8. 工程竣工报告

工程竣工后，由施工单位编写竣工报告，工程竣工报告应包括下列内容。

(1)工程概况及实际完成情况。

(2)工程质量验收情况。

(3)施工技术资料和施工管理资料情况。

(4)主要建筑设备调试情况。

(5)有关检测项目的检测情况。

(6)存在问题的整改情况。

9. 施工资料移交书

工程完工后，施工总承包单位应将整理好的施工资料向建设单位移交，并按要求填写"施工资料移交书"(见表 6-71)，双方签字盖章。

施工资料的移交应符合下列条件。

(1)工程完工，具备竣工验收条件。

(2)移交资料内容完整、真实，整理规范，符合相关要求。

表 6-71　施工资料移交书

工程名称	××科技园 S01 科研楼	编号	××××××

致：　　××科技有限公司　　（建设单位）

我方现将　　××科技园 S01 科研楼　　工程的施工资料移交给贵方,请予以审查、接受。

附：

1.工程施工资料清单。

2.工程施工资料整理归档文件

施工总承包单位：××建设集团有限公司

技术负责人：　　　　×××

日期：20××年××月××日

建设单位审查、接收意见：

同意接收

建设单位：××科技有限公司

接收人：　　　　×××

日期：20××年××月××日

本表由施工单位填写,一式两份,建设单位、施工单位各保存一份。

本章小结

建筑工程技术资料是城建档案的重要组成部分,是建筑工程进行竣工验收和竣工核定的必要条件,也是对工程进行检查、维修、管理、使用、改建的重要依据。建筑工程施工技术资料全面反映了建筑工程的质量状况,是建设工程施工质量的重要组成部分。本章主要包括施工管理资料、施工准备技术资料、施工测量资料、施工物资资料、施工试验资料、施工记录资料、施工质量验收资料、施工竣工验收文件等。

思考与
练习

一、单项选择题

1.工程名称、建筑用途属于工程概况表内容中的(　　)部分。

　　A.一般情况　　　　B.构造特征　　　　C.机电系统　　　　D.其他

2.分包单位资格报审表由(　　)填报。

　　A.监理单位　　　　B.设计单位　　　　C.施工单位　　　　D.承包单位

3.分包单位资格报审表必须经(　　)签字后,才作为有效文件。

　　A.项目经理　　　　B.总设计师　　　　C.专业监理工程师　　D.总监理工程师

4.施工过程中,由(　　)取样人员在现场进行原材料取样和试件制作。

　　A.监理单位　　　　B.施工单位　　　　C.设计单位　　　　D.试验单位

5. 单位工程有见证取样和送检次数不得少于试验总数的(　　)，试验总次数在(　　)以下的不得少于2次。

  A. 30％,10   B. 10％,30   C. 30％,5   D. 5％,10

6. 施工日志一般由(　　)填写，记录从工程开工之日起至工程竣工之日止的施工情况。

  A. 总监理工程师 B. 项目经理   C. 项目各专业工长 D. 设计人员

7. 工程洽商分为(　　)。

  A. 技术洽商和经济洽商   B. 技术洽商和进度洽商

  C. 经济洽商和进度洽商   D. 设计洽商和进度洽商

8. 工程洽商单一般由(　　)提供。

  A. 施工单位   B. 建设单位   C. 设计单位   D. 监理单位

9. 办理洽商单时，应(　　)以免发生纠纷。

  A. 附图   B. 注明办理日期 C. 各专业统一办理 D. 由设计单位签认

10. 工程定位测量记录中位于"签字栏"上部的"内容"栏填写(　　)。

  A. 完成测量放线的概况性内容 B. 明确楼层、纵横轴线

  C. 页数   D. 经查验符合施工图设计尺寸或标高

11. 楼层平面放线记录的"检查意见"由(　　)手写或电脑录入。

  A. 施工单位   B. 设计单位   C. 建设单位   D. 监理单位

12. 楼层平面放线记录的签字栏中技术负责人为(　　)。

  A. 总设计师   B. 项目总工   C. 总监理工程师 D. 监理工程师

13. 预拌混凝土搅拌单位应于(　　)内，提供预拌混凝土出厂合格证。

  A. 15 d   B. 20 d   C. 30 d   D. 32 d

14. 隐蔽工程检查记录由(　　)填报。

  A. 建设单位   B. 施工单位   C. 设计单位   D. 监理单位

15. 隐蔽工程检查记录审核意见、复查结论由(　　)填写。

  A. 建设单位   B. 施工单位   C. 设计单位   D. 监理单位

16. 隐蔽工程施工完毕后，由(　　)填写隐蔽工程检查记录表。

  A. 项目经理   B. 专业工长   C. 专业监理工程师 D. 设计人员

17. 交接检查记录中，"见证单位"规定：当在总包管理范围内的分包单位之间移交时，见证单位就为(　　)。

  A. 总包单位   B. 建设单位   C. 监理单位   D. 设计单位

18. 交接检查记录由(　　)保存。

  A. 移交单位   B. 接收单位   C. 见证单位   D. 以上全部

19. 地基验槽检查记录由(　　)填写。

  A. 建设单位   B. 施工单位   C. 设计单位   D. 监理单位

20. 地基验槽检查记录检查意见、检查结论由(　　)填写。

  A. 勘察单位、监理单位   B. 施工单位、监理单位

  C. 设计单位、监理单位   D. 勘察单位、施工单位

21. 地基钎探记录应填写清楚、真实，并有(　　)签字。

  A. 钎探记录人、施工员、项目技术负责人

B. 总监理工程师、设计师

C. 项目经理、总监理工程师

D. 施工员、项目技术负责人

22. 在完成检验批的过程中,由( )试验负责人负责制作施工试验试件。

    A. 建设单位　　　　B. 施工单位　　　　C. 设计单位　　　　D. 监理单位

23. 一批材料进场后,施工单位应首先进行( )。

    A. 见证取样　　　　B. 进场检验　　　　C. 质量证明　　　　D. 出厂检验

24. 单位工程质量竣工验收记录应由( )填写。

    A. 监理单位　　　　B. 施工单位　　　　C. 设计单位　　　　D. 城建档案馆

25. 单位(子单位)工程质量竣工验收记录的验收结论部分由( )填写。

    A. 施工单位　　　　B. 监理单位　　　　C. 设计单位　　　　D. 承包人

26. 单位(子单位)工程安全和功能检验资料核查及主要功能抽查记录由( )填写。

    A. 施工单位　　　　B. 监理单位　　　　C. 设计单位　　　　D. 项目负责人

27. 单位(子单位)工程质量观感质量检查记录是由( )组织参加验收的各方代表共同实地检查。

    A. 监理工程师　　　　B. 项目经理　　　　C. 设计师　　　　D. 质检人员

二、多项选择题

1. 工程概况表是对工程基本情况的简要描述,内容包括( )。

    A. 一般情况　　　　　　B. 空调系统　　　　　　C. 构造特征

    D. 机电系统　　　　　　E. 其他

2. 施工现场质量管理检查记录的结论栏由( )填写。

    A. 总监理工程师　　　　B. 建设单位项目负责人　　　　C. 承包人

    D. 设计人员　　　　　　E. 施工人员

3. 分包单位资格报审表要求( )签章。

    A. 项目经理　　　　　　B. 专业监理工程师　　　　C. 总监理工程师

    D. 设计人员　　　　　　E. 总设计师

4. 分包单位资格审核的内容包括( )。

    A. 营业执照　　　　　　B. 企业资质等级证书　　　　C. 特殊行业施工许可证

    D. 特种作业人员的资格证　　　　E. 作业人员人数

5. 有见证取样和送检管理工作包括( )。

    A. 制订见证取样和送检计划　　　　B. 制订见证记录　　　　C. 制订施工试验计划

    D. 制订施工试验记录　　　　E. 报送监理单位

6. 下列选项中,属于应进行有见证取样和送检的项目包括( )。

    A. 用于承重结构的混凝土试块

    B. 用于承重墙体的砌筑砂浆试块

    C. 用于承重结构的钢筋和连接接头试件

    D. 用于承重墙的砖和混凝土小型砌块

    E. 用于装饰的木板

7. 施工活动记载包括( )。

    A. 主要分部分项工程的起止日期

    B. 施工阶段特殊情况(停电、停水、停工、窝工等)的记录

    C. 设计单位在现场解决问题的记录

    D. 进行技术交底、技术复核和隐蔽工程验收的摘要记载

    E. 工程技术、质量、安全、生产变化、人员变动情况

8. 下列选项中,属于设计交底的是( )。

    A. 工程建筑概况   B. 功能概况   C. 建筑设计关键部位

    D. 结构设计关键部位   E. 进度计划

9. 设计变更文件包括( )。

    A. 图纸会审记录   B. 设计变更通知单   C. 工程图洽商记录

    D. 见证记录   E. 技术交底记录

10. 设计变更是工程施工和结算的依据,由( )保存。

    A. 建设单位   B. 监理单位   C. 设计单位

    D. 施工单位   E. 分包单位

11. 设计变更通知单由( )的有关负责人及设计专业负责人签认后生效。

    A. 建设单位   B. 监理单位   C. 施工单位

    D. 设计单位   E. 工程总包单位

12. 填写工程定位测量记录时,根据建筑物形式,核查( )布置是否合理,位置、数量是否能满足测量的要求。

    A. 轴线控制桩   B. 轴线投测点   C. 标高投测点

    D. 场地控制点   E. 水准点

13. 基槽验线的主要检测内容包括( )。

    A. 基槽的四边轮廓线   B. 主轴线   C. 断面尺寸

    D. 基底标高   E. 水平角度

14. 楼层平面放线记录的"放坡简图"应标明楼层外轮廓线、( )。

    A. 楼层重要控制轴线   B. 所在楼层相对高程   C. 指北针方向

    D. 分楼层段的具体图名   E. 基底标高

15. 建筑工程物资出厂质量证明文件包括( )。

    A. 产品合格证   B. 质量合格证   C. 检验报告

    D. 试验报告   E. 设计图纸

16. 回填土试验报告填写方法中,"回填土种类"应填( )等。

    A. 素土   B. 基坑   C. 灰土

    D. 级配砂石   E. 砂

17. 回填土试验项目包括( )。

    A. 压实系数   B. 干密度   C. 配合比设计

    D. 含水率   E. 击实试验

18. 单位工程质量观感检查验收分为( )。

    A. 好   B. 一般   C. 优良

D. 差　　　　　　　　　　　　E. 合格

19. 单位工程完工后,由施工单位编写工程竣工报告,内容包括(　　　)。

A. 工程概况及实际完成情况

B. 企业自评的工程实体质量情况

C. 企业自评施工资料完成情况

D. 主要建筑设备、系统调试情况

E. 安全和功能检测、全部功能检查情况

三、判断题(对的打"√",错的打"×")

1. 施工现场质量管理记录由施工单位填写,监理单位的总监理工程师或建设单位项目负责人签署验收意见。　　　　　　　　　　　　　　　　　　　　　　　　　　　　　　　(　　)

2. 总监理工程师或建设单位项目负责人验收检查不合格,施工单位必须限期改正,否则不允许开工。　　　　　　　　　　　　　　　　　　　　　　　　　　　　　　　　　　　(　　)

3. 施工企业需要变更时,可以先干活后办理洽商单。　　　　　　　　　　　　　　(　　)

4. 有见证取样和送检的各项目,凡未按规定送检或送检次数达不到要求的,其工程质量应由有相应资质等级的检测单位进行检测确定。　　　　　　　　　　　　　　　　　(　　)

5. 工程洽商记录应分专业办理,内容翔实,必要时应附图。　　　　　　　　　　(　　)

6. 施工日志是单位工程在施工过程中对有关施工技术和管理工作的原始记录,是施工活动各方面情况的综合记载。　　　　　　　　　　　　　　　　　　　　　　　　　　　(　　)

7. 图纸会审记录是在设计、监理和施工单位有关的项目负责人和专业负责人签认下,形成的正式图纸会审记录。　　　　　　　　　　　　　　　　　　　　　　　　　　　　　　(　　)

8. 图纸会审记录由监理单位签字后生效。　　　　　　　　　　　　　　　　　　(　　)

9. 同一区域相同工程如需用同一个设计变更时,可用复印件或抄件,需要注明原件存放处。
　　　　　　　　　　　　　　　　　　　　　　　　　　　　　　　　　　　(　　)

10. 设计变更时,设计单位应及时下达设计变更通知单,必要时附图,并逐条注明应修改图纸的图号。　　　　　　　　　　　　　　　　　　　　　　　　　　　　　　　　　　(　　)

11. 施工物资资料是反映工程所用物资质量和性能指标等的各种证明文件和相关配套文件的统称。　　　　　　　　　　　　　　　　　　　　　　　　　　　　　　　　　　　　(　　)

12. "单位(子单位)工程安全和功能检验资料核验及主要功能抽查记录"经监理单位核查和抽查合格,由施工单位项目经理签字确认。　　　　　　　　　　　　　　　　　　　　(　　)

13. 单位(子单位)工程质量控制资料核查记录由施工单位项目经理在"结论"栏里签字。(　　)

14. 楼层平面放线记录是施工单位在完成楼层平面放线后,按照相关要求填写的,填写完毕报设计单位审核。　　　　　　　　　　　　　　　　　　　　　　　　　　　　　　(　　)

15. 标高抄测记录是在施工单位完成楼层标高抄测后按相关要求填写的,填写后报监理单位审核。　　　　　　　　　　　　　　　　　　　　　　　　　　　　　　　　　　　(　　)

四、案例分析

1. 建筑某住宅小区,现 B 单位对该工程实行分包,填写分包单位资格报审表,提请项目监理机构对其分包单位资质提请报审的批复。

(1)分包单位资格审核的内容包括哪些?

(2)分包单位资格报审表的填写要求有哪些?

2.某写字楼施工,现进行技术交底。

    (1)技术交底的编制原则是什么?

    (2)技术交底内容包括哪些?

3.某写字楼建设工程施工,对基槽进行检测,填写基槽验线记录。

    (1)基槽验线记录的填写要求有哪些?

    (2)基槽验线的主要检测内容包括哪些?

4.某住宅小区建造施工,现有一批工程物资进场,包括水泥、半成品钢筋、预拌混凝土、混凝土预制构件、钢构件。其中,此批水泥出厂不满28 d。

    (1)此批水泥厂家应在(　　)后及时补报合格证。

    (2)预拌混凝土出厂合格证应包括哪些内容?

5.某工程土方挖出槽底设计标高,现钎探完成,对建筑物持力层情况进行验收。填写地基验槽记录。

    (1)基础验槽检查内容包括哪些?

    (2)地基验槽记录应记录哪些内容?

五、问答题

1.图纸会审记录的填写要求有哪些?

2.什么情况下需要填写工程洽商记录?

3.混凝土试件抗压强度统计评定的要求是什么?

4.砂浆试件抗压强度统计评定的要求是什么?

5.施工物资进厂验收的内容有哪些?

6.隐蔽工程检查验收的部位有哪些?

7.沉降观测时,选择观测点要满足什么规定?

8.施工记录资料有哪些内容?

9.施工质量验收的要求有哪些?

10.建筑工程检验批质量验收有哪些规定?

技能
实训

1.教师提供工程施工资料,学生以小组为单位进行资料整理、组卷,并讨论、查找所给资料中不符合相关规定和规范的地方,并提出处理和改进的建议。

2.根据实际工程背景,使用软件完成工程资料的编制、整理、组卷、移交、归档工作。

附录 A   建设工程文件归档范围

类别	归 档 文 件	保存单位				
		建设单位	设计单位	施工单位	监理单位	城建档案馆
	工程准备阶段文件（A类）					
A1	立项文件					
1	项目建议书批复文件及项目建议书	▲				▲
2	可行性研究报告批复文件及可行性研究报告	▲				▲
3	专家论证意见、项目评估文件	▲				▲
4	有关立项的会议纪要、领导批示	▲				▲
A2	建设用地、拆迁文件					
1	选址申请及选址规划意见通知书	▲				▲
2	建设用地批准书	▲				▲
3	拆迁安置意见、协议、方案等	▲				△
4	建设用地规划许可证及其附件	▲				▲
5	土地使用证明文件及其附件	▲				▲
6	建设用地钉桩通知单	▲				▲
A3	勘察、设计文件					
1	工程地址勘察报告	▲	▲			▲
2	水文地质勘查报告	▲	▲			▲
3	初步设计文件（说明书）	▲	▲			
4	设计方案审查意见	▲	▲			▲
5	人防、环保、消防等有关主管部门（对设计方案）审查意见	▲	▲			▲
6	设计计算书	▲	▲			△
7	施工图设计文件审查意见	▲	▲			▲
8	节能设计备案文件	▲				▲
A4	招投标文件					
1	勘察、设计招投标文件	▲	▲			
2	勘察、设计合同	▲	▲			▲
3	施工招投标文件	▲		▲	△	
4	施工合同	▲		▲	△	▲
5	工程监理招投标文件	▲			▲	
6	监理合同	▲			▲	▲

续表

类别	归 档 文 件	保存单位				
		建设单位	设计单位	施工单位	监理单位	城建档案馆
A5	开工审批文件					
1	建设工程规划许可证及其附件	▲		△	△	▲
2	建设工程施工许可证	▲		▲	▲	▲
A6	工程造价文件					
1	工程投资估算材料	▲				
2	工程设计概算材料	▲				
3	招标控制价格文件	▲				
4	合同价格文件	▲		▲		△
5	结算价格文件	▲		▲		△
A7	工程建设基本信息					
1	工程概况信息表	▲		△		▲
2	建设单位工程项目负责人及现场管理人员名册	▲				▲
3	监理单位工程项目总监及监理人员名册	▲			▲	▲
4	施工单位工程项目经理及质量管理人员名册	▲		▲		▲
监理文件（B类）						
B1	监理管理文件					
1	监理规划	▲			▲	▲
2	监理实施细则	▲		△	▲	▲
3	监理月报	△			▲	
4	监理会议纪要	▲		△	▲	
5	监理工作日志				▲	
6	监理工作总结				▲	▲
7	工作联系单	▲		△	△	
8	监理工程师通知	▲		△	△	△
9	监理工程师通知回复单	▲		△	△	
10	工程暂停令	▲		△	△	▲
11	工程复工报审表	▲		▲	▲	▲
B2	进度控制文件					
1	工程开工报审表	▲		▲	▲	▲
2	施工进度计划报审表	▲		△	△	
B3	质量控制文件					
1	质量事故报告及处理资料	▲		▲	▲	▲

续表

类别	归档文件	保存单位				
		建设单位	设计单位	施工单位	监理单位	城建档案馆
2	旁站监理记录	△		△	▲	
3	见证取样和送检人员备案表	▲		▲	▲	
4	见证记录	▲		▲	▲	
5	工程技术文件报审表				△	
B4	**造价控制文件**					
1	工程款支付	▲		△	△	
2	工程款支付证书	▲		△	△	
3	工程变更费用报审表	▲		△	△	
4	费用索赔申请表	▲		△	△	
5	费用索赔审批表	▲		△	△	
B5	**工期管理文件**					
1	工期延期申请表	▲		▲	▲	▲
2	工期延期审批表	▲			▲	▲
B6	**监理验收文件**					
1	竣工移交证书	▲		▲	▲	▲
2	监理资料移交书	▲			▲	
	施工文件（C类）					
C1	**施工管理文件**					
1	工程概况表	▲		▲	▲	△
2	施工现场质量管理检查记录			△	△	
3	企业资质证书及相关专业人员岗位证书	△		△	△	△
4	分包单位资质报审表	▲		▲	▲	
5	建设单位质量事故勘察记录	▲		▲	▲	▲
6	建设工程质量事故报告书	▲		▲	▲	▲
7	施工检测计划	△		△	△	
8	见证试验检测汇总表	▲		▲	▲	▲
9	施工日志			▲		
C2	**施工技术文件**					
1	工程技术文件报审表	△		△	△	
2	施工组织设计及施工方案	△		△	△	△
3	危险性较大分部分项工程施工方案	△		△	△	△
4	技术交底记录	△		△		

类别	归 档 文 件	保存单位				
		建设单位	设计单位	施工单位	监理单位	城建档案馆
5	图纸会审记录	▲	▲	▲	▲	▲
6	设计变更通知单	▲	▲	▲	▲	▲
7	工程洽商记录(技术核定单)	▲	▲	▲	▲	▲
C3	进度造价文件					
1	工程开工报审表	▲	▲	▲	▲	▲
2	工程复工报审表	▲	▲	▲	▲	▲
3	施工进度计划报审表			△	△	
4	施工进度计划			△	△	
5	人、机、料动态表			△	△	
6	工程延期申请表	▲		▲	▲	▲
7	工程款支付申请表	▲		△	△	
8	工程变更费用报审表	▲		△	△	
9	费用索赔申请表	▲		△	△	
C4	施工物资出厂质量证明及进场检测文件					
	出厂质量证明文件及检测报告					
1	砂、石、砖、水泥、钢筋、隔热、保温、防腐材料、轻骨料出厂证明文件	▲		▲	▲	△
2	其他物资出厂合格证、质量保证书、检测报告和报关单或商检证等	△		▲	△	
3	材料、设备的相关检验报告、型式检测报告、3C强制认证合格证书或3C标志	△		▲	△	
4	主要设备、器具的安装使用说明书	▲		▲	△	
5	进口的主要材料设备的商检证明文件	△		▲		
6	涉及消防、安全、卫生、环保、节能的材料、设备的检测报告或法定机构出具的有效证明文件	▲		▲	▲	△
7	其他施工物资产品合格证、出厂检验报告					
	进场检验通用表格					
1	钢材试验报告	▲		▲	▲	▲
2	水泥试验报告	▲		▲	▲	▲
3	砂试验报告	▲		▲	▲	▲
4	碎(卵)石试验报告	▲		▲	▲	▲
5	外加剂试验报告	△		▲	▲	▲
6	防水涂料试验报告	▲		▲	△	

续表

类别	归档文件	保存单位				
		建设单位	设计单位	施工单位	监理单位	城建档案馆
7	防水卷材试验报告	▲		▲	△	
8	砖(砌块)试验报告	▲		▲	▲	▲
9	预应力筋复试报告	▲		▲	▲	▲
10	预应力锚具、夹具和连接器复试报告	▲		▲	▲	▲
11	装饰装修用门窗复试报告	▲		▲	△	
12	装饰装修用人造木板复试报告	▲		▲	△	
13	装饰装修用花岗石复试报告	▲		▲	△	
14	装饰装修用安全玻璃复试报告	▲		▲	△	
15	装饰装修用外墙面砖复试报告	▲		▲	△	
16	钢结构用钢材复试报告	▲		▲	▲	▲
17	钢结构用防火涂料复试报告	▲		▲	▲	▲
18	钢结构用焊接材料复试报告	▲		▲	▲	▲
19	钢结构用高强度大六角头螺栓连接副复试报告	▲		▲	▲	▲
20	钢结构用扭剪型高强螺栓连接副复试报告	▲		▲	▲	▲
21	幕墙用铝塑板、石材、玻璃、结构胶复试报告	▲		▲	▲	▲
22	散热器、供暖系统保温材料、通风与空调工程绝热材料、风机盘管机组、低压配电系统电缆的见证取样复试报告	▲		▲	▲	▲
23	节能工程材料复试报告	▲		▲	▲	▲
24	其他物资进场复试报告					
C5	施工记录文件					
1	隐蔽工程验收记录	▲		▲	▲	▲
2	施工检查记录			△		
3	交接检查记录			△		
4	工程定位测量记录	▲		▲	▲	▲
5	基槽验线记录	▲		▲	▲	▲
6	楼层平面放线记录			△	△	△
7	楼层标高抄测记录			△	△	△
8	建筑物垂直度、标高观测记录	▲		▲	△	△
9	沉降观测记录	▲		▲	△	▲
10	基坑支护水平位移监测记录			△	△	
11	桩基、支护测量放线记录			△	△	

类别	归档文件	保存单位				
		建设单位	设计单位	施工单位	监理单位	城建档案馆
12	地基验槽记录	▲	▲	▲	▲	▲
13	地基钎探记录	▲		△	△	▲
14	混凝土浇灌申请书			△	△	
15	预拌混凝土运输单			△		
16	混凝土开盘鉴定			△	△	
17	混凝土拆模申请单			△	△	
18	混凝土预拌测温记录			△		
19	混凝土养护测温记录			△		
20	大体积混凝土养护测温记录			△		
21	大型构件吊装记录	▲		△	△	▲
22	焊接材料烘焙记录			△		
23	地下工程防水效果检查记录	▲		△	△	
24	防水工程试水检查记录	▲		△	△	
25	通风(烟)道、垃圾道检查记录	▲		△		
26	预应力筋张拉记录	▲		▲	△	▲
27	有粘结预应力结构灌浆记录	▲		▲	△	▲
28	钢结构施工记录	▲		▲	△	
29	网架(索膜)施工记录	▲		▲	△	▲
30	木结构施工记录	▲		▲	△	
31	幕墙注胶检查记录	▲		▲	△	
32	自动扶梯、自动人行道的相邻区域检查记录	▲		▲	△	
33	电梯电气装置安装检查记录	▲		▲	△	
34	自动扶梯、自动人行道电气装置检查记录	▲		▲	△	
35	自动扶梯、自动人行道整机安装质量检查记录	▲		▲	△	
36	其他施工记录文件					
C6	施工试验记录及检测文件					
	通用表格					
1	设备单机试运转记录	▲		▲	△	△
2	系统试运转调试记录	▲		▲	△	△
3	接地电阻测试记录	▲		▲	△	△
4	绝缘电阻测试记录	▲		▲	△	△

续表

类别	归档文件	保存单位				
		建设单位	设计单位	施工单位	监理单位	城建档案馆
	建筑与结构工程					
1	锚杆试验报告	▲		▲	△	△
2	地基承载力检验报告	▲		▲	△	▲
3	桩基检测报告	▲		▲	△	▲
4	土工击实试验报告	▲		▲	△	▲
5	回填土试验报告(应附图)	▲		▲	△	▲
6	钢筋机械连接试验报告	▲		▲	△	△
7	钢筋焊接连接试验报告	▲		▲	△	△
8	砂浆配合比申请书、通知单			△	△	△
9	砂浆抗压强度试验报告	▲		▲	△	▲
10	砌筑砂浆试块强度统计、评定记录	▲		▲	△	△
11	混凝土配合比申请书、通知单	▲		△	△	△
12	混凝土抗压强度试验报告	▲		▲	△	▲
13	混凝土试块强度统计、评定记录	▲		▲	△	△
14	混凝土抗渗试验报告	▲		▲	△	△
15	砂、石、水泥放射性指标报告	▲		▲	△	△
16	混凝土碱总量计算书	▲		▲	△	△
17	外墙饰面砖样板粘结强度试验报告	▲		▲	△	△
18	后置埋件抗拔试验报告	▲		▲	△	△
19	超声波探伤报告、探伤记录	▲		▲	△	△
20	钢构件射线探伤报告	▲		▲	△	△
21	磁粉探伤报告	▲		▲	△	
22	高强度螺栓抗滑移系数检测报告	▲		▲	△	
23	钢结构焊接工艺评定			△	△	△
24	网架节点承载力试验报告	▲		▲	△	△
25	钢结构防腐、防火涂料厚度检测报告	▲		▲	△	△
26	木结构胶缝试验报告	▲		▲	△	△
27	木结构构件力学性能试验报告	▲		▲	△	△
28	木结构防腐剂试验报告	▲		▲	△	△
29	幕墙双组分硅酮结构胶混匀性及拉断试验报告	▲		▲	△	△
30	幕墙的抗风压性能、空气渗透性能、雨水渗透性能及平面内变形性能检测报告	▲		▲	△	△

续表

类别	归 档 文 件	保存单位				
		建设单位	设计单位	施工单位	监理单位	城建档案馆
31	外门窗的抗风压性能、空气渗透性能和雨水渗透性能检测报告	▲		▲	△	△
32	墙体节能工程保温板材与基层粘结强度现场拉拔试验	▲		▲	△	△
33	外墙保温浆料同条件养护试件试验报告	▲		▲	△	△
34	结构实体混凝土强度验收记录	▲		▲	△	△
35	结构实体钢筋保护层厚度验收记录	▲		▲	△	△
36	围护结构现场实体检验	▲		▲	△	△
37	室内环境检测报告	▲		▲	△	△
38	节能性能检测报告	▲		▲	△	▲
39	其他建筑与结构施工试验记录与检测文件					
给水排水及供暖工程						
1	灌(满)水试验记录	▲		△	△	
2	强度严密性试验记录	▲		▲	△	△
3	通水试验记录	▲		△	△	
4	冲(吹)洗试验记录	▲		▲	△	
5	通球试验记录	▲		△	△	
6	补偿器安装记录			△	△	
7	消火栓试射记录	▲		▲	△	
8	安全附件安装检查记录			▲	△	
9	锅炉烘炉试验记录			▲	△	
10	锅炉煮炉试验记录			▲	△	
11	锅炉试运行记录	▲		▲	△	
12	安全阀定压合格证书	▲		▲	△	
13	自动喷水灭火系统联动试验记录	▲		▲	△	△
14	其他给水排水及供暖施工试验记录与检测文件					
建筑电气工程						
1	电气接地装置平面示意图表	▲		▲	△	△
2	电气器具通电安全检查记录	▲		△	△	
3	电气设备空载试运行记录	▲		▲	△	△
4	建筑物照明通电试运行记录	▲		▲	△	△
5	大型照明灯具承载试验记录	▲		▲	△	
6	漏电开关模拟试验记录	▲		▲	△	

续表

类别	归档文件	保存单位				
		建设单位	设计单位	施工单位	监理单位	城建档案馆
7	大容量电气线路结点测温记录	▲		▲	△	
8	低压配电电源质量测试记录	▲		▲	△	
9	建筑物照明系统照度测试记录	▲		△	△	
10	其他建筑电气施工试验记录与检测文件					
	智能建筑工程					
1	综合布线测试记录	▲		▲	△	△
2	光纤损耗测试记录	▲		▲	△	△
3	视频系统末端测试记录	▲		▲	△	△
4	子系统检测记录	▲		▲	△	
5	系统试运行记录	▲		▲	△	△
6	其他智能建筑施工试验记录与检测文件					
	通风与空调工程					
1	风管漏光检测记录	▲		△	△	
2	风管漏风检测记录	▲		▲	△	
3	现场组装除尘器、空调漏风检测记录			△	△	
4	各房间室内风量测量记录	▲		△	△	
5	管网风量平衡记录	▲		△	△	
6	空调系统试运转调试记录	▲		▲	△	△
7	空调水系统试运转调试记录	▲		▲	△	△
8	制冷系统气密性试验记录	▲		▲	△	
9	净化空调系统检测记录	▲		▲	△	△
10	防排烟系统联合试运行记录	▲		▲	△	△
11	其他通风与空调施工试验记录与检测文件					
	电梯工程					
1	轿厢平层准确度测量记录	▲		△	△	
2	电梯层门安全装置检测记录	▲		▲	△	
3	电梯电气安全装置检测记录	▲		▲	△	
4	电梯整机功能检测记录	▲		▲	△	
5	电梯主要功能检测记录	▲		▲	△	
6	电梯负荷试运行试验记录	▲		▲	△	△
7	电梯负荷运行试验曲线图表	▲		▲	△	
8	电梯噪声测试记录	△		△	△	

类别	归档文件	保存单位				
		建设单位	设计单位	施工单位	监理单位	城建档案馆
9	自动扶梯、自动人行道安全装置检测记录	▲		▲		
10	自动扶梯、自动人行道整机性能、运行试验记录	▲		▲	△	△
11	其他电梯施工试验记录与检测文件					
C7	施工质量验收文件					
1	检验批质量验收记录	▲		△	△	
2	分项工程质量验收记录	▲		▲	▲	
3	分部(子分部)工程质量验收记录	▲		▲	▲	▲
4	建筑节能分部工程质量验收记录	▲		▲	▲	▲
5	自动喷水系统验收缺陷项目划分记录	▲		△	△	
6	程控电话交换系统分项工程质量验收记录	▲		▲	△	
7	会议电视系统分项工程质量验收记录	▲		▲	△	
8	卫星数字电视系统分项工程质量验收记录	▲		▲	△	
9	有线电视系统分项工程质量验收记录	▲		▲	△	
10	公共广播与紧急广播系统分项工程质量验收记录	▲		▲	△	
11	计算机网络系统分项工程质量验收记录	▲		▲	△	
12	应用软件系统分项工程质量验收记录	▲		▲	△	
13	网络安全系统分项工程质量验收记录	▲		▲	△	
14	空调与通风系统分项工程质量验收记录	▲		▲	△	
15	变配电系统分项工程质量验收记录	▲		▲	△	
16	公共照明系统分项工程质量验收记录	▲		▲	△	
17	给水排水系统分项工程质量验收记录	▲		▲	△	
18	热源和热交换系统分项工程质量验收记录	▲		▲	△	
19	冷冻和冷却系统分项工程质量验收记录	▲		▲	△	
20	电梯和自动扶梯系统分项工程质量验收记录	▲		▲	△	
21	数据通信接口分项工程质量验收记录	▲		▲	△	
22	中央管理工作站及操作分站分项工程质量验收记录	▲		▲	△	
23	系统实时性、可维护性、可靠性分项工程质量验收记录	▲		▲	△	
24	现场设备安装及检测分项工程质量验收记录	▲		▲	△	
25	火灾自动报警及消防联动系统分项工程质量验收记录	▲		▲	△	
26	综合防范功能分项工程质量验收记录	▲		▲	△	
27	视频安防监控系统分项工程质量验收记录	▲		▲	△	
28	入侵报警系统分项工程质量验收记录	▲		▲	△	

类别	归档文件	保存单位				
		建设单位	设计单位	施工单位	监理单位	城建档案馆
29	出入口控制(门禁)系统分项工程质量验收记录	▲		▲	△	
30	巡更管理系统分项工程质量验收记录	▲		▲	△	
31	停车场(库)管理系统分项工程质量验收记录	▲		▲	△	
32	安全防范综合管理系统分项工程质量验收记录	▲		▲	△	
33	综合布线系统安装分项工程质量验收记录	▲		▲	△	
34	综合布线系统性能检测分项工程质量验收记录	▲		▲	△	
35	系统集成网络连接分项工程质量验收记录	▲		▲	△	
36	系统数据集成分项工程质量验收记录	▲		▲	△	
37	系统集成整体协调分项工程质量验收记录					
38	系统集成综合管理及冗余功能分项工程质量验收记录	▲		▲	△	
39	系统集成可维护性和安全性分项工程质量验收记录	▲		▲	△	
40	电源系统分项工程质量验收记录	▲		▲	△	
41	其他施工质量验收文件					
C8	**施工验收文件**					
1	单位(子单位)工程竣工预验收报验表	▲		▲		▲
2	单位(子单位)工程质量竣工验收记录	▲	△	▲		▲
3	单位(子单位)工程质量控制资料核查记录	▲		▲		▲
4	单位(子单位)工程安全和功能检验资料核查及主要功能抽查记录	▲		▲		▲
5	单位(子单位)工程观感质量检查记录	▲		▲		▲
6	施工资料移交书	▲		▲		
7	其他施工验收文件					
	竣工图(D类)					
1	建筑竣工图	▲		▲		▲
2	结构竣工图	▲		▲		▲
3	钢结构竣工图	▲		▲		▲
4	幕墙竣工图	▲		▲		▲
5	室内装饰竣工图	▲		▲		▲
6	建筑给水排水及供暖竣工图	▲		▲		▲
7	建筑电气竣工图	▲		▲		▲
8	智能建筑竣工图	▲		▲		▲
9	通风与空调竣工图	▲		▲		▲

类别	归档文件	保存单位				
		建设单位	设计单位	施工单位	监理单位	城建档案馆
10	室外工程竣工图	▲		▲		▲
11	规划红线内的室外给水、排水、供热、供电、照明管线等竣工图	▲		▲		▲
12	规划红线内的道路、园林绿化、喷灌设施等竣工图	▲		▲		▲
工程竣工验收文件（E类）						
E1	**竣工验收与备案文件**					
1	勘察单位工程质量检查报告	▲		△	△	▲
2	设计单位工程质量检查报告	▲	▲	△	△	▲
3	施工单位工程竣工报告	▲		▲	▲	▲
4	监理单位工程质量评估报告	▲		△	▲	▲
5	工程竣工验收报告	▲	▲	▲	▲	▲
6	工程竣工验收会议纪要	▲	▲	▲	▲	▲
7	专家组竣工验收意见	▲	▲	▲	▲	▲
8	工程竣工验收证书	▲	▲	▲	▲	▲
9	规划、消防、环保、民防、防雷等部门出具的认可文件或准许使用文件	▲	▲	▲	▲	▲
10	房屋建筑工程质量保修书	▲				▲
11	住宅质量保证书、住宅使用说明书	▲		▲		▲
12	建设工程竣工验收备案表	▲	▲	▲	▲	▲
13	建设工程档案预验收意见	▲		△		▲
14	城市建设档案移交书	▲				▲
E2	**竣工决算文件**					
1	施工决算文件	▲		▲		△
2	监理决算文件	▲			▲	△
E3	**工程声像资料等**					
1	开工前原貌、施工阶段、竣工新貌照片	▲		△	△	▲
2	工程建设过程的录音、录像资料（重大工程）	▲		△	△	▲
E4	**其他工程文件**					

注：表中符号"▲"表示必须归档保存；"△"表示选择性归档保存。

附录B 《建筑工程施工技术资料管理规程》 (DBJ14—023—2004)施工资料表格目录

建筑与结构工程施工技术资料

鲁 JJ—073　　建筑烟风道、垃圾道检查记录

鲁 JJ—074　　建筑物沉降观测记录

建筑与结构工程施工质量验收资料

鲁 JJ—075　　单位(子单位)工程质量竣工验收记录

鲁 JJ—076.1　单位(子单位)工程质量控制资料检查记录

鲁 JJ—076.2　单位(子单位)工程质量控制资料检查记录

鲁 JJ—077　　单位(子单位)工程质量控制资料检查记录

鲁 JJ—078　　单位(子单位)工程观感质量检查记录

鲁 JJ—079　　_____分部(子分部)工程验收记录

鲁 JJ—080　　_____分部(子分部)工程观感检查记录

鲁 JJ—081　　_____分项工程质量验收记录

鲁 JJ—082　　土方开挖工程检验批质量验收记录

鲁 JJ—083　　土方回填工程检验批质量验收记录

鲁 JJ—084　　排桩支护工程检验批质量验收记录表(Ⅰ)钢桩板

鲁 JJ—085　　排桩墙支护工程检验批质量验收记录表(Ⅱ)混凝土桩板

鲁 JJ—086　　降水与排水工程检验批质量验收记录

鲁 JJ—087　　地下连续墙工程检验批质量验收记录

鲁 JJ—088　　锚杆及土钉墙支护工程检验批质量验收记录

鲁 JJ—089　　水泥土桩墙支护工程检验批质量验收记录

鲁 JJ—090　　沉井与沉箱工程检验批质量验收记录

鲁 JJ—091　　钢或混凝土支撑系统工程检验批质量验收记录

鲁 JJ—092　　灰土地基工程检验批质量验收记录

鲁 JJ—093　　砂和砂石地基检验批质量验收记录

鲁 JJ—094　　土工合成材料地基工程检验批质量验收记录

鲁 JJ—095　　粉煤灰地基工程检验批质量验收记录

鲁 JJ—096　　强夯地基工程检验批质量验收记录

鲁 JJ—097　　振冲地基工程检验批质量验收记录

鲁 JJ—098　　砂桩地基工程检验批质量验收记录

鲁 JJ—099　　预压地基工程检验批质量验收记录

鲁 JJ—100　　高压喷射注浆地基工程检验批质量验收记录

鲁 JJ—101　　土和灰土挤密桩复合地基检验批质量验收记录

鲁 JJ—102　　注浆地基检验批质量验收记录表

鲁 JJ—103　　水泥粉煤灰碎石桩复合地基工程检验批质量验收记录表

鲁 JJ—104　　夯实水泥土桩复合地基工程检验批质量验收记录表

鲁 JJ—105　　水泥土搅拌桩地基工程检验批质量验收记录表

鲁 JJ—106　　防水混凝土检验批质量验收记录表

鲁 JJ—107　　水泥砂浆防水层检验批质量验收记录表

鲁 JJ—108　　卷材防水层检验批质量验收记录表

附录C 建筑工程的分部(子分部)、分项工程划分

序号	分部工程	子分部工程	分项工程
1	地基与基础	土方	土方开挖,土方回填,场地平整
		基坑支护	灌注桩排桩围护墙,重力式挡土墙,板桩围护墙,型钢水泥土搅拌墙,土钉墙与复合土钉墙,地下连续墙,咬合桩围护墙,沉井与沉箱,钢或混凝土支撑,锚杆(索),与主体结构相结合的基坑支护,降水与排水
		地基处理	素土、灰土地基,砂和砂石地基,土工合成材料地基,粉煤灰地基,强夯地基,注浆加固地基,预压地基,振冲地基,高压喷射注浆地基,水泥土搅拌桩地基,土和灰土挤密桩地基,水泥粉煤灰碎石桩地基,夯实水泥土桩地基,砂桩地基
		桩基础	先张法预应力管桩,钢筋混凝土预制桩,钢桩,泥浆护壁混凝土灌注桩,长螺旋钻孔压灌桩,沉管灌注桩,干作业成孔灌注桩,锚杆静压桩
		混凝土基础	模板,钢筋,混凝土,预应力,现浇结构,装配式结构
		砌体基础	砖砌体,混凝土小型空心砌块砌体,石砌体,配筋砌体
		钢结构基础	钢结构焊接,紧固件连接,钢结构制作,钢结构安装,防腐涂料涂装
		钢管混凝土结构基础	构件进场验收,构件现场拼装,柱脚锚固,构件安装,柱与混凝土梁连接,钢管内钢筋骨架,钢管内混凝土浇筑
		型钢混凝土结构基础	型钢焊接,紧固件连接,型钢与钢筋连接,型钢构件组装及预拼装,型钢安装,模板,混凝土
		地下防水	主体结构防水,细部构造防水,特殊施工法结构防水,排水,注浆
2	主体结构	混凝土结构	模板,钢筋,混凝土,预应力,现浇结构,装配式结构
		砌体结构	砖砌体,混凝土小型空心砌块砌体,石砌体,配筋砌体,填充墙砌体
		钢结构	钢结构焊接,紧固件连接,钢零部件加工,钢构件组装及预拼装,单层钢结构安装,多层及高层钢结构安装,钢管结构安装,预应力钢索和膜结构,压型金属板,防腐涂料涂装,防火涂料涂装
		钢管混凝土结构	构件现场拼装,构件安装,柱与混凝土梁连接,钢管内钢筋骨架,钢管内混凝土浇筑
		型钢混凝土结构	型钢焊接,紧固件连接,型钢与钢筋连接,型钢构件组装及预拼装,型钢安装,模板,混凝土
		铝合金结构	铝合金焊接,紧固件连接,铝合金零部件加工,铝合金构件组装,铝合金构件预拼装,铝合金框架结构安装,铝合金空间网格结构安装,铝合金面板,铝合金幕墙结构安装,防腐处理
		木结构	方木和原木结构,胶合木结构,轻型木结构,木结构防护

序号	分部工程	子分部工程	分项工程
3	建筑装饰装修	建筑地面	基层铺设,整体面层铺设,板块面层铺设,木、竹面层铺设
		抹灰	一般抹灰,保温层薄抹灰,装饰抹灰,清水砌体勾缝
		外墙防水	外墙砂浆防水,涂膜防水,透气膜防水
		门窗	木门窗安装,金属门窗安装,塑料门窗安装,特种门安装,门窗玻璃安装
		吊顶	整体面层吊顶,板块面层吊顶,格栅吊顶
		轻质隔墙	板材隔墙,骨架隔墙,活动隔墙,玻璃隔墙
		饰面板	石板安装,陶瓷板安装,木板安装,金属板安装,塑料板安装
		饰面砖	外墙饰面砖粘贴,内墙饰面砖粘贴
		幕墙	玻璃幕墙安装,金属幕墙安装,石材幕墙安装,陶板幕墙安装
		涂饰	水性涂料涂饰,溶剂型涂料涂饰,美术涂饰
		裱糊与软包	裱糊,软包
		细部	橱柜制作与安装,窗帘盒和窗台板制作与安装,门窗套制作与安装,护栏和扶手制作与安装,花饰制作与安装
4	屋面	基层与保护	找坡层和找平层,隔气层,隔离层,保护层
		保温与隔热	板状材料保温层,纤维材料保温层,喷涂硬泡聚氨酯保温层,现浇泡沫混凝土保温层,种植隔热层,架空隔热层,蓄水隔热层
		防水与密封	卷材防水层,涂膜防水层,复合防水层,接缝密封防水
		瓦面与板面	烧结瓦和混凝土瓦铺装,沥青瓦铺装,金属板铺装,玻璃采光顶铺装
		细部构造	檐口,檐沟和天沟,女儿墙和山墙,水落口,变形缝,伸出屋面管道,屋面出入口,反梁过水孔,设施基座,屋脊,屋顶窗
5	建筑给水排水及供暖	室内给水系统	给水管道及配件安装,给水设备安装,室内消火栓系统安装,消防喷淋系统安装,防腐,绝热,管道冲洗、消毒,试验与调试
		室内排水系统	排水管道及配件安装,雨水管道及配件安装,防腐,试验与调试
		室内热水系统	管道及配件安装,辅助设备安装,防腐,绝热,试验与调试
		卫生器具	卫生器具安装,卫生器具给水配件安装,卫生器具排水管道安装,试验与调试
		室内供暖系统	管道及配件安装,辅助设备安装,散热器安装,低温热水地板辐射供暖系统安装,电加热供暖系统安装,燃气红外辐射供暖系统安装,热风供暖系统安装,热计量及调控装置安装,试验与调试,防腐,绝热
		室外给水管网	给水管道安装,室外消火栓系统安装,试验与调试
		室外排水管网	排水管道安装,排水管沟与井池,试验与调试
		室外供热管网	管道及配件安装,系统水压试验,系统调试,防腐,绝热,试验与调试
		室外二次供热管网	管道及配管安装,土建结构,防腐,绝热,试验与调试

序号	分部工程	子分部工程	分项工程
5	建筑给水排水及供暖	建筑饮用水供应系统	管道及配件安装,水处理设备及控制设施安装,防腐,绝热,试验与调试
		建筑中水系统及雨水利用系统	建筑中水系统、雨水利用系统管道及配件安装,水处理设备及控制设施安装,防腐,绝热,试验与调试
		游泳池及公共浴池水系统	管道及配件系统安装,水处理设备及控制设施安装,防腐,绝热,试验与调试
		水景喷泉系统	管道系统及配件安装,防腐,绝热,试验与调试
		热源及辅助设备	锅炉安装,辅助设备及管道安装,安全附件安装,换热站安装,防腐,绝热,试验与调试
		监测与控制仪表	检测仪器及仪表安装,试验与调试
6	通风与空调	送风系统	风管与配件制作,部件制作,风管系统安装,风机与空气处理设备安装,风管与设备防腐,系统调试,旋流风口、岗位送风口、织物(布)风管安装
		排风系统	风管与配件制作,部件制作,风管系统安装,风机与空气处理设备安装,风管与设备防腐,系统调试,吸风罩及其他空气处理设备安装,厨房、卫生间排水系统安装
		防排烟系统	风管与配件制作,部件制作,风管系统安装,风机与空气处理设备安装,风管与设备防腐,系统调试,排烟风阀(口)、常闭正压风口、防火风管安装
		除尘系统	风管与配件制作,部件制作,风管系统安装,风机与空气处理设备安装,风管与设备防腐,系统调试,除尘器与排污设备安装,吸尘罩安装,高温风管绝热
		舒适性空调系统	风管与配件制作,部件制作,风管系统安装,风机与空气处理设备安装,风管与设备防腐,系统调试,组合式空调机组安装,消声器、静电除尘器、换热器、紫外线灭菌器等设备安装,风机盘管、VAV 与 UFAD 地板送风装置、射流喷口等末端设备安装,风管与设备绝热
		恒温恒湿空调系统	风管与配件制作,部件制作,风管系统安装,风机与空气处理设备安装,风管与设备防腐,系统调试,组合式空调机组安装,电加热器、加湿器等设备安装,精密空调机组安装,风管与设备绝热
		净化空调系统	风管与配件制作,部件制作,风管系统安装,风机与空气处理设备安装,风管与设备防腐,系统调试,净化空调机组安装,消声器、静电除尘器、换热器、紫外线灭菌器等设备安装,中、高效过滤器及风机过滤器单元(FFU)等末端设备清洗与安装,洁净度测试,风管与设备绝热
		地下人防通风系统	风管与配件制作,部件制作,风管系统安装,风机与空气处理设备安装,风管与设备防腐,系统调试,风机与空气处理设备安装,过滤吸收器、防爆波活门、防爆超压排气活门等专用设备安装

续表

序号	分部工程	子分部工程	分 项 工 程
6	通风与空调	真空吸尘系统	风管与配件制作,部件制作,风管系统安装,风机与空气处理设备安装,风管与设备防腐,管道安装,快速接口安装,风机与滤尘设备安装,系统压力试验及调试
		冷凝水系统	管道系统及部件安装,水泵及附属设备安装,管道、设备防腐与绝热,管道冲洗与管内防腐,系统灌水渗漏及排放试验
		空调(冷、热)水系统	管道系统及部件安装,水泵及附属设备安装,管道、设备防腐与绝热,管道冲洗与管内防腐,系统压力试验及调试,板式热交换器,辐射板及辐射供热、供冷地埋管,热泵机组设备安装
		冷却水系统	管道系统及部件安装,水泵及附属设备安装,管道、设备防腐与绝热,管道冲洗与管内防腐,系统压力试验及调试,冷却塔与水处理设备安装,防冻伴热设备安装
		土壤源热泵换热系统	管道系统及部件安装,水泵及附属设备安装,管道、设备防腐与绝热,管道冲洗与管内防腐,系统压力试验及调试,埋地换热系统与管网安装
		水源热泵换热系统	管道系统及部件安装,水泵及附属设备安装,管道、设备防腐与绝热,管道冲洗与管内防腐,系统压力试验及调试,地表水源换热管及管网安装,除垢设备安装
		蓄能系统	管道系统及部件安装,水泵及附属设备安装,管道、设备防腐与绝热,管道冲洗与管内防腐,系统压力试验及调试,蓄水罐与蓄冰槽、罐安装
		压缩式制冷(热)设备系统	制冷机组及附属设备安装,管道、设备防腐与绝热,系统压力试验及调试,制冷剂管道及部件安装,制冷剂灌注
		吸收式制冷设备系统	制冷机组及附属设备安装,管道、设备防腐与绝热,试验及调试,系统真空试验,溴化锂溶液加灌,蒸汽管道系统安装,燃气或燃油设备安装
		多联机(热泵)空调系统	室外机组安装,室内机组安装,制冷剂管路连接及控制开关安装,风管安装,冷凝水管道安装,制冷剂灌注,系统压力试验及调试
		太阳能供暖空调系统	太阳能集热器安装,其他辅助能源、换热设备安装,蓄能水箱、管道及配件安装,系统压力试验及调试,防腐,绝热,低温热水地板辐射采暖系统安装
		设备自控系统	温度、压力与流量传感器安装,执行机构安装调试,防排烟系统功能测试,自动控制及系统智能控制软件调试
7	建筑电气	室外电气	变压器、箱式变电所安装,成套配电柜、控制柜(屏、台)和动力、照明配电箱(盘)及控制柜安装,梯架、托盘和槽盒安装,导管敷设,电缆敷设,管内穿线和槽盒内敷线,电缆头制作,导线连接,线路绝缘测试,普通灯具安装,专用灯具安装,建筑照明通电试运行,接地装置安装

续表

序号	分部工程	子分部工程	分项工程
7	建筑电气	变配电室	变压器、箱式变电所安装,成套配电柜、控制柜(屏、台)和动力、照明配电箱(盘)安装,母线槽安装,梯架、托盘和槽盒安装,电缆敷设,电缆头制作,导线连接,线路电气试验,接地装置安装,接地干线敷设
		供电干线	电气设备试验和试运行,母线槽安装,梯架、托盘和槽盒安装,导管敷设,电缆敷设,管内穿线和槽盒内敷线,电缆头制作,导线连接,线路绝缘测试,接地干线敷设
		电气动力	成套配电柜、控制柜(屏、台)和动力、照明配电箱(盘)安装,电动机、电加热器及电动执行机构检查接线,电气设备试验和试运行,梯架、托盘和槽盒安装,导管敷设,电缆敷设,管内穿线和槽盒内敷线,电缆头制作,导线连接,线路绝缘测试,开关、插座、风扇安装
		电气照明	成套配电柜、控制柜(屏、台)和动力、照明配电箱(盘)安装,梯架、托盘和槽盒安装,导管敷设,管内穿线和槽盒内敷线,塑料护套线直敷布线,钢索配线,电缆头制作,导线连接,线路绝缘测试,普通灯具安装,专用灯具安装,开关、插座、风扇安装,建筑照明通电试运行
		备用和不间断电源	成套配电柜、控制柜(屏、台)和动力、照明配电箱(盘)安装,柴油发电机组安装,不间断电源装置(UPS)及应急电源装置(EPS)安装,母线槽安装,导管敷设,电缆敷设,管内穿线和槽盒内敷线,电缆头制作,导线连接,线路绝缘测试,接地装置安装
		防雷及接地	接地装置安装,避雷引下线及接闪器安装,建筑物等电位连接
8	智能建筑	智能化集成系统	设备安装,软件安装,接口及系统调试,试运行
		信息接入系统	安装场地检查
		用户电话交换系统	线缆敷设,设备安装,软件安装,接口及系统调试,试运行
		信息网络系统	计算机网络设备安装,计算机网络软件安装,网络安全设备安装,网络安全软件安装,系统调试,试运行
		综合布线系统	梯架、托盘、槽盒和导管安装,线缆敷设,机柜、机架、配线架安装,信息插座安装,链路或信道测试,软件安装,系统调试,试运行
		移动通信室内信号覆盖系统	安装场地检查
		卫星通信系统	安装场地检查
		有线电视及卫星电视接收系统	梯架、托盘、槽盒和导管安装,线缆敷设,设备安装,软件安装,系统调试,试运行

序号	分部工程	子分部工程	分项工程
8	智能建筑	公共广播系统	梯架、托盘、槽盒和导管安装,线缆敷设,设备安装,软件安装,系统调试,试运行
		会议系统	梯架、托盘、槽盒和导管安装,线缆敷设,设备安装,软件安装,系统调试,试运行
		信息导引及发布系统	梯架、托盘、槽盒和导管安装,线缆敷设,显示设备安装,机房设备安装,软件安装,系统调试,试运行
		时钟系统	梯架、托盘、槽盒和导管安装,线缆敷设,设备安装,软件安装,系统调试,试运行
		信息化应用系统	梯架、托盘、槽盒和导管安装,线缆敷设,设备安装,软件安装,系统调试,试运行
		建筑设备监控系统	梯架、托盘、槽盒和导管安装,线缆敷设,传感器安装,执行器安装,控制器、箱安装,中央管理工作站和操作分站设备安装,软件安装,系统调试,试运行
		火灾自动报警系统	梯架、托盘、槽盒和导管安装,线缆敷设,探测器类设备安装,控制器类设备安装,其他设备安装,软件安装,系统调试,试运行
		安全技术防范系统	梯架、托盘、槽盒和导管安装,线缆敷设,设备安装,软件安装,系统调试,试运行
		应急响应系统	设备安装,软件安装,系统调试,试运行
		机房	供配电系统,防雷与接地系统,空气调节系统,给水排水系统,综合布线系统,监控与安全防范系统,消防系统,室内装饰装修,电磁屏蔽,系统调试,试运行
		防雷与接地	接地装置,接地线,等电位连接,屏蔽设施,电涌保护器,线缆敷设,系统调试,试运行
9	建筑节能	围护系统节能	墙体节能,幕墙节能,门窗节能,屋面节能,地面节能
		供暖空调设备及管网节能	供暖节能,通风与空调设备节能,空调与供暖系统冷热源节能,空调与供暖系统管网节能
		电气动力节能	配电节能,照明节能
		监控系统节能	监测系统节能,控制系统节能
		可再生能源	地源热泵系统节能,太阳能光热系统节能,太阳能光伏节能
10	电梯	电力驱动的曳引式或强制式电梯	设备进场验收,土建交接检验,驱动主机,导轨,门系统,轿厢,对重,安全部件,悬挂装置,随行电缆,补偿装置,电气装置,整机安装
		液压电梯	设备进场验收,土建交接检验,液压系统,导轨,门系统,轿厢,对重,安全部件,悬挂装置,随行电缆,电气装置,整机安装
		自动扶梯、自动人行道	设备进场验收,土建交接检验,整机安装

参考文献

[1] 刘镇.建筑工程资料管理[M].2版.哈尔滨:哈尔滨工业大学出版社,2017.

[2] 李媛,王英春,喻硕.建筑工程施工资料管理[M].2版.北京:北京理工大学出版社,2017.

[3] 刘尊明,张永平,朱锋,等.建筑工程资料管理[M].2版.北京:北京理工大学出版社,2018.

[4] 孙刚,刘志麟.建筑工程资料管理[M].2版.北京:北京大学出版社,2018.